아름다운
우리 찻그릇

茶人圖書 003

아름다운 우리 찻그릇

초판 1쇄 발행 2011년 4월 22일
개정 1쇄 발행 2018년 6월 10일

지은이 윤용이

발행인 박권흠
기 획 김영희
발행처 (사)한국차인연합회

제작 및 공급자 도서출판 이른아침
주 소 서울시 마포구 마포동 324-3 경인빌딩 3층
전 화 02)3143-7995
팩 스 02)3143-7996
등 록 2003년 9월 30일 제 313-2003-00324호
이메일 booksorie@naver.com

ISBN 978-89-6745-075-5 03630
정가 22,000원

※잘못 만들어진 책은 구입하신 서점에서 교환해 드립니다.

茶人 圖書 003

아름다운 우리 찻그릇

윤용이 지음

(사)한국차인연합회 · 이른아침

● 지은이의 말

우리 옛 도자와
찻그릇 이해의 길

　고려시대의 청자靑瓷와 조선시대의 분청자粉靑瓷, 백자白瓷는 세계의 수많은 도자기 가운데서도 뚜렷한 성격을 지니며, 그 하나하나가 지니는 아름다움 역시 높이 평가되고 있다. 이러한 우리의 옛 도자기를 이해하고 감상하는 일은 우리 옛 문화를 이해하는 빠른 지름길이기도 하며, 이에 따른 기쁨도 느낄 수 있다. 옛 도자기는 우리 민족문화 유산의 하나로서 단지 그릇에 그치지 않고 그 시대 사람들의 삶과 문화를 담고 있는 세계라고 할 수 있다.

　우리 옛 도자기를 이해하고 감상하기란 처음에는 낯설고 힘들지만, 차츰 박물관을 드나들고 각각의 도자기가 지닌 특징들을 세심히 관찰하다 보면 어느새 친숙해지게 된다. 뿐만 아니라 관련 책들을 대하다 보면 도자를 이해하는 마음이 더욱 깊어져 가고, 박물관을 자주 찾고 많이 보며 생각하는 일이 매우 중요함을 느낀다.

　도자기를 이해하려 하다 보면 도자기 하나하나의 아름다움을 느낄 수 있는 마음과 눈을 갖춘다는 사실도 중요하지만, 그 시대적인 배경과 성격을 이해하는 일이 보다 근본임을 깨닫게 된다.

　한편 도자기를 이해하는 지름길 중 하나는 도자기를 만드는 가마의 작업장에 직접

가서 제작 과정을 지켜보고 배우는 일이다. 물레를 돌려 원하는 형태를 만들기란 보기에는 쉽지만 실제로 해보면 실패의 연속이고 문양 새기기 역시 쉽지 않다. 한밤 가마에서 불을 때는 장인匠人과 함께 활활 타오르는 불 속에서 익어가는 도자를 지켜보는 일이 얼마나 신비로운 경험인지… 하나의 도자가 완성되기까지 얼마나 어려운 과정을 거치는지 안다면 완성품으로서 박물관에서 대하는 도자가 얼마나 새롭고 소중한지 느낄 수 있을 것이다. 이와 함께 고려와 조선 도자가 만들어진 시대의 역사적·종교적·사상적 배경, 생활에서의 쓰임새, 기형과 문양의 특징에 관해서 배우면 배울수록 도자가 더욱 새롭게 보일 것이다. 우리 옛 도자를 이해하려면 이렇듯 여러 부분을 종합적으로 이해해야 한다.

고려와 조선 도자의 역사 속에서 찻그릇 작품을 살펴보고 아름다운 우리 찻사발을 감상하는 일은 우리 문화를 이해하는 지름길과도 같기에 매우 중요하다.

1부 고려·조선 도자의 흐름과 찻사발은 월간 《차의 세계》에 35회에 걸쳐 연재한 글을 모은 것으로, 고려와 조선 도자의 흐름 속에서 찻사발이 어떤 모습으로 변화해 왔는지 이해하는 데 도움이 되고자 했다. 2부는 격월간 《차인茶人》에 35회에 걸쳐 연재한 아름다운 우리 찻그릇에 관한 글들을 엮은 것이다. 고려와 조선 시대 차 문화에 관한 다시茶詩들은 정영선 님의 『한국 차 문화』에서 인용하여 이해를 돕고자 했다.

이 책이 나오기까지 애써주신 한국차인연합회의 박권흠 회장님, 김영희 편집국장님, 도서출판 이른아침의 김환기 대표님, 편집팀의 이단네 님께 마음 깊이 감사드리며, 가족들과도 이 작은 기쁨을 나누고 싶다.

2011년 4월
윤용이

● 차례

지은이의 말 4

제1부 고려·조선 도자의 흐름과 찻사발

① 고려청자의 성립과 햇무리굽청자완 12
② 한국청자는 누가, 어떻게 만들기 시작했나 18
③ 고려청자의 발전 배경과 찻사발 23
④ 고려청자의 전성기와 『고려도경』 28
⑤ 생활용 녹청자와 찻사발 33
⑥ 화려하고 다양한 전성기 청자와 찻그릇 37
⑦ 상감청자의 성립과 찻사발 43
⑧ 구름 속을 나는 학, 운학문상감청자와 찻사발 47
⑨ 부안 유천리 고려청자와 찻사발 52
⑩ 포류수금문, 들국화 문양과 찻사발 59
⑪ 13세기 후반 상감청자와 찻사발 65
⑫ 14세기 전반 상감청자와 찻사발 72
⑬ 무안 도리포 해저 출토 상감청자와 찻사발 78
⑭ 고려 말 상감청자와 찻사발 84
⑮ 조선분청자의 유래와 특질 90
⑯ 조선분청자의 종류와 특색 95
⑰ 조선 초기의 분청자와 찻사발 102

- ⑱ 15세기 후반의 분청자와 찻사발 108
- ⑲ 16세기 전반의 분청자와 찻사발 114
- ⑳ 조선 초기의 백자와 찻사발 119
- ㉑ 분원의 성립과 백자 찻사발 125
- ㉒ 16세기 전반의 백자와 찻사발 130
- ㉓ 16세기 후반의 도자와 찻사발 136
- ㉔ 일본에 남아 있는 조선다완 142
- ㉕ 임진왜란과 일본 큐슈 도자·1 – 카라츠와 아가노 148
- ㉖ 임진왜란과 일본 큐슈 도자·2 – 아리타와 하기 153
- ㉗ 임진왜란과 일본 큐슈 도자·3 – 사츠마와 타카토리 159
- ㉘ 임진왜란과 일본 큐슈 도자·4 – 『고향을 잊을리야』와 조선 사기장 166
- ㉙ 17세기 전반의 백자와 찻사발 171
- ㉚ 17세기 후반의 철화백자와 찻사발 177
- ㉛ 18세기 전반의 백자와 찻사발 183
- ㉜ 18세기 후반의 백자와 찻사발 189
- ㉝ 19세기 전반의 백자와 찻사발 195
- ㉞ 19세기 후반의 백자와 찻사발 201
- ㉟ 20세기 전반의 도자와 찻사발 207

제2부 우리 찻그릇 톺아보기

- 01 첫 청자다완 청자햇무리굽완 214
- 02 은은하고 단아한 청자유개다완 216
- 03 청아한 비색의 아름다움과 정교함 청자백화문화형완 및 받침 218
- 04 영원한 세계에 대한 동경 청자상감운학문완 220
- 05 연못과 버드나무와 오리가 담긴 차의 세계 청자상감포류수금문완 222
- 06 고려인 마음의 꽃, 들국화가 새겨진 청자상감국화문다완 224
- 07 쓸쓸함과 고요함을 마시는 청자상감국화문통형찻잔 및 접시 226
- 08 자유로움을 담은 청자철화음각영락조충문통형잔 228
- 09 붉은 잔에 담긴 연둣빛 차의 신묘함 청자동채탁잔 230
- 10 찻사발에 그려진 붉은 꽃과 차의 조화 청자동화보상당초문완 232
- 11 연꽃과 버드나무, 국화꽃의 어울림 청자상감연화국화문'정릉'명통형잔 234
- 12 새로운 실용성과 정취를 간직한 청자상감운학포류수금문찻잔 및 잔 받침 236
- 13 일본에 전하는 가장 오래된 찻사발 청자상감국화문통형잔 238
- 14 화려한 장식과 풍만한 형태 청자투각연당초동자문주자 및 승반 240
- 15 단정하고 기품 있는 청자연판장식뚜껑주자 242
- 16 화려한 문양과 갓맑은 담녹청색 청자음각연화당초문표형주자 및 승반 244
- 17 다소곳하면서 우아한 청자상감연화문주자 및 승반 246
- 18 차분하고 안정감 있는 청자철화국화당초문주전자 248

- ⑲ 단아하고 섬세한 청자철화연화절지문주자 250
- ⑳ 우아하고 풍만한 아름다움 백자참외형주자 및 승반 252
- ㉑ 소담한 멋 분청자인화'내섬'명완 254
- ㉒ 담백한 멋 분청자인화'밀양장흥고'명완 256
- ㉓ 조촐한 멋 분청자인화문통형완 258
- ㉔ 소탈하고 자유로운 멋 분청자인화귀얄문완 260
- ㉕ 바람처럼 물처럼 자유로운 분청자귀얄문유개완 262
- ㉖ 차분하고 따뜻한 분청자덤벙문완 264
- ㉗ 담백하고 수더분한 백자다완 266
- ㉘ 수수하고 박력 있는 이도다완 268
- ㉙ 소박하고 조촐한 아오이도다완 270
- ㉚ 마음에 평안을 주는 따뜻함 고키다완 272
- ㉛ 주문다완 백자철채다완 274
- ㉜ 부드러움과 원숙함 백자철화'진상다병'명병 276
- ㉝ 기품 있고 단아한 백자잔과 능화잔대 278
- ㉞ 다채롭고 우아한 백자철채청화화초문찻주전자 280
- ㉟ 단아하고 깔끔한 찻주전자 282

참고문헌 284
찾아보기 285

제1부

고려·조선 도자의
흐름과 찻사발

고려·조선 도자의 흐름과 찻사발

01

고려청자의 성립과
햇무리굽청자완

    고려청자가 언제부터 제작되기 시작했는가에 대한 연구는 1930년대 일본인 학자들이 처음으로 시도했다.

    당시 대표적인 청자 연구가였던 나가오 만조中尾萬三는 『조선고려도자고朝鮮高麗陶瓷考』에서 "고려청자가 언제부터 생겼나 하는 문제는 전혀 갈피를 잡을 수 없지만 『선화봉사고려도경宣和奉使高麗圖經』(약칭 『고려도경』)이 저술된 시기에 중국의 청자를 배워 그 기술이 공교해진 것으로 미루어보면 그 책이 저술된 1124년보다 50여 년 전인 문종 연간 1047~1083에 생긴 것으로 추정된다"고 주장했다. 이 주장은 이후 일본강점기를 대표하는 청자 기원설로 알려져 1960년대 초까지 정설로 받아들여져 왔다.

    이에 대해 최순우崔淳雨는 『고려도자의 편년』에서 1965년에 있었던 인천 경서동의 녹청자綠靑瓷 가마터 발굴 조사 결과를 바탕으로, 후삼국시대인 9세기 말 10세기 초에 북방의 청자 기술을 받아들여 한국 중부 지역인 인천에서 초보적인 녹청자가 제작되기 시작했으며, 그 후 양질의 청자가 제작되자 녹청자가 사라졌다는 견해를 밝혔다. 이로써 그는 고려청자의 제작 시기가 11세기 후반에서 9세기 말 10세기 초로 올라가는 바탕을 마련했다.

같은 시기에 새로운 견해를 발표한 오자키 노부모리尾崎洵盛는 『고려청자의 기원에 관한 문제의 고찰』(『도설陶說』)에서 성당기盛唐期에 중국 월주요越州窯 청자가 완성되었고, 통일신라에서 이를 모방하여 흥덕왕 연간826~835에 청자가 제작되었을 가능성이 있다고 주장했다.

이를 구체적으로 뒷받침하여 요시오카 칸스케吉岡完祐는 「고려청자 발생에 관한 연구」에서 전남 강진 대구면 일대의 소위 햇무리굽日暈紋청자완 출토 관련 자료를 바탕으로 중국 월주요 청자와 햇무리굽의 관련성에 주목하여, 장보고張保皐의 청해진淸海鎭 시절 828~841 강진 일대에서 청자가 제작되기 시작했다며 오자키 노부모리의 견해를 입증하고자 했다. 이로써 1970년대에 고려청자의 기원은 9세기 전반으로 비약되었으며, 햇무리굽과 강진, 완도의 장보고 활동에 초점이 맞춰지기 시작했다.

그 후 1980년대 초에 미카미 쓰기오三上次男는 「고려청자의 기원과 그 역사적 배경」(『조선학보』 99, 100집)에서 중국 오대五代 월주요 청자의 기술이 고려 태조 연간인 10세기 전반경 고려에 도입되었다고 주장했으며 그 근거로 햇무리굽청자완을 들었다. 또한 하세베 가쿠지長谷部樂爾는 『고려청자의 출현』에서 햇무리굽완을 근거로 중국 월주요 청자와의 관계 속에서 9세기 말의 발생설을 제시했다. 이처럼 햇무리굽청자완을 근거로 들면서도 그 시기는 9세기 전반, 9세기 말, 10세기 전반으로 학자마다 다른 견해를 제시하고 있어 귀추가 주목된다.

중국 월주요 청자완에 나타나는 햇무리굽에 근거하여 1980년대 정양모鄭良謨는 「고려청자」(『고려청자 명품 특별전』)를 통해 9세기 후반에, 김재열金載悅은 「고려백자의 발생과 편년」(『고고미술』 177)에서 용인 백자 가마터의 발굴 조사 결과를 근거로 9세기 전반에 고려청자가 발생했다고 주장했다. 또한 최건崔健은 「한국청자 발생에 관한 배경적 고찰」(『고문화』 31)에서 당 후기와 통일신라 후기 사회의 공예 관련 상황이 서로 유사했음

청자완 • 중국 당대 9세기 • 높이 6.2cm • 입지름 15.3cm • 국립부여박물관 소장

을 지적하고, 양국의 햇무리굽완 출토 자료에 근거하여 9세기 전반에 청자가 제작되었다고 주장했다.

이에 대해 필자는 「고려도자의 변천」(『간송문화』 31)에서 용인 서리 가마터와 고창 용계리 가마터의 발굴 조사 결과를 근거로, 고려청자는 10세기 후반인 광종·성종 연간에 고려 지배층의 요청으로 중국 오월국吳越國의 월주요 청자 제작 기술을 받아들여 제작되기 시작했다고 주장했다.

햇무리굽청자완은 다완茶盌의 하나로서 차茶 보급이 보편화되는 11세기 전·후반에 고려사회의 요청에 따라 제작되기 시작했고, 그 근거로 '순화淳化4년'명銘의 청자호青瓷壺와 '태평임술太平壬戌2년'1022명의 기와편과 함께 출토된 고창 용계리 가마의 햇무리굽청자완이 있다.

이렇듯 한국과 일본 연구자들은 1970년대와 1980년대에 햇무리굽완을 근거로 중국

백자완 • 중국 당대 9세기 • 높이 4.0cm • 입지름 15.4cm • 북경고궁박물원 소장

월주요 청자와 한국 강진요 청자의 관련성을 지적하며 그 제작 시기를 9세기 전반, 9세기 후반, 10세기 전반, 10세기 후반으로 비정比定해 왔음을 알 수 있다.

고려청자의 성립과 관련 있는 햇무리굽청자완에 대해 살펴보자. 햇무리굽완은 삿갓을 엎어놓은 모습의 몸체와 넓고 낮은 햇무리 모습의 굽다리를 한, 입지름 15cm, 높이 6cm 내외의 완들을 가리킨다.

햇무리굽은 중국에서는 옥벽형玉璧形굽, 일본에서는 사목고대蛇目高台라 부르는 특징적인 형태로, 굽의 폭이 1cm 정도로 넓고 높이가 낮으며 주로 완에서만 나타난다. 중국에서 햇무리굽완으로 발견되는 8세기 말과 9세기의 자료는 백자완과 청자완인데, 몸체가 접시 모양으로 낮고 굽의 폭도 매우 넓다. 또한 백자완의 경우, 전에 도톰하게 말린 옥련玉緣이 있어 우리나라 햇무리굽청자완과는 세부적으로 다르다.

중국의 햇무리굽이 당시 모든 기형에 보편적으로 나타나지 않고 완에서만 보이는 점과 중국 각지의 고분에서 출토된 백자와 청자의 햇무리굽완을 근거로 햇무리굽의 제작 시기를 8세기 말에서 9세기까지로 추정하여, 우리나라의 청자햇무리굽완도 늦어도 9세기에는 제작되었을 것으로 보인다.

9세기에 제작된 중국의 청자주전자, 호壺, 장경병長頸瓶, 화형발花形鉢 등은 우리나라 햇무리굽청자 가마터에서는 제작된 예가 보이지 않는다. 10세기 전반 중국의 오대 시기에 제작된 청자 방형대方形臺, 음각의 앵무문鸚鵡紋이 시문施紋된 청자, 양각의 연판문蓮瓣紋이 시문된 청자완들이 우리나라에서는 12세기 중반경에 나타나므로 중국 자기의 제작 연대가 곧 한국 자기의 제작 연대와 일치하지는 않는다.

청자 제작에 관한 기록이 없는 우리나라의 실정으로는 확실한 연대가 있는 유물을 근거로 그 제작 시기를 추정하는 것이 바람직하다. 그런데 9세기의 그 많은 고분, 석탑, 부도나 고고학적인 층위에 대한 조사에서도 이 시기 청자의 예로는 현재까지 알려진 것이 없다.

특히 강진 용운리, 삼흥리의 햇무리굽청자 가마터에서 햇무리굽완과 함께 제작된 청자 사발, 접시, 광구병, 탁잔, 합, 호 등의 예들 역시 9세기 청자 제작을 뒷받침해 주지 못하며, 함께 출토되는 회청색灰靑色 경질도기의 호, 병, 발이나 수많은 기와편들 역시 그러하다.

고창 용계리 청자 가마터에서 수많은 청자편들과 태평임술2년명의 평와편平瓦片들이 햇무리굽청자완편과 함께 출토되었다. 청자편들은 회백색의 태토 위에 담청녹색의 청자유가 얇게 시유된 완, 사발, 접

청자햇무리굽완 •고려 11세기
• 높이 6.5cm • 입지름 16.5cm • 해강도자미술관 소장

시, 광구병, 합, 탁잔이며 내화토耐火土 받침으로 얇게 받쳐져 구워졌다.

주목되는 것은 햇무리굽청자완들로, 무늬가 없고 포개 구운 예가 드물며 갑발匣鉢로 정성껏 구운 양질의 청자였다. 1022년의 평와편들과 함께 발견되는 이런 햇무리굽청자완들은 11세기 전반경에 다완으로서의 필요성 때문에 형태가 고려화된 청자완으로, 강진과 고창 등에서 새롭게 제작되기 시작했다.

일본 큐슈九州의 다자이후太宰府 유적에서 11세기 후반의 중국제 백자완, 일본의 하지키土師器편들과 함께 고려의 햇무리굽청자완이 출토되고 있어 햇무리굽청자완의 사용 시기 및 하한과 관련해 주목된다.

고려에 불교가 널리 전파됨에 따라 선禪 수행 시에 정신을 맑게 하고 졸음을 쫓는 차와 차를 담는 그릇으로서 햇무리굽청자완은 이미 9~10세기경에 선망의 대상이었다. 새로이 고려청자 제작이 시작되자 햇무리굽청자완과 닮았으나 크기가 작아지고 고려화된 완이 새롭게 만들어져 11세기 고려사회에 널리 쓰였던 것으로 보인다.

고려·조선 도자의 흐름과 찻사발

02

한국청자는 누가,
어떻게 만들기 시작했나

한국에서 자기瓷器로서의 청자 제작은 970년대인 광종 연간, 즉 고려의 제도와 문물이 중국의 것을 배우기 시작하던 시기에 이루어졌다. 고려의 왕족과 귀족은 중국청자를 매우 좋아했지만 그들이 원하는 수요에 비해 수입은 한정되었기에 고려청자의 제작을 요구하게 되었던 것이다.

처음에는 당시 중국에서 청자 제작지로 유명했던 오월국과의 교류를 통한 수입품으로 만족했다. 그러다가 북송北宋이 들어서고 오월국의 불안한 상태가 계속된 960년과 978년 사이, 청자 장인들은 주변의 용천요龍泉窯, 요주요耀州窯, 경덕진요景德鎭窯로 옮겨가 청자 제작을 새롭게 시작했다. 이 시기에 고려 측에서는 청자를 제작하기 위해 청자 장인들에게 후한 대접을 제시했을 것이다. 이에 따라 월주요의 청자 장인들이 고려에 건너왔을 것이고, 그들에게서 고려의 도기 장인들이 청자 제작 기술을 배웠을 것이다.

950년에 국사가 되어 958년에 입적한 원종대사元宗大師의 혜진탑비慧眞塔碑 법문에 보이는 '금구자발金釦瓷鉢'은 광종이 950년과 958년 사이에 원종대사에게 내린 것이다. 이 발은 금테두리金釦를 씌운 상품上品의 청자로 950년대에 중국 오대 오월국에서 제작한 월주요산 청자발로 추정된다. 당시 수입해서 사용한 청자가 구체적인 기록에 남은 예이다.

북한의 자료 중에는 949년에 죽은 정종定宗의 안릉安陵과 951년에 세운 불일사佛日寺 오층석탑 내에서 출토된 중국 청자발과 소호小壺에 관한 자료가 있으며, 월주요산 청자로 추정되는 예도 남아 있다.

또한 당시 중국 측의 기록인 『경덕전등록景德傳燈錄』 권26에는 959년 지종智宗 등 고려 승려 36명이 오월국에 입국한 기록이 있고 『불조통기佛祖統記』 권10에는 961년 오월국왕 전홍숙錢弘俶의 요청으로 천태전적天台典籍과 고려 승려 체관諦觀을 오월국에 보낸 기록이 있다. 비색翡色청자의 제작으로 유명한 오월국의 월주요는 그 질이 당시 절정에 달해 선망의 대상이 되었으나 978년 북송에 멸망하면서 급격히 쇠퇴했다. 월주요의 기술은 970년대를 전후하여 중국 남방과 북방으로 확산되어 각 지역에서 월주요 청자와 유사하거나 그 지역의 특성이 반영된 청자들이 제작되게 되었다.

청자 '갑술甲戌'명접시편도 974년 광종 연간에 시흥 방산동요에서 고려도기를 제작하던 전통 위에서 새로운 요업 기술인 청자 및 백자의 제작을 시도했을 때 남긴 것으로 추정된다.

특히 '집권執圈'이라는 청자 굽바닥에 받치는 둥근 테 받침은 상품上品의 청자 제작에 필요한 요도구로 오대, 북송 초의 월주요 청자에 보이는 특별한 요도구로 주목된다. 이 시기 청자 주자의 길게 뻗고 주구 달린 모습, 연판문이 양각된 청자편과 탁잔, 호, 발, 타구楕球 등은 이 시기의 월주요 청자와 혼동될 만큼 닮아 있다.

내저에 원각圓角이 없고 굽의 폭이 좁은 선햇무리굽완이나 발편은 중국 강소성江蘇省 남경시南京市 이경묘李景墓에서 출토된 961년 청자완 다섯 점과 기형이 유사하여 주목받았다.

974년을 중심으로 한 광종 연간에 개경 근처의 시흥 방산동에서 중국 오월국에서

시흥 방산동 가마터 출토의 가마 용구와 청자완, 접시편
중국 오월국 출신 장인들의 지도를 받은 고려 장인들이 벽돌 가마에서 제작한 청자들의 조각들이다.

온 청자 장인들의 지도로 고려도기 장인들이 중국의 가마 축조 기술로 40m×2.2m에 달하는 벽돌 가마를 짓고 갑발, 집권, 녹갈색 위주의 청자완, 발, 주자, 병, 탁잔 등의 기명器皿을 제작했다.

곧이어 980년대에는 배천 원산리요에서 청자 제작이 시작되었고, 990년대에는 용인 서리요에서 제작이 이루어졌다. 그리고 고양 원흥리, 양주 부곡리, 평천 봉암리, 여주 중암리, 서산 오사리 등의 중부 지역을 중심으로 녹갈색계의 청자가 벽돌 가마에서 1020년경까지 계속 제작되었던 것으로 보인다.

그렇다면 청자는 누가, 어떻게 제작하기 시작했을까?

배천 원산리 요지에서 발굴 조사된 청자편 중 청자 고배형 제기의 바닥에 시곗바늘 반대 방향으로 '순화3년임진태묘제사실향기장왕공탁조淳化三年壬辰太廟第四室享器匠王公托造'명이 음각된 예가 있고 '순화淳化4년'명과 '심沈' '이李' 등이 음각된 청자가 있다. 이화여대 박물관이 소장한 청자호의 굽 안 바닥에는 '순화4년계사태조제일실향기장최길회조淳化

四年癸巳太廟第一室享器匠崔吉會造'명이 음각되어 있다.

'匠崔吉會造' '匠王公托造' '沈' '李' 등의 명문은 최길회, 왕공탁, 심, 이로 불리는 청자 장인들의 이름들을 가리킨다. 1969년 중국 하북성河北省 정주定州에서 발굴 조사되었던 북송탑 내에서 출토된 995년의 백자발 중 굽바닥에 시곗바늘 반대 방향으로 쓰인 묵서명의 예와 은제향로에 음각된 명문 중 왕王씨, 이李씨, 서徐씨 등의 인명이 나온 예가 있다. 당시 고려청자 장인들은 왕씨나 최씨 등의 성을 갖기 어려웠으므로, 13세기 고려의 부안 유천리요에서 출토된 청자편에 새겨진 '효문孝文' '효구孝久' '조청照淸'명의 예로 보아 왕공탁과 최길회 등은 중국의 청자 장인들로 보인다. 따라서 중국 월주요의 청자 장인들이 고려에 건너와 배천 원산리에서 청자를 제작했으리라 추정된다. 시흥 방산동 요지 출토의 갑발 받침에 음각된 '봉화奉化'명은 절강성浙江省 영파시寧波市와 가깝고 오대 월주요 청자를 제작했던 봉화요奉化窯를 가리키는 것으로, 시흥 방산동 가마에서 일했던 중국 장인들이 절강성 봉화요에서 왔음을 알 수 있다.

앞으로의 가마터 발굴 조사에서는 그 당시 월주청자의 제작지인 상림호반上林湖畔 일대 오월국에 속한 월주요 청자 장인들의 고향을 나타내는 지명이 계속 발견될 것으로 보인다.

중국 오월국의 청자 장인들은 길이 약 40m, 폭 2m 내외의 크기와 일곱 개씩 나 있는 가마 출입구 등 당시 오월국 월주요의 벽돌 가마 기술을 그대로 적용했으며, 발형 및 원통형의 갑발, 갑발 받침, 집권, 도침 등의 가마 용구를 써서 녹갈색의 청자탁잔, 주자, 완, 타

배천 원산리 초기 청자 요지
길이 39.1m, 폭 2m의 벽돌 가마 형태이다.

구, 발, 접시 등 당시의 중국 청자와 그대로 닮은 청자를 제작했다.

이처럼 중국식 벽돌 가마와 가마 용구, 청자 들이 중국 것과 혼동될 만큼 유사하다는 점과 최길회, 왕공탁 등의 장인들 이름으로 미루어볼 때 970~990년대에 중국 청자 장인들에 의해 중국 청자의 제작 기술을 받아들였음을 알 수 있다. 청자 장인들에게서 기술을 배운 다음에 가마를 진흙 가마로 바꾸어 축조한다든지, 40m의 가마를 22m 그리고 다시 10m로 줄여가면서 고려의 청자 기술을 발전시켜 갔던 것으로 보인다.

993년부터 1019년까지 27년 동안 거란족 침입으로 개경까지 파괴되자 나주로 피신 간 현종은, 좋은 흙이 나고 땔감이 무성하며 운반에 편리한 강진 용운리와 고창 용계리에서 새롭게 청자 제작을 시작하도록 지시했다.

1020년대에 새롭게 시작된 제2단계의 청자 제작은 선햇무리굽완에서 전형적인 햇무리굽완과 같은 고려화된 청자 기명으로 나타난다. 녹갈색 유약의 선햇무리굽청자에서 녹청색 유약의 햇무리굽청자로 바뀌며 40m의 벽돌 가마는 10~20m 크기의 진흙 가마로 가마 축조 방식도 바뀌게 되었다.

한국 중부 지역의 초기 벽돌 가마에서 강진, 고창 등 남부 지역의 진흙 가마로 청자 제작의 중심이 바뀌면서 청자도 녹갈색 위주에서 녹청색 위주로 변했다. 1020년대인 현종 연간에 새로운 청자 제작이 시작되었고 11세기 후반인 문종 연간에 이르러서는 전국의 많은 가마에서 양질의 청자 제작이 꽃피게 되었다.

고려·조선 도자의 흐름과 찻사발

03

고려청자의
발전 배경과 찻사발

　11세기 후반 고려 문종 연간1047~1083에 이르면 중앙집권적인 귀족정치 체제가 확립되면서 왕권이 안정되었다. 또한 학문이 발달하고 북송과 활발히 교류하면서 문화가 발전했다.
　문종은 고려 귀족사회의 문화 수준을 높이기 위해 교육에 온갖 힘을 기울였다. 유교문화 진작을 위해『논어』『맹자』등의 경전 교육과 문집 편찬 등의 문학 교육을 활발히 전개하여 문치주의 중심의 귀족사회를 확립해 갔다. 왕실과 귀족사회, 관료사회에 교육 열풍이 불었고, 최충崔沖 등이 구제학당九齊學堂을 설립해 사학이 발달했다.
　11세기 후반 고려 귀족사회에 활발하게 전개된 문화 교육은 12세기 전반에 수많은 학자와 관료, 문인을 낳게 되어 귀족문화를 꽃피우는 큰 계기가 되었다. 문종은 고려 귀족들이 귀족다운 생활을 유지하도록 경제적 지원으로 논과 밭, 땔감 등을 국가가 제공하는 공음전시과功蔭田柴科를 시행했다. 이 제도로 5품 이상의 귀족들은 경제적인 부분에 대한 걱정 없이 문화 활동에 치중할 수 있는 기반을 마련하게 되었다. 또한 귀족들은 그 지위가 자녀들에게 계속 이어질 수 있는 음서제를 시행하여, 과거를 통하지 않고도 관리에 임명될 수 있도록 제도로 뒷받침함으로써 고려 귀족사회를 확립했다.

그 당시 중국은 북송 시기로 사대부 중심의 지식사회로서 문화가 꽃핀 때였다. 이지적이고 창의적인 북송 문화 속에 서화와 도자기 문화가 중국 역사상 유례없이 발전했다.

1070년경 문종에 의한 고려와 북송의 새로운 교류는 고려사회에 큰 영향을 주었다. 특히 북송의 청자, 백자, 흑자 등의 도자기 문화는 당시 고려 도자기 제작에 큰 자극이 되었다. 승반을 갖춘 주전자와 예쁜 꽃 모양의 탁잔, 참외꽃 모양 화병, 그리고 활짝 핀 모란牡丹, 연蓮, 국화菊花 문양이 음각과 양각으로 새겨진 중국의 청자, 백자, 청백자, 흑자의 도자기는 고려 귀족사회에서 선망의 대상이 되었다.

청자주전자
- 고려 12세기 전반 • 높이 21.0cm
- 입지름 8.8cm • 호림박물관 소장

12세기 초 예종은 이러한 중국 문화를 매우 좋아하고 흠모하는 한편, 고려 문화가 중국과 대등해지거나 아예 중국을 능가하려는 큰 바람을 가졌던 듯하다. 그는 왕립도서관으로 청연각淸讌閣을 세우고 북송에서 가져온 수많은 서적을 모아 귀족사회에 제공했다. 북송의 아악雅樂을 배워오고, 대장경大藏經과 도자기를 가져와 고려의 속장경續藏經과 도자기를 그 전보다 한 단계 높여서 새롭고 세련된 형태와 문양의 기품 있는 작품을 모색했다.

도자와 관련해서 예종은 자기소瓷器所 개혁이라는 중요한 조치를 취했다. 우선 왕실 및 중앙 관청에서 쓰이는 양질의 청자를 전남 강진 사당리요에서 제작하여 공납하도록 했다. 국가가 강진 사당리요의 자기소를 집중적으로 지원하여 제작한 최고급 청자를 사용하겠다는 것이었다.

특히 양질의 자토瓷土를 유약과 함께 공급하고 청자 장인들을 최대로 지원하는 등, 예종을 중심으로 왕실과 귀족사회가 관심과 지원을 집중하기 시작했다. 마치 9년 전 월드컵에서 온 국민의 열망 속에 큰 성과를 거둔 것처럼, 고려청자를 중국청자와 같거나 능가하는 양질의 청자로 제작하고자 열망을 집중시킨 것이다. 1108년『고려사高麗史』에 전하는 자기소의 개혁은 15년이 지난 1124년『고려도경』속에 기록된 "근년에 들어와서 비색청자가 제작되었다"라는 내용을 뒷받침해 준다. 현재 전남 강진군 대구면 사당리 일대의 청자 요지에서 발견되는 비색청자의 예가 이 사실을 그대로 보여준다. 『고려도경』에서는 당시 고려청자의 유색釉色이 중국 월주요 청자의 유색과 비슷하다고 하여, 태토의 회색이 엷게 비치는 청자음각앵무문접시나 청자음각국화당초문정병의 현존하는 예가 그 당시 청자였음을 추정할 수 있다.

또한 1110년대에 북송의 관요官窯인 여요汝窯에서 제작된 청자 기명과 대개 비슷하다고 한 것은 당시 고려청자의 기명이 매우 단정하고 정제되어 있을 뿐 아니라 여요산의 특색인 규석硅石 받침으로 정교하게 제작되기 시작했음을 말해준다.

아울러 전국의 지방 관청 및 지방 세력가, 사찰 소용의 생활용 청자를 제작하는 청자 가마를 해남 신덕리와 진산리, 고창 용계리, 인천 경서동, 부안 진서리 등에 새로이 설치하여 청자를 다량으로 생산하기 시작했다.

왕실 및 중앙 관청, 귀족 소용의 강진산 양질청자 비색청자는 강진 사당리를 중심으로 집중 제작

청자양각작약절지문완
• 고려 12세기 전반 • 높이 5.8cm • 입지름 17.1cm • 해강도자미술관 소장

하고, 지방 관청 및 사찰, 지방 세력가 소용의 조질청자 녹청자는 해남, 고창, 부안, 인천, 진해, 부산, 경주, 삼척, 공주, 대전 등 전국의 청자 요지에서 제작했다. 이렇듯 모두가 청자를 사용하는 체제에서 청자를 제작하면서 고려청자의 새로운 발전이 시작되었던 것이다. 수많은 양질의 비색청자와 조질의 녹청자 작품들이 남아 있어서 이러한 새로운 변화 시기의 모습을 뒷받침해 준다.

고려 초기에는 차가 팔관회八關會, 연등회燃燈會에서 토지신과 부처님께 올려졌고 조정의 의례나 국제간의 선물 및 왕의 하사품으로 쓰였다. 팔관회 및 연등회의 예식에서 왕은 맨 처음 차를 마신 후 신하들을 마주 대하고 술을 마셨으며, 이어서 왕과 신하들은 다 같이 다식을 먹고 차를 마셨다.

문종 때에 국사 해진에게 차와 비단을, 의천義天에게도 어차御茶 20각을 하사했다. 숙종이 왕비와 왕자, 신하들을 거느리고 삼각산 승가굴僧伽窟에 행차하여 재齋를 베풀 때 차와 향을 하사했다는 기록도 있어 차가 널리 사용되었음을 알 수 있다.

고려 초기에 마신 차로는 다유茶乳와 다탕茶湯이 있었다.

다유는 덩이차나 잎차를 곱게 갈아 체로 쳐서 만든 말차抹茶를 끓인 물에 넣어 휘젓거나 찻사발에 점다點茶하여 거품을 일으켜 마시는 차로 흰색의 거품이 잘 생긴다. 청자완이 다유를 마실 때 쓰는 찻사발로 제작되었는데, 햇무리굽의 넓은 굽다리가 좁아지고, 구부口部가 벌어진 완이 널리 쓰였다. 현존하는 청자완이 이러한 다완으로 사용되었다고 추정된다.

다탕은 거친 떡차나 잎차를 끓여 걸러낸 맑은 찻물이다. 1117년 예종 임금이 선禪과 도道를 즐기는 이자현李資玄을 만나 앉기를 권하고 다탕을 내어 이야기했다는 기록을 찾아볼 수 있다. 다탕은 '탕약湯藥'이라고 불렸으며 『고려도경』을 보면, "항상 하루에 세 번 차를 주는데 계속 탕으로 주었다. 고려인들은 탕을 약이라고 했다"고 하여, 고려인들이 다탕을 '약'이라고 했음을 알 수 있다. 청자통형잔으로 남아 있는 작품들이 이 시기에 다탕을 담아 사용했던 것으로 추정되며, 뚜껑이 있는 것이 특징이다.

청자음각국당초문완 •고려 12세기• 높이 8.4cm• 입지름 18.6cm• 호암미술관 소장

    고려청자가 발전한 시대적 배경을 요약하면 다음과 같다.
    고려 문종 연간에 교육을 통해 문화를 한 단계 높여 귀족사회가 성숙되며, 공음전시과와 음서제로 이를 뒷받침했다. 북송과의 교류로 인한 새로운 자극 속에서 예종 연간에는 강진을 중심으로 중국청자와 대등한 고려청자 제작에 왕실과 귀족사회가 온갖 힘과 지원을 경주하여 불과 15년 만에 비색청자에 도달하게 되었다. 이와 함께 왕실 및 귀족사회의 요청으로 다유와 다탕을 담아낼 세련된 청자완과 청자통형잔들이 제작되어 널리 사용되었던 것이다.

고려청자의 전성기와 『고려도경』

고려의 귀족정치는 12세기 전반의 예종·인종 연간에 이르러 완성되었고 고려의 문화는 황금기를 맞았다. 예종과 인종은 학문을 좋아하는 왕들로 관학官學을 진흥시켰고, 국내에 청연각과 보문각寶文閣 등 학문 연구 기관을 설치하여 문풍文風을 크게 일으켰다. 또한 예의, 격식 등 유교적인 제도를 정하고 내치內治에도 힘을 기울였다. 이러한 시기에 고려청자 역시 발전을 거듭하여 드디어 비색청자가 만들어졌다.

이 시기의 대표적인 청자 자료로는 고려 인종 1년1123 송나라 사신의 수행원으로서 고려의 개경에 한 달 동안 머물다 본국으로 돌아간 서긍徐兢, 1091~1153이 1124년에 저술한 견문록인『선화봉사고려도경』에 실린 기록과 1146년에 죽은 인종의 장릉長陵에서 출토된 청자들이 있다.

『선화봉사고려도경』은 전 40권으로, 서긍이 견문한 고려의 여러 가지 실정을 그림과 글로 설명했기에 '도경圖經'이라 불렸다. 여기에서 가장 중요한 기록은 권32의「기명조器皿條」와 권26의「연례연의조燕禮燕儀條」로 1123년경 고려청자의 모습을 잘 보여준다.

그릇은 금이나 은으로 도금한 게 많고 청자는 값진 것으로 친다.　　　－「연례연의조」

도기의 색이 푸른 것을 고려인들은 '비색'이라고 한다. 근년에 들어와 제작이 공교해지고 광택이 더욱 아름다워졌다. 술항아리酒尊의 형태로 참외 모양과 같은데 윗부분에는 연꽃 위에 오리가 엎드려 있는 모양의 작은 뚜껑이 있다. 또한 완, 접시, 찻잔, 꽃병, 탕잔도 잘 만들었는데 모두 일정한 형태의 기명을 만드는 중국 정기定器 제도를 모방했으므로 생략하여 그리지 않겠으며, 술항아리만은 다른 그릇과 다르므로 특별히 알려둔다.　　　－「도준조(陶尊條)」

산예출향狻猊出香 역시 비색이다. 위에는 쭈그린 짐승이 있고 아래에는 연꽃으로 이를 받치고 있다. 여러 기물 가운데 이 기물만이 가장 정절하고 나머지는 월주고비색越州古秘色이나 여주신요기汝州新窯器와 대개 비슷하다. －「도로조(陶尊條)」

토산차土産茶는 맛이 쓰고 떫어 입에 넣을 수 없고 오직 중국의 납차臘茶와 용봉사단龍鳳賜團을 귀하게 여긴다. 하사해 준 것 이외에 상인들이 오가며 팔기 때문에 근래에 와서는 고려인들도 차 마시는 것을 좋아하여 더욱 차 끓이는 용기를 만든다. 금화오잔金花烏盞. 금꽃이 있는 검은 잔, 비색소구翡色小甌. 비취색 나는 작은 청자 찻그릇, 은로탕정銀爐湯鼎. 은 화로와 세 발 달린 솥 등은 모두 중국의 모양과 규격을 흉내 낸 것들이다.
대체로 연회 때는 대궐 정원 가운데서 차를 끓여서, 은으로 만든 연잎 모양의 뚜껑을 덮고 천천히 걸어와 앞에 내놓는다. 그런데 찬자가 "차가 다 있습니다" 하고 말하면 마실 수가 있다. 차가 차가워져서 마실 수 없도록 하지는 않는다.
숙소 안에는 붉은 소반을 놓고 그 위에다 차의 용기들을 두루 진열한 다음 붉은 망사수건으로 덮는다. 매일 세 차례씩 차를 맛보는데 뒤이어 탕湯. 끓인 물을 넣는다. 고려인은 탕을 약이라고도 하는데 사신들이 그것을 다 마시는 모습을 보면 즐거워하지만 혹간 다 마시지 못하면 자신들을 업신여긴다고 생각하고 불만스러워하며 가버리기 때문에 항상 억지로 그것을 다 마셨다.   —「찻그릇조(茶俎條)」

위의 내용을 요약하면 다음과 같은 사항을 파악할 수 있다.

첫째, 외국 사신들의 식사 또는 만찬 석상에 나오는 그릇들은 주로 금이나 은으로 도금한 금속기였고, 1123년경 청자는 귀하고 값진 것이었다.

둘째, 1123년 당시 고려인들은 청자의 색을 비색이라 했는데, 청자는 근년 이래로 제작이 공교해지고 색깔이 더욱 아름다워졌다.

셋째, 완, 접시, 찻잔, 술잔, 꽃병 등은 중국의 일정한 기물 형태를 닮고 있었으나 술항아리와 산예향로는 다른 그릇과 달리 뛰어나고 절묘했다.

넷째, 청자의 유색이 옛 월주요산 청자의 유색과 비슷했고, 당시 새로 설치된 여요산의 청자와도 비슷했다.

다섯째, 당시 찻그릇으로 금화오잔과 비색소구가 쓰였으며, 조정에서는 왕과 신하들과 사신들에게 차를 다 돌린 후 격식에 따라 동시에 차를 마셨다.

우리가 흔히 12세기 고려청자를 비색청자라고 부르는 것은 위의 기록에서 유래했다. 또 이 기록을 통해 고려청자가 1123년에 가까운 1110년대에 와서 유색과 형태가 아름다워졌음을 알 수 있다.

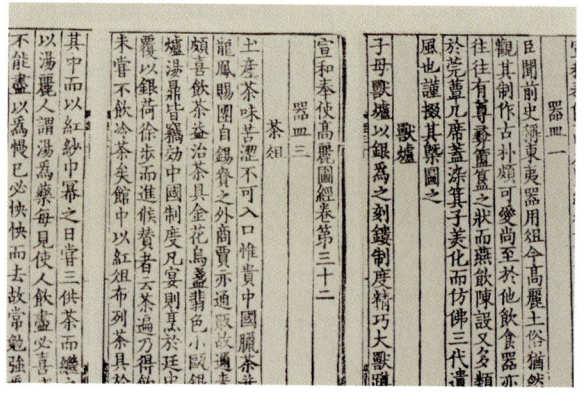

「선화봉사고려도경」「기명조」의 「찻그릇조」
고려를 방문했던 송나라 사람 서긍이 지었으며, 당시 고려 조정에서 차 마시는 의식을 행했음을 보여준다.

청자사자뚜껑주자 및 승반 • 고려 12세기 전반 • 높이 27.5cm • 국립중앙박물관 소장

흑유잔으로 추정되는 금화오잔은 잔 내면에 금물로 꽃을 그린 것으로, 중국 정요定窯산의 흑유완에는 있으나 우리 것으로 남아 있는 예는 없다. 비색소구는 현존하는 12세기 전반의 청자음각국화문완에서 그 예를 찾아볼 수 있다. 내면에 가는 음각선으로 초기 문양인 국당초문菊唐草紋을 시문한 청자소완의 예가 비정되고 있다.

이러한 청자의 모습은 경기도 장단군에 있는 인종 장릉에서 '황통皇統6년1146'명인종

청자음각앵무문완 • 고려 12세기 전반 • 높이 7.2cm • 해강도자미술관 소장

시책仁宗謚册'과 함께 출토된 청자참외형화병, 청자방형대, 청자합, 청자통형잔국립중앙박물관 소장에서 살펴볼 수 있다. 이 청자들은 담녹청색淡綠靑色의 비색유가 고르게 시유되어 유색이 깊고 순수하며 유빙렬釉氷裂이 없다. 태토는 정제되어 있고 기형은 적정한 비례를 갖고 있다. 문양은 드물며 굽다리에는 규석 받침으로 정교하게 구운 흔적이 남아 있다.

　이처럼『고려도경』에 보이는 고려청자에 관한 기록은 1123년 당시 뛰어난 비색청자의 모습을 알려주는 귀중한 자료다. 1146년 인종 장릉 출토의 청자참외형꽃병 등이 현존하여 전성기의 청자에 대한『고려도경』의 기록을 뒷받침해 준다. 아울러 비색소구로서 청자소완 등이 그 당시 연회 등에서 사용되었던 찻그릇임을 알 수 있다.

고려・조선 도자의 흐름과 찻사발

05

생활용 녹청자와 찻사발

　녹청자綠靑瓷란 모래 등의 잡물이 섞인 반자질半瓷質의 태토 위에 회유灰釉계의 유약을 씌워 녹갈색, 고동색을 띠면서 유면이 우둘투둘하여 고르지 않은, 포개어 번조한 조질粗質의 청자를 뜻한다. 녹청자에는 기벽이 얇고 가벼운 도기질 태토의 청자도 포함된다.

　녹청자라는 명칭은 1966년 인천시립박물관과 국립박물관이 공동으로 발굴 조사한 경기도 인천시 서구 경서동 요지의 보고에서 고故 최순우 선생이 처음으로 명명하면서 붙여졌다.

　처음에는 가마 퇴적층과 유물의 조사를 통해 주변에서 발견되는 분청자기의 편들과 관련지어 녹청자의 제작 시기를 고려 말 조선 초로 추정한 바 있다.

　그러나 1970년대 들어 녹청자의 기형과 유색이 중국 당唐 말 오대五代 북방의 가마에서 제작된 청자의 영향을 받은 것으로 보여, 9세기 말 10세기 초에 인천에서 제작된 것으로 수정되었다. 아울러 녹청자는 통일신라 질그릇을 바탕으로 만들어지기 시작해 점차 세련된 스타일로 발전한, 초기의 청자로 널리 인식되기에 이르렀다.

1980년대에는 완도 어두리 해저에서 3만 672점에 달하는 녹청자가 인양되면서 새로운 사실을 알 수 있었다. 이 녹청자조질청자들의 기형과 문양, 유색, 굽의 특징을 비교한 결과 인천 경서동의 녹청자들이 고려 중기에 제작된 생활용 청자들이었음이 새롭게 밝혀졌다. 이로써 이 녹청자들을 통일신라 질그릇에서 청자로 넘어가는 과도기의 청자로 중국 북방 가마의 영향 아래 9세기 말 10세기 초에 제작된 최초의 청자라고 본 것은 잘못된 견해였음이 알려졌다. 12세기 왕실 및 중앙 관청에서 강진에서 제작한 비색청자를 사용한 반면, 녹청자는 인천 경서동이나 해남 진산리 요지들과 같은 지방 해안가에서 질 낮은 유약과 조질의 태토로 생활용 청자를 다량 제작하는 가운데 만들어진 막청자조질청자였다.

녹청자완
- 고려 12세기 • 높이 9cm
- 입지름 17cm • 국립광주박물관 소장

현존하는 녹청자 중 대표적인 것은 1984년 완도 어두리 앞바다에서 인양된 녹청자들이다. 이 녹청자들의 유색은 녹청색, 녹갈색, 암녹색으로 그중 녹청색이 가장 많으며, 일부는 오랫동안 바닷물에 침식되어 유면이 변색되었다.

녹청자의 청자유青瓷釉는 태토에 얇게 시유되어 있으며, 미세하게 유빙렬이 나 있고 태토는 회백색을 띠고 있다. 태토가 드러난 경우 태토면이 철정색鐵呈色을 띠는 예도 있고 태토에 모래 등의 잡물이 섞여 있어 조잡하고 유면이 거칠게 보인다.

녹청자의 기벽은 얇으며, 굽다리는 두꺼운 편이다. 점토가 섞인 내화토를 네다섯 개소에 얇게 받쳐 포개 구운 것이 대부분이다. 완찻사발의 경우 포개지 않고 갑발에 넣어 제작했으나, 사발과 접시에는 대부분 포개어 구운 흔적이 있다.

굽의 형태는 사발과 접시의 경우 대마디굽이 대부분이다. 굽다리의 위아래 면을 깎고 중간을 대마디처럼 각이 지게 나타낸 것으로 굽을 깎은 모습이 각기 다르며, 굽 안

청자철화국당초문완 • 고려 12세기 • 높이 3cm • 입지름 12.5cm • 국립광주박물관 소장

바닥도 대부분 일정하지 않게 깎아 굽바닥의 폭이 일정하지 않다.

그리고 이 사발들과 접시들은 굽바닥까지 시유한 것과 시유하지 않은 것이 함께 섞여 있어, 당시에는 가마에 따라 시유하거나 하지 않는 차이가 있었던 것으로 보인다.

녹청자의 기형은 대부분 사발과 접시 및 완으로, 이들이 인양된 3만 672점 중 3만 점에 이르며 사발 2만여 점, 접시 9,000여 점, 완 1,000여 점을 이루고 있다. 이외에 기형으로는 청자광구병과 매병梅瓶, 장고杖鼓, 기름병, 호 등이 있다.

완도 해저에서 인양된 녹청자들이 고려 도자사에서 중요한 이유는 인양된 도자기의 수량이 3만여 점에 달할 뿐 아니라, 고려청자의 초기 형태로 언급되어 온 녹청자와 같은 특징을 지닌 청자들이 대부분이기 때문이다. 그리고 그동안 발견되었던 청자들 대부분이 고려 고분에서 출토된 명기明器적인 부장품들인데 비해 이들은 사발, 접시, 완으로 대표되는 당시 생활용 청자들이었다는 점도 주목할 만하다. 녹청자 사발들은 당시 밥 또는 국 등을 담는 식기로 쓰였으리라고 추정된다. 이 사발들은 1만 9,256점에 달하며 깨진 것까지 합하면 2만여 점에 달해, 완도 해저에서 출토된 청자 중 3분의 2를 차지한다.

녹청자 사발들은 세부적으로 세 가지 형태로 나누어지나 거의 비슷한 모습으로 입지름 17cm, 높이 8cm 크기의 것이 대부분이다. 12세기 고려인들의 식생활에서 밥과 국을 담는 그릇이 서로 차이가 없었고 실생활에서 청자가 널리 쓰였다는 점을 알려주는 귀중한 자료들이다.

녹청자 접시들은 입지름 8~13cm, 높이 3cm 전후의 중형과 소형의 접시로 나눌 수 있는데, 소형이 더 많은 양을 차지한다. 나물류나 장류, 양념류 등을 담는 데 사용한 식기의 하나였다고 짐작된다. 이들은 9,879점에 달하며 깨어진 것을 합하면 1만여 점에 달해, 2만여 점에 달하는 사발류와 함께 완도 해저 출토 도자기의 주종을 이룬다.

녹청자완茶사발은 입지름 12cm, 높이 5cm로 사발보다는 작고 잔보다는 크며, 유약과 태토가 사발류와 접시류의 청자들에 쓰인 것보다는 뛰어나다. 번조燔造할 때도 갑발을 사용하여 한 점 한 점 정성껏 구웠음을 알 수 있다. 굽다리의 경우 폭이 넓고 높이가 낮은 소위 햇무리굽의 한 양식으로 소멸해 가는 말기적인 모습을 지닌다.

녹청자완들은 당시 불교가 성행하면서 찻그릇이 필요해짐에 따라 제작되어 찻사발茶盌로 사용되었던 것으로 짐작된다. 이들은 총 1,096점으로 사발류와 접시류에 이어 가장 많이 출토된 기형이었다. 이러한 녹청자완의 발견은 당시 차를 마시며 생활했을 수요층의 성격을 짐작케 해준다. 생활용 녹청자들은 그 당시 지방의 관청이나 사찰 등의 요청으로 제작되지 않았을까 추정된다.

12세기 왕실 및 중앙 관청에서는 강진산의 비색청자를 사용하고 있었다. 이에 지방 관청이나 사찰 등의 요청에 따라 해남 진산리, 인천 경서동 등의 녹청자 요지에서 생활용 청자로 밥이나 국을 담는 사발이나 반찬 등을 담는 접시를, 차를 담는 찻사발로 완을 만들어 널리 사용했다. 이 사실을 완도 해저에서 출토된 녹청자들이 뒷받침하고 있다.

06
고려·조선 도자의 흐름과 찻사발

화려하고 다양한
전성기 청자와 찻그릇

사치와 향락이 극에 달한 12세기 후반 의종 연간1146~1170은 고려 귀족사회의 절정기로, 차분했던 고려 비색청자가 더욱 화려하고 다양한 모습으로 발전했던 시기였다.

의종은 왕자 시절부터 문학과 예술을 좋아해서 부친인 인종에게 왕으로서의 자격을 의심받아 왕이 되지 못할 뻔했다가 겨우 왕이 되었다. 왕이 된 후 몇 년 동안은 궁전에서 정사政事를 돌보았지만, 자연과 예술을 향한 마음을 참을 수 없어 이후 전국 각지로 유락을 즐길 수 있는 곳을 찾아다녔다고 『고려사』는 전한다.

특히 문학을 좋아한 의종은 경치가 좋은 연못을 찾아내어 밤이 오기를 기다렸다가 달이 뜨면 연못에 배를 띄우고, 한쪽에서 시가를 읊으면 대답하며 온밤을 지새우곤 했다. 그래서 신하들 중에는 젊은 문신文臣들이 사랑을 받았고, 차츰 '문학을 모르는 사람이 어찌 인간인가?' 하며 문학을 모르는 무신武臣들이 업신여김을 받게 되면서, 유명한 무신의 난이 일어나 고려사회에 큰 변화를 가져온다.

의종은 새롭고 특이하고 아름다운 것을 좋아하여, 그의 신하들 몇몇은 백성들이 사는 시가지를 돌아다니다 '왕의 명'이라 하고는 물건들을 빼앗아 수레에 싣고 가곤 하여 원성이 자자했다고『고려사』는 전한다. 또한 그는 연못을 좋아하여 알맞은 곳이 있으면 민가가 수십 채 있다 하더라도 모두 쫓아내고 연못을 팠으며, 심지어 동생의 집도 빼앗아 연못을 파기도 했다. 의종 11년1157 의종은 고려궁 후원에 연못을 파고 온갖 꽃과 나무, 진귀한 돌을 놓아 꾸몄으며, 북쪽 자리에 양이정養怡亭이라는 정자를 세우고 지붕기와를 청자기와로 덮었다는 기록이 전한다.

청자투각칠보향로
• 고려 12세기 중반 • 높이 15.3cm
• 국립중앙박물관 소장

1157년 청자기와의 기록과 부합하는 청자와편을 1927년 개성 만월대萬月臺 고려궁터에서 한 농부가 밭을 갈다가 발견하여 신고했다. 이 청자와편은 개성박물관에 전시되어 청자기와의 기록을 뒷받침했다. 이외에도 1964년 고故 최순우 선생이 발견해, 1965년 국립박물관이 발굴 조사한 전남 강진군 사당리 가마터에서 출토된 다양한 청자와편들이 있다. 이 청자와편들은『고려사』의 기록과 개성 만월대 고려궁터와 강진 사당리 가마터 출토 청자의 예와 부합하는, 1157년을 전후로 해서 가장 기준이 되는 자료들로 당시 청자의 양상을 이해하는 데 매우 중요하다.

모양을 살펴보면 청자양각모란문수막새와 청자양각당초문암막새를 비롯하여 청자음각모란당초문이 꽉 차게 시문된 것들로, 청자향로편과 청자연적편 등 화려한 장식의 비색청자편들과 함께 발견되었다.

음각 문양은 굵은 음각선으로 비스듬히 넓게 시문하여 마치 양각처럼 표현되는 당초문으로 꽉 채웠다. 양각 문양도 잎맥까지 표현했을 정도로 정교하고 화려하다. 청자의 유색은 녹청색이 짙어져 가는 경향을 띠었으며, 양각 수법에 의한 모란문도 만들어졌다.

현존하는 청자기린뚜껑향로, 청자투각칠보향로, 청자모자원숭이연적, 청자오리연적, 청자음각모란당초문주전자 및 승반, 청자음각연화당초문정병 등이 청자와와 함께 제작된 작품들로 비색청자 중 가장 화려하고 정교한 예들이다.

사치와 향락을 좋아했던 의종 연간의 청자들은 인종 연간에 주로 제작된 차분하고 깔끔한 비색청자에 비해 화려하고 다양한 모습의 음각·양각·투각·상형의 청자들로, 당시가 청자의 전성기였음을 알려준다.

『고려사』에는 의종 연간에 있었던 한 장발 여인의 눈물 어린 이야기가 담겨 있다. 장발 여인의 남편은 그 당시 자주 있었던 성을 쌓는 노역에 동원되어 일하고 있었다. 그런데 그 남편은 몹시 가난하여 점심시간에 먹을 밥을 자주 못 가져왔기에 동료가 조금씩 덜어준 것으로 겨우 배를 채우거나 굶은 채로 일하곤 했다. 어느 날 장발의 부인은 남편에게서 점심 얻어먹는 처지를 한탄하는 소리를 듣고는 비장한 표정으로 밖에 나갔다. 한참 후에 부인은 술과 안주를 사들고 집에 들어와 남편에게 그동안 신세 진 동료에게 갖다 주라고 말했다. 남편은 어떻게 술과 안주를 사왔는지 어리둥절해하면서 부인을 바라보았다. 그는 수건으로 덮여 있는 부인의 머리와 눈물 가득한 눈을 보면서 어떤 상황인지 이해하게 되었다. 장발로 삶의 보람을 노래했던 부인이 자신의 머리카락을 팔아 남편 동료에게 신세 진 것을 갚도록 한 모습에 남편 역시 할 말을 잊고 울기만 할

연못 속의 활짝 핀 연꽃과 잎
청자투각칠보향로를 비롯한 청자들에 연꽃 문양이 즐겨 표현되었다.

뿐이었다. 남편이 할 수 없이 동료에게 술과 안주를 갖다 주었는데, 그들은 어떻게 된 사정인지 듣고는 모두 눈시울을 붉히며 아무도 먹지를 않았다고 한다. 고려청자의 전성기에 이처럼 눈물겨운 가난한 부부의 사연이 있는 것이다.

고려시대에는 팔관회나 연등회 및 왕실의 크고 작은 행사에서 신하가 왕에게 차를 올리고 또 왕이 신하에게 차를 하사하여 마시는 의례를 널리 행했다. 팔관회나 연등회는 하늘신과 부처님을 즐겁게 하여 국가와 왕실의 태평을 비는 중요한 행사였다.

정영선의 『한국 차 문화』에 나온 팔관회 하루 전날의 의식을 요약해 보자.

① 꽃상, 과일상 등을 설치하고 태자와 신하들의 자리를 마련한 후 다방茶房의 장막을 설치한다.
② 왕이 거동하면 태자 이하 신하들이 배령하여 자리 잡는다.
③ 왕과 태자 이하 신하들이 서로 축하하는 의식을 한다.
④ 집례관이 태자와 상공을 인도하여 씻는 곳에 가서 손을 씻는다.
⑤ 근시관近侍官이 임금께 차를 올리면 집례관이 허리 굽혀 마시기를 권한다.
⑥ 뇌주酹酒를 마신 후 왕은 태자가 받든 술잔을 들어 마신다.
⑦ 집례가 임금의 명령을 받들어 알리기를 "경들의 축하함을 아노니 차와 술을 내리노라"고 소리치면 태자 이하 관리들은 두 번 절하고 조배의 예를 한 후 또 두 번 절한다.
⑧ 여러 신하의 과일상을 차린다.
⑨ 태자 이하 신하들은 줄지어 전殿 위에 나아가 왕께 축하하는 의식을 한다.
⑩ 왕에게 올릴 다식茶食과 태자 이하 신하들의 다식을 차리고 먹는다.
⑪ 왕에게 차를 올리고 태자 이하 신하들에게 하사하는 차가 도달되면 집례관이 '절하시오' 하면 두 번 절하고, '차 드십시오' 하면 태자 이하 신하들이 차를 마시고 읍례를 한다.

청자양각연지동자문찻사발 • 고려 12세기 • 높이 5.6cm • 입지름 18.0cm • 국립중앙박물관 소장

⑫ 왕과 신하들이 음악을 들으며 식사를 하고 술을 마신다.
⑬ 시립侍立한 국인들과 악관들에게 과일과 술을 권하고 끝낸다.

요컨대 모든 준비가 완료되면 왕과 신하들은 다 같이 다식을 먹고 차를 마셨다. 왕이 뇌주술을 땅에 부어 비는 것하기 전에 차부터 마신 것은 차로써 몸과 마음을 맑게 한다는 의미에서였을 것으로 짐작된다.

의종 연간에도 팔관회와 연등회를 치르면서 널리 차례를 행했는데, 당시 사용된 청자들은 음각·양각·투각의 화려한 기법으로 시문된 뛰어난 비색청자이다. 향로, 주전자, 찻사발 등의 청자 작품들이 현존한다.

이 중 청자투각칠보향로국립중앙박물관 소장는 토끼 세 마리가 큰 원반을 받치고, 그 위에 활짝 핀 연꽃을 장식한 후 다시 그 위에 원형의 칠보 문양을 투각한, 화려하면서 균형

잡힌 뛰어난 작품이다. 의식을 행할 때 향을 피웠던 향로로 칠보 문양의 뚜껑을 통해 향이 은은히 피어올랐을 것이다.

청자양각연지동자문찻사발_{국립중앙박물관 소장}은 내면에 연못 속 연꽃과 동자문이 양각되어 있다. 차를 마실 때마다 부처님을 생각하게 했을 찻사발로 추정된다.

고려청자의 전성기에는 이처럼 차와 관련된 수많은 작품들이 만들어졌다.

상감청자의 성립과
찻사발

우리 민족 특유의 창의적인 기술이 유감없이 발휘된 상감청자象嵌靑瓷는 한국을 대표하는 도자기로서 세계에 널리 알려져 있다.

상감청자 기법의 직접적인 창안 동기는 알려지지 않았으나, 다만 상감청자에 앞서 발달했던 청동기靑銅器 등의 금속기에 쓰인 입사入絲 수법에서 영향을 받아 제작되었다고 본다. 이처럼 금속기와 도자기의 상호 관련 속에서 마침내 고려시대의 독특한 상감청자 기법이 발생하고 성행했다고 추정된다.

금속기에 쓰인 최초의 상감 기법은 BC 5세기 중국 전국全國시대의 청동기에서 찾아볼 수 있다. 우리나라의 금속공예는 이미 삼국시대에 괄목할 만한 수준이었는데, 이를 보여주는 것으로 AD 5~6세기 가야고분에서 출토된 은銀상감, 금金상감을 한 금속기가 있다. 통일신라를 거쳐 고려 중기에는 청동은입사靑銅銀入絲 수법을 쓴 금속기가 활발히 제작되었다.

상감 재료에 따라서는 백토白土를 감입嵌入하여 구운 백白상감과 백토와 자토를 감입하여 구운 흑백黑白상감이 있다. 또한 상감된 무늬가 선으로 된 선線상감과 넓은 면으로 된 면面상감이 있으며, 문양을 그대로 두고 문양의 배경을 상감한 역逆상감도 있다.

상감청자는 초기부터 주로 물레성형법으로 제작되어 이 방법이 고려시대 전 기간을 통해 계승되었다. 물레로 성형한 기물器物은 반만 건조시켜 굽을 다듬은 다음에 표면 장식을 위한 상감을 한다. 나타내고자 하는 무늬를 그릇 표면에 음각하고 상감토를 붓으로 발라 메운 후 깎음 칼로 깎아내어 무늬를 나타내는 것이 상감 기법이다.

굽 다듬기가 끝나고 기물이 반 건조된 상태에서 표면 장식을 하는 이유는 너무 덜 마른 기물을 음각하면 선명한 선을 표현하기가 어렵고, 지나치게 건조되면 음각하기 힘들 뿐만 아니라 감입되는 상감토와 기물의 수축률이 맞지 않아 서로 분리되며 다양한 선을 상감하기도 어렵기 때문이다.

백상감에 쓰는 흙을 흔히 백토라 하며 자연토를 그대로 사용했으나 근래에는 적절히 조합하여 사용한다. 흑상감에는 자토산화철를 자연 그대로 사용한다. 백상감에 비해 흑상감이 수월한데, 음각을 얕게 하여 한 번 감입해도 뚜렷한 문양이 나타나기 때문이다.

감입할 때에는 흑백상감일 경우 주 문양은 백상감하고 주 문양을 돋우기 위해 백상감한 위에 다시 음각한다. 그 다음 자토를 발라 건조시킨 후 깎아버리고 흑상감 문양을 표현한다. 운학문雲鶴紋의 경우 학鶴의 몸을 먼저 백상감하고 다리와 입은 흑상감하여 전체를 표현한다.

고려시대 상감청자 가마터로 유명한 호남의 강진과 부안 지방은 천연적으로 조건을 고루 갖춘 도자 흙이 풍성했고, 물과 땔감으로 쓸 나무 공급이 용이했으며, 해로를 통한

청동은입사포류수금문정병
• 고려 12세기 • 높이 37.5cm • 국립중앙박물관 소장

청자음각당초문상감운학문완 • 고려 12세기 후반 • 입지름 19cm • 일본 오사카(大阪)시립동양도자미술관 소장

교통이 편리했다. 따라서 청자를 만들고 실어내는 데 좋은 환경을 지닌 덕분에 고려시대 최적의 상감청자 생산지로 발전했다.

청자의 전성기에 화려한 음각·양각·투각 기법을 쓴 청자와 함께 기면의 일부만을 백상감이나 흑상감으로 나타낸 것이 초기 상감 기법을 쓴 예이다. 청자음각연당초문상감발은 내면 전체를 음각으로 연당초문蓮唐草紋을 꽉 차게 시문하고 구연부만을 백상감으로 시문한, 초기 상감청자의 작품이다.

청자음각당초문상감운학문완의 경우 내면에는 연꽃과 보상화문을, 외면에는 당초문과 운문을 음각으로 나타냈고, 외면 네 곳에 흑백상감으로 구름과 학을 둥근 원내에 시문했다. 동체가 S자 곡선을 그리는 단정한 완으로 기면 전체에 맑은 비색 청자유가 시유되었다.

이 완에서 보듯이 상감 기법은 점차 확대되어 내면의 일부에 새긴 문양에서, 외면의 독립된 문양으로 확대되어 감을 볼 수 있다.

1150년대 의종 연간에 상감 기법이 청자에 처음 쓰이면서 문양의 일부로 나타나다가 명종 연간으로 이어지면서 점차 음각과 상감, 양각과 상감, 투각과 상감 기법이 공존하면서 발전해 갔다. 녹색 표면에 흑백의 상감 문양이 조화를 이루면서 청자는 고려인의 마음을 담는 그릇으로서 완성되어 간 것이다.

08 구름 속을 나는 학, 운학문상감청자와 찻사발

전성기의 고려 상감청자완에는 푸른 표면에 구름과 학이 시문된 운학문雲鶴紋이 등장하여 고려인들의 많은 사랑을 받았다.

운문雲紋은 자연현상과 관련되어서 고대부터 신성시되었고 장수와 장생의 길상吉祥적 의미로 많이 사용되어 왔다. 우리나라 단군신화 속에 등장하는 구름 또한 인간에게 신비로운 대상으로 나타난다. 환웅桓雄이 인간 세상을 다스리고자 풍백風伯, 운사雲師, 우사雨師를 비롯한 3,000명을 이끌고 지상에 내려와서, 곡식, 질병, 생명, 형벌, 선악 등 인간의 360여 가지 일을 주관하며 세상을 다스렸다. 당시 농경 생활을 주로 하던 사람들에게 바람, 구름, 비를 다스리는 주술사 또는 신의 존재는 몹시 중요했을 것이다.

삼국시대에는 이러한 요소들이 벽화나 종, 와당 등에 시문되었다. 고구려에서는 S자형 운문을 괴운怪雲처럼 나타냈는데, 특히 우현리 현실玄室에 그려진 운문은 기운 생동하는 선을 보여준다. 백제에서는 형과 선이 부드러운 과운문過雲紋으로 표현했는데, 연화문전의 운문이 그것이다. 신라의 운문은 구름의 선이 길고 그 긴 모양에 3~5개의

청자상감운학문매병 • 고려 13세기 전반
• 높이 30.5cm • 미국 메트로폴리탄박물관 소장

연꽃 문양을 나타낸 것이 특징인데, 성덕대왕신종이 그 예다.

고려인들은 운문을 삼국시대의 것과 다르게 나타냈다. 곡선이 풍부한 구름머리雲頭를 길게 끄는 꼬리를 나타내어 바람에 날리는 비운飛雲을 즐겨 표현했는데, 이 곡선미는 고려 운문의 특징이라고 할 수 있다. 고려인들은 구름문을 짧은 S자형 곡선 세 겹으로 국한시켜 구름머리를 화개花蓋형으로 표현하여 즐겼으며, 후기에 와서는 영지를 구름형으로 표현한 영지형 운문靈之形雲紋을 나타냈다.

상감청자에 시문된 구름의 형태는 영지버섯이나 한여름의 뭉게구름, '之'자 모습과도 비슷하다. 구름은 대부분 3~5개 정도의 굵고 가는 머리를 지니고, 꼬리 부분은 가늘면서도 길게 표현되어 경쾌한 느낌의 비운飛雲이 주종을 이루며, 점차 도안화되어 가는 경향을 띤다.

학문鶴紋은 운문과 짝을 이루어 상감청자의 문양으로 꾸준히 사용되었다. 학은 우아한 모습에 순수 담백한 생태를 가져서 온갖 새들 중에서도 빼어나다. 학의 고아한 인상은 귀족 취향의 고려사회에서 신분을 상징적으로 표현하기에 충분했다.

학은 날짐승의 우두머리이자 신선들을 공중으로 실어 나르는 새로 알려져 있다. 장례식 행렬 때는 날개를 펼치고 한쪽 다리를 들어 올린 모습의 학을 만들어 관 중앙에 올려놓기도 하는데, 죽은 자의 영혼을 등에 태워 '서쪽 하늘'로 싣고 가라는 의미다.

구름은 학의 비행 또는 휴식 상태를 보조하여 표현하는 소재로 학과 함께 기면을 교차적으로 장식해 왔다. 운학문의 경우에는 학의 비상 방향과 배치, 표현 방법에 따라 서로 다르게 구름 형상을 시문하거나 배치하기도 한다.

상감청자에 시문된 학의 형태는 머리, 몸통, 다리 부분으로 나누어진다. 부리, 벼슬, 눈 등에는 흑상감을, 몸통 부분인 날개에는 백상감을, 꼬리와 다리 부분에는 흑상감을 하여 학의 부위에 따라 달라지는 색상을 표현해 사실성을 강조했다.

초기 운학문은 음각, 양각, 혹은 음각과 상감을 결합한 형태로 12세기 후반 의종 연간에 등장하기 시작했다. 학의 상징적 의미는 중국의 신

청자음각운학문완 • 고려 12세기 후반
• 높이 5.5cm • 입지름 17.3cm
• 일본 오사카시립동양도자미술관 소장

선 사상에서 유래되었는데, 창공 너머 신선이 사는 선계仙界를 동경해 마지않던 당시 사람들은 푸른 표면을 창공으로 표현하고 운학문을 새긴 고려청자를 무척 좋아했다.

의종 연간에 도교 사상이 널리 받아들여지면서 신선을 태워 나르는 운학문이 청자의 기면에 음각과 양각 수법으로 시문되기 시작했다. 청자음각운학문완은 운학문이 나타난 청자완으로서는 가장 이른 작품의 하나이다. 구름 속을 날고 있는 학의 사실적인 모습을 가는 음각 수법으로 청자 내면에 섬세하게 나타냈다. 학을 대칭으로 배치하고, 그 주변에 비운飛雲의 약동하는 구름 문양을 예리하게 새겼다. 약간 벌어진 완의 사선을 이룬 선과 작고 낮은 굽다리가 어울린 12세기 후반의 청자 찻사발이다.

화려한 음각 수법과 더불어 첫 운학문이 시문된 완은 전남 강진 사당리요에서 시도된 것으로 보인다.

청자양각연당초상감운학문완의 내면에는 양각 수법으로 연못 속에 연꽃이 피어 있는 모습을, 외면에는 구름과 학을 상감 시문한 운학문을 나타냈다. 즉 양각과 상감 수

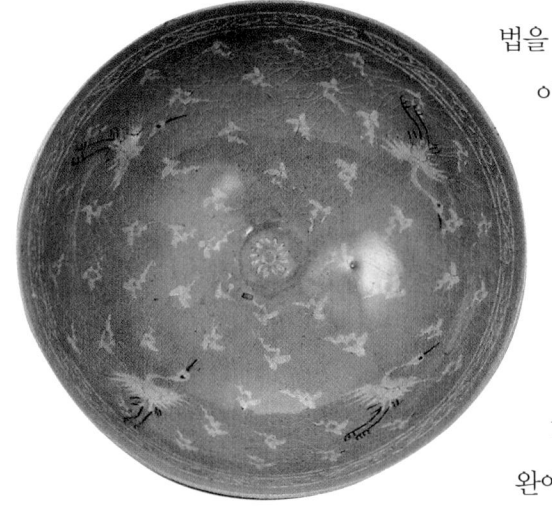

청자상감운학문완 • 고려 13세기 전반
• 높이 6.3cm • 입지름 14.8cm • 개인 소장

법을 함께한 청자완으로, 그 속에서 흑백상감이 된 운학문이 선보이게 되었다. 또한 외면에는 문양이 없고 내면에만 구름과 학을 번갈아 세 곳 또는 네 곳에 배치한 전형적인 운학문완이 만들어졌다. 그리고 사실적인 학과 구름이 섬세하게 표현되었다.

13세기 전반에 들어서면 청자상감운학문완에서처럼 내면의 네 곳에 구름과 학을 배치하고 그 가장자리는 당초문대로 장식하며, 외면은 운학문과 보상당초문寶相唐草紋으로 상감해서 내·외면이 모두 상감청자로 완성되었다.

청자완의 입은 벌어지거나 사선으로 된 것에서 이처럼 안으로 오므라진 모양으로 변화했다. 유색은 점차 투명해지며, 유가 얇게 시유됨에 따라 유빙렬이 기면에 나타났다.

강진 사당리요뿐만 아니라, 부안 유천리요에서 상감청자가 널리 제작되기 시작했다. 청자상감운학문완은 차를 담아 마셨던 찻사발茶盌로 추정되며, 차를 마실 때마다 신선들이 사는 선계를 그리워했던 고려인들의 마음 일단을 엿볼 수 있게 한다.

이 청자상감운학문완에 나타난 운학문의 학은 '양陽'을, 그 정기는 금기金氣로써 '화정火精'을 뜻한다고 한다. 고고한 기상을 지닌 학은 귀족의 이상적인 성품을 상징해 왔고, 장수를 나타내는 존재로도 인식되어 왔다. '음陰'에 들어 있는 '운云'자는 옛날의 '운雲'자로, '음'의 본뜻은 '구름이 해를 가리는 것'이다. 『설문해자說文解字』에서는 "기氣는 구름의 기운이다. 상형문자이다"라고 했다.

고대인들은 끊임없이 변화하는 자연물인 기氣를 구름이라고 보았다. 그러므로 청자 상감운학문완의 바닥 가운데에 음각한 꽃잎 여덟 개는 태극의 자리에 위치하여 영원한 변화를 나타내고, 푸른 하늘을 우주의 공간으로 삼아 음 또는 기를 상징하는 구름과 양을 상징하는 학이 짝하여 음양의 조화를 이루어 사시四時를 영원히 운행하고 있음을 보여준다고 해석하기도 한다.

이렇듯 고려 13세기 상감청자의 전성기에는 찻사발로 널리 사용되었던 운학문상감 청자완들이 활발히 제작되었다.

고려·조선 도자의 흐름과 찻사발

09

부안 유천리
고려청자와 찻사발

고려 13세기 전성기 상감청자의 대표적인 제작지로는 전북 부안 유천리 일대 가마터를 들 수 있다.

1929년에 발견되어 주목되어 온 이 가마터에서 일본강점기부터 일본인들이 청자편들을 대량 채취하여 매각하곤 했다. 현재 이화여대박물관에 수장된 약 5,000점의 청자 파편도 일본강점기 당시 정읍에 살던 일본인 신덴 야스토시深田泰壽가 부안군 보안면 유천리 12호를 중심으로 한 가마터에서 도굴하여 개인적으로 갖고 있던 30가마니 중 20여 가마니 분을 1958년에 구입한 것이다.

그 후 다섯 가마니 분의 청자편이 동원東垣 이홍근李洪根 선생의 수장품이 되었다가 1980년 국립중앙박물관에 기증되어 현재 보관·전시되고 있다. 아울러 1967년 국립박물관이 시굴·조사하여 수습된 청자편들도 알려져 있다.

그리고 1997년 원광대박물관이 부안 유천리 28호, 29호 가마터를 시굴·조사하여 5기의 가마 유구遺構와 수많은 청자편을 수습했다. 이 시굴 조사를 바탕으로 1998년 본

부안 유천리 가마터 기념비

발굴 조사가 실시되어 가마의 구조와 그 당시 제작된 각종 청자들의 다양한 모습이 확인되었다.

이화여대박물관은 1960년대 초반부터 부안 유천리 출토 파편에 대한 분류와 복원 작업을 시작하여 20여 년이 지난 1980년대 초에 작업을 마쳤고, 1983년 5월 '부안 유천리요 고려청자'에 관한 전시회를 열고 도록을 출간하여 학계에 소개했다.

이화여대박물관이 소장한 부안 유천리 가마 출토의 고려청자들은 13세기 전·후반에 걸쳐 순청자와 상감청자를 대표하는 작품들이 제작되었을 때의 것으로 밝혀졌다.

13세기 전·후반은 1170년 무신의 난 이후 정권을 잡은 무인들 사이에서 내분이 일어나 쉴 새 없이 정권이 교체되다가, 1196년 최충헌崔忠獻에 의해 정권이 안정된 다음 최우崔瑀, 최항崔沆, 최의崔竩에 이르는 4대 62년간 최씨 정권이 확립된 무인 집권 시대였다. 또한 이 시기에는 몽고 세력의 흥기로 동아시아에 일대 변동이 일어나 차츰 고려와 몽고 사이에 불화가 감돌았으며, 1231년에 드디어 몽고의 침입이 시작되었다. 이에

부안 유천리 가마터 출토 청자편들

대해 최우 정권은 단호히 항쟁할 것을 결의하고, 1232년 강화도로 도읍을 옮겨 1259년에 강화가 맺어질 때까지 계속 항쟁했다. 오랫동안 몽고의 침략이 되풀이되었지만 고려인들의 끈질긴 항쟁은 계속되었다.

이처럼 최씨 무인 정권이 다스리고 몽고의 침입이 계속된 13세기 전·후반의 고려문화는 12세기와는 다르게 변화될 수밖에 없었으며, 그러한 분위기가 고려청자에 그대로 반영되었다. 특히 남송南宋과의 국교 단절로 문화의 자극이 없어져서 고려청자 특유의 기형과 문양이 발전하는 양상을 보였다. 외부의 문화적인 자극이 없었으므로 13세기 상감청자는 고려 자체 내의 요청에 따라 발전하여 고려화하는 모습을 보여주었다. 유려한 곡선 형태와 독자적인 흑백상감 문양, 그리고 갓 맑은 유색이 청자의 고려화를 보여주는 예이다.

특히 상감 기법으로 완성된 청자도판陶板들은 23cm×32cm 크기의 장방형에 국화와 모란, 운룡, 운학, 연못과 오리 문양이 시문된 부안 가마 특유의 것이었으며, 마름모꼴, 옷걸이꼴도 있었다. 장고長鼓에 음각, 철화鐵畵, 상감의 모란당초문牡丹唐草紋이 시문된 예들과 청자종靑瓷鐘, 용두당龍頭幢, 피리는 처음으로 세상에 알려진 진귀한 청자들이었다.

국화문, 운학문, 모란문, 포류수금문浦柳水禽紋, 여지문荔枝紋, 연화문, 인물문 등이 무르익은 상감 기법으로 섬세하고 화려하게 청자에 시문되었다. 자연을 동경하는 마음과 서정적이며 문학적인 정취를 보여주는 이 문양들은 항아리, 매병, 주전자, 탁잔, 술병, 화분, 합, 접시, 완 등에 나타나고 있다.

그중에서도 1m에 가까운 상감청자매병은 고려청자가 작다고 하는 종래의 견해가 맞지 않음을 증명해 주었으며, 상감청자의 가마터에서 상감백자를 포함한 음각백자, 양각백자 편들이 출토되어 백자가 청자 가마에서 함께 제작되었음을 알려주었다. 또한 매우 드물게 산화동을 안료로 시문한 동채銅彩청자편들과 산화철로 그린 철화청자, 백토와 자토를 넣은 철백화鐵白畵청자편들도 출토되어 주목받았다.

청자상감국화나비문병
• 고려 13세기 전반 • 높이 36.8cm
• 입지름 6cm • 호림박물관 소장

이들 청자에는 녹색이 짙은 청자유와 투명한 청자유가 함께 사용되었으며 기벽이 두꺼워지는 경향을 띠었다. 굽다리의 규석 받침도 커져서 말끔히 마무리하지 않은 예도 있었으며, 큰 기형에는 점토가 섞인 모래 받침으로 구운 매병이나 호가 깨진 예가 많아졌다.

13세기 고려청자는 자기소를 중심으로 제작되었으며 만들어진 청자들은 별공別貢의 공물貢物로 국가에 수납되어 사용되었다.

부안 유천리에는 자기소가 설치되어 청자를 비롯한 고려자기들을 소민所民들이 중심이 되어 제작했다. 그리고 토착 세력인 소리小吏가 부안의 안흥창安興倉에서 만든 도자

청자투각연당초동자문주자 및 승반
• 고려 12세기 후반 • 높이 20.2cm
• 국립중앙박물관 소장

기들이 조운漕運에 의해 해로로 개경에 올려 보내져서 고려 왕실과 관청, 귀족 소용의 자기로 사용되었다.

이처럼 고려시대 자기소는 왕실 및 관청이 필요로 하는 자기의 수요에 따라 자기소의 소민이 주축이 되어 청자를 비롯한 자기를 제작했고, 그 완성품을 소의 관리가 맡아 별공으로 공급하는 체제로 운영되었다. 자기소는 기술 집단으로서 다른 철소鐵所, 금소金所, 묵소墨所 등과 함께 운영되었던 것으로 알려졌다.

현존하는 청자에 보이는 '효문孝文' '효구각孝久刻' '조청조照淸造' 등의 명문은 13세기 부안 유천리 자기소에서 청자를 제작하던 자기장瓷器匠들의 이름들로, 성은 알 수 없으나 이름은 '효'를 공통으로 하고 있어 주목된다.

부안 유천리 27호, 28호 지역에서 발굴 조사된 가마의 구조를 살펴보면, 제1호 가마의 길이는 약 9m, 폭은 1.2m이고 제5호 가마는 길이가 14m, 폭은 1.2~1.3m이며 경사도는 11도와 12도이다. 아궁이의 불턱이 수직형인 것이 특이한데, 불턱의 높이가 1호 가마의 경우 40cm이고 5호 가마는 82cm로 높은 편이다. 가마 바닥에는 가는 모래가 깔려 있다.

부안 유천리 가마에서 출토된 청자 찻사발로 추정되는 작품들로는 크고 작은 청자음각연판문통형잔, 청자양각연판문통형잔과 청자상감국화문통형잔이 있다. 통형의 몸체에 위아래로 뇌문雷紋과 연판문대蓮瓣紋帶를 돌리고, 중앙에는 국화꽃 한 송이 또는 여러 송이를 엇갈려 흑백상감으로 시문한 예가 남아 있다.

또한 청자음각연판문완과 청자양각연판문완 작품들도 있고, 청자상감보상당초문완과 청자상감운학문완, 청자상감국화문완 등 많은 작품들이 제작되었음을 알 수 있다.

원감국사圓鑑國師, 1226~1292가 산속에서 차 끓여 마시며 무애자적하며 사는 즐거움을 노래한 글이 『원감국사가송圓鑑國師歌頌』에 전한다.

산중의 즐거움

산중의 즐거움이여
마음 내치는 대로 즐기며 천부의 온전함을 기른다네
깊은 숲 속, 넓은 동굴, 좁은 돌길이 뻗어 있고
소나무 아래에는 개울이요, 바위 아래는 샘물이 있네
봄이 오고 가을이 가도 사람 자취 없으니
세상의 티끌은 한 점도 침범하지 못하네
한 바릿대의 밥과 나물 한 쟁반으로
배고프면 먹고, 피곤하면 잠자네
물 한 병, 차 한 냄비
목마르면 가져다 손수 끓이네
대지팡이 한 개에 부들자리 하나로
길을 가도 선禪이요, 앉아도 선이네
산중의 이 즐거움 진실로 맛이 나니
시비애락是非哀樂 같은 방편은 모두 다 잊어버렸네
산중의 이 즐거움 참으로 값지니
학을 탄 신선이나 돈을 허리에 찬 부자도 되고 싶지 않네
법도에 얽매이지 않고 마음 가는 대로 즐기니
일생 동안 자유롭게 천수天壽를 다하기만 바란다네

부안 유천리 가마터에서 나온 13세기 상감청자들은 기형과 문양에서 중국적인 요소가 사라지고 고려적인 요소가 드러난다. 13세기는 찻사발과 함께 화려하고 아름다운 청자가 만들어졌던 청자의 전성기라고 할 수 있다.

10
고려·조선 도자의 흐름과 찻사발

포류수금문,
들국화 문양과 찻사발

 고려 상감청자의 전성기인 13세기에는 연못과 버드나무, 오리와 들국화 문양이 가장 많이 등장한다. 연못과 버드나무 및 오리 문양을 흔히 포류수금문浦柳水禽紋이라고 부른다. 연못 주변 언덕에는 수양버들이 늘어지고, 밑에 흐르는 물 위에는 오리가 한가로이 떠 있으며, 하늘에는 기러기가 날고 구름이 점점이 떠 있는 풍경을 그린 문양이다. 한 폭의 그림 같고 문학적인 분위기를 지닌 이러한 정경情景을 고려 사람들이 몹시 즐겼던 모양이다.

 『고려사』 권18 세가 의종 21년조에 고려인의 자연을 향한 동경과 문학적 정서에 대한 희구를 보여주는 내용이 나온다.

> 청녕재清寧齋 남쪽에 정자각을 짓고 중미정衆美亭이라 했다. 정자 남쪽 산골 물에 돌을 쌓아 물을 담고 그 기슭 위에 띠茅로 덮은 정자를 만드니, 갈대가 우거지고 오리와 기러기가 나는 것이 흡사 강이나 호수의 모양과 같더라. 물 위에 배를 띠워

어린 사공으로 하여금 뱃노래와 고기잡이 노래를 부르게 했다.

의종은 인공으로 위와 같은 정경을 실제로 만들었으며, 청자 장인들은 그 정경을 그릇 위에 재현했다. 그러나 한편으로는 그 정경이 고려인들에게 단순히 문학적 정서만을 자아내지는 않았다. 그곳에는 정적이 있고 사유가 있었다. 고려인들은 내세來世와 결부된, 조용하고 속세를 떠난 곳을 찾으려 했던 것이다.
고유섭高裕燮 선생은 『고려청자』(삼성미술문화재단, 1977)에서 다음과 같이 말했다.

한파寒波를 뚫고 나온 연꽃에서 선禪의 이치를 알려고 강호江湖에 배를 띄워 기러기나 오리와 같이 놀고자 함은 그들의 선에 통하는 마음이고 자연에 통하는 마음이

청자철화유문통형병에 시문된 유문

청자상감포류수금문정병
• 고려 13세기 전반 • 높이 37.1cm • 밑지름 8.9cm • 간송미술관 소장

며 이러한 마음은 오로지 청자의 색에서 그리고 형태에서뿐만 아니라 실로 또 문양도안紋樣圖案에 있어서도 나타나고 있었던 것이다. 이러한 내면적인 마음을 말하려는 욕구와 외화外華를 장식하려는 욕구와의 공존은 일견 모순된 존재와도 같지만, 이 모순된 마음이 그들에게는 따로 난 둘이 아니고 하나의 마음이 되어 청자에 나타나고 있었다. 즉 그들의 도안의 표현 방법도 이것을 말하고 있는 것이다.

이것이 곧 고려인들이 포류수금문을 즐겨 쓰던 심정이다. 고려인들이 추구해 마지 않던 세계를 그들이 사랑하던 청자 위에 나타냈던 것이다.

들국화 문양 또한 그러하다. 청자라는 기물의 공간과 녹색 색조, 그리고 그 속에 피어난 한 송이 들국화를 음미해 보면 들국화가 야생초로서 가진 청초한 맛을 느끼지 않을 수 없다.

임영주는 『한국의 전통 문양』(대원사, 2004)에서 국화의 상징성에 대해 다음과 같이 언급했다.

> 국화라는 꽃은 사군자四君子의 하나로서 주로 문인화풍의 수묵화로 그려져 왔다. 또한 문인 사대부들의 전유물이라 할 수 있는 학문 수양의 한 수단이기도 했다. 따라서 문인들의 정신을 고취시키고자 하는 '사의寫意정신'을 표방하는 바, 자연주의적 소재이기는 하나 지극히 추상적인 의미를 담고 있는 사의적 표현인 것이다.

이에 비해 들국화는 들에서 자생하는 야생화를 총칭하는 말로 국화와는 그 모양부터 다르다. 따라서 자연주의적이라는 말이 국화보다는 더 잘 어울린다고 볼 수 있다.

초기의 들국화 문양은 한 송이가 주로 그려졌는데 애조 띤 청초함과 회화적인 맛을 더욱 느끼게 한다. 그리고 점차 후대로 갈수록 여러 개의 국화절지 형태로 나타나며, 상징화·도안화 경향이 더욱 강해진다. 또한 들국화 문양에서는 나비를 함께 그리는

청자연자문완 • 고려 13세기 • 입지름 14.0cm • 일본 오사카시립동양도자미술관 소장

것이 특징이다.

꽃과 나비는 즐겁고 행복하게 장수하고 싶은 마음과 내세來世에서도 행복하게 살길 기원하는 마음을 표현한 것이다. 들국화는 우리나라 산과 들 어디에서나 볼 수 있는 꽃으로, 인공이 가해지지 않은 야생의 들꽃이다. 들국화는 대체로 쓸쓸함, 적막함, 고요함을 표현한다. 고려인들이 그토록 많은 문양 중에서 들국화 문양을 사랑했다는 것은 놀라운 일이다. 그 들국화 문양이 푸른 청자의 표면에 새겨진 것이다.

고려시대의 명문장가 이규보李奎報, 1168~1241는 『혁상인능파정기赫上人凌波亭記』에서 이렇게 말했다.

실로 그들 고려인들의 상하에 일색으로 물들인 사상 감정은 바로 무상無常의 감感이요, 허무虛無의 감이다. 유구한 대자연의 마음을 생각할 때 그것은 영원한 정적 그것이다. 차별 세계의 소란스러운 들끓음은 대해大海 표면의 파도에 지나지 않는다. 그들은 현세를 믿지 않고 유구한 정적을 동경한다. 청자는 그들의 '파란 꽃'

이다. 이 선禪과 마음이 통하는 것은 또 선仙이기도 하다.

이규보는 『동국이상국집東國李相國集』에서 이렇게 말했다.

인정人情이 다 연꽃 푸른 불세계佛世界나 흰 옥 같은 신선神仙 세계에 이르고자 함은, 다름 아니라 대체 그 땅이 맑고 깨끗하며 티가 없기 때문이다.

고려인들이 희구해 마지않던 세계는 잡념을 떠난 선禪의 세계이며, 속세를 떠난 선仙의 세계인 것이다. 그곳에는 시간적으로 제약된 생명에 대한 집착이나 본능의 발동으로 일어나는 욕심이 있을 리 없다. 청자의 푸른 빛깔은 차며, 무無의 세계와도 통한다. 청자의 푸른 빛깔은 현세를 떠나 영원한 세계를 동경하는 심정의 발로라고 할 수 있다.

포류수금 무늬와 들국화 무늬는 차고 고요한 청자의 푸른 빛깔을 띤 성격이다. 이러한 성격은 곧 고려인들 마음의 구석구석까지 파고든 불교사상에서 나온 것이다. 우

청자상감국화문탁잔
• 고려 13세기 • 총 높이 9.9cm • 간송미술관 소장

청자상감국화·음각연당초문완
• 고려 13세기 전반 • 높이 6.9cm • 입지름 16.6cm • 개인 소장

리가 살고 있는 현세는 찰나이며 결국 윤회에 의해서 다음 생이 영원할 수 있다고 불교는 가르친다. 순간의 즐거움을 위해 살지 말고 다가올 내세의 영원을 위한 진리에 따라 살아가라는 것이다.

그러한 가르침에 깊이 젖어들다 보니 고려인들은 현실의 삶보다는 내세의 삶을 동경하게 되었다. 연못과 버드나무, 오리와 들국화 문양이 새겨진 상감청자에는 고려인들의 내면세계가 담겨 있다.

포류수금문이 백상감으로 시문된 청자상감포류수금문정병간송미술관 소장은 불교 의식을 행할 때 맑은 물을 담아 사용했던 것이다. 동체 전면에는 늘어진 수양버들과 연꽃이 활짝 핀 연못 사이를 수금水禽. 오리 혹은 원앙이 물살을 가로질러 다니는 한 폭의 평화로운 정경을 담았다. 청자의 푸른빛과 백상감의 문양이 잘 어울리는 이 정병에는 포류수금문이 완찻사발 내면 세 곳에 적절히 배치되었다.

청자상감국화문탁잔간송미술관 소장은 여러 송이의 국화를 잔과 잔탁에 상감 기법으로 그려 넣은 작품으로, 당시 고려인들의 자연에 대한 사랑과 정취를 느낄 수 있게 한다.

청자상감국화·음각연당초문완개인 소장은 외면에 조촐한 국화꽃을 흑백상감으로 표현하고 내면에는 연당초문을 가는 음각으로 나타낸 작품이다. 청자의 푸른색과 한 송이 국화꽃의 상큼한 모습이 잘 어울리는 완으로 조용히 자연을 완상하며 차를 담아 마셨을 찻사발로 추정된다.

이렇듯 현존하는 수많은 청자 작품들이 고려인들의 내면세계를 말없이 보여준다.

13세기 후반
상감청자와 찻사발

　원종재위 1259~1274과 충렬왕재위 1274~1308이 다스리던 13세기 후반은 격동의 시대로, 이때 100여 년간의 무신정권이 붕괴되고 원元, 몽고과 화의가 성립되었다. 이에 반대하는 삼별초三別抄는 1270년과 1273년 사이에 항쟁을 계속했다.

　그 후 원의 간섭 하에 들어간 고려는 1274년, 1281년 두 번에 걸쳐 일본 원정에 참여했으며, 1275년부터는 원의 강요에 따라 전반적인 중앙관제中央官制를 개정하게 되었다. 원에게서 경제적으로 수탈당한 고려에는 몽고식의 습속과 언어가 유행했다.

　원의 세력에 배경을 둔 고려의 신지배층인 권문세족權門勢族의 성장은 고려청자에 원대 자기의 기형과 문양이 반영되는 결과를 가져왔다. 이 시기에 기준이 되는 도자 자료로는 최씨 정권의 최항1257년 사망의 묘에서 출토된 청자양각연판문동채표형주전자호암미술관 소장와 1271년에 파괴된 진도 용장성龍藏城터 출토 도자 자료, 그리고 1275년에 죽은 원대 승상丞相인 사천택史天澤의 묘에서 출토된 청자상감모란운학문매병과 『고려사』 기록에 1289년부터 1297년경까지 제작되었다고 전해지는 화금畵金청자에 관한 자료가 있다.

청자상감포도동자문동채표형주자 및 승반
• 고려 13세기 후반 • 높이 34.2cm
• 국립중앙박물관 소장

    1257년의 청자양각연판문동채표형주자의 몸체는 표주박형이며 외면에는 연꽃잎을 양각했고 동자와 연줄기를 중간에 부착시켰으며 연꽃잎에 붉은 산화동酸化銅을 칠했다. 녹색이 짙은 청자유의 유색을 띠며 점토가 섞인 내화토 받침으로 받쳐 구웠고 기벽은 두꺼우며 비례가 적정하다. 적정한 비례로 만들어진 상형象形의 표주박 주전자가 산화동을 설채한 구체적인 예라는 점이 주목된다. 청자 유색 중 녹색이 짙게 시유된 점에서 현존하는 수많은 상감청자의 뛰어난 예들이 이 시기의 것임을 잘 보여준다.

    삼별초의 대몽 항쟁 시에 기존의 사찰을 개축하여 조성된 궁성宮城으로 여몽연합군에게서 1271년에 파괴된 진도 용장성 유적에서는 다수의 청자편들이 나왔다. 배수로 등 안정된 층위에서 출토된 청자상감연판문참외꽃병, 청자상감국화문통형잔, 청자투각돈, 원형접시, 화형접시편 등의 청자들은 기벽이 얇고 날렵하며 유색도 밝다.

    특히 청자상감참외꽃병은 국보로 지정된 청자상감국화모란문과형화병을 닮은 것으로 전성기의 상감청자 모습을 보여준다. 아울러 청자상감국화문통형잔은 탕잔용으로 1271년 이전에 이와 같은 통형잔을 실제로 사용했다 출토되었다고 주목되는 청자 찻사발 자료이다.

    청자 원형접시, 화형접시 등도 전성기의 청자 유색을 띤다. 사천택의 묘에서 출토된 청자상감모란운학문매병은 유명한 간송미술관 소장의 청자상감운학문매병과 형태,

백자참외형주자 및 승반
• 고려 13세기 • 총 높이 21.5cm • 일본 오사카시립동양도자미술관 소장

크기, 문양, 유색 등이 비슷한, 전성기 청자의 모습을 지닌다.

1289년부터 1297년경에 만들어진 화금청자에 관한 기록을 보면 다음과 같다.

> 인규가 일찍이 화금자기를 바쳤더니 원 세조가 "화금은 그릇을 견고하게 하기 위한 것이냐?" 하고 물으니, 인규가 대답하기를 "단지 설채할 뿐"이라고 했고 세조가 다시 묻기를 "그 금은 다시 쓸 수 있느냐" 하니, 인규가 대답하기를 "자기는 깨지기 쉬운 것이며 자기가 깨지면 따라서 금도 떨어지고 마니 어찌 다시 쓸 수 있겠는가" 했더니 세조가 그 대답을 훌륭하다 하고 이후로는 자기에 화금하지 말고 진헌進獻, 임금에게 예물을 바치는 것하지 말라 했다.   - 「고려사」 제105 열전 조인규전

정월 임오에 낭장 황서黃瑞를 원나라에 보내 금화 옹기를 바쳤다.

– 『고려사』 세가 권 제31 충렬왕 23년(1297) 정월 임오조

이 기록에 부합하는 화금청자로 개성 만월대 궁터에서 발견된 청자상감원토문화금편호靑瓷象嵌猿兎紋畵金扁壺와 청자상감모란당초문화금발이상 국립중앙박물관 소장을 들 수 있다. 청자화금편호는 구획된 능형菱形의 문양대와 편호의 기형, 그리고 양쪽 옆면에 시문된 보상당초문의 새로운 문양과 담청색으로 바뀌고 있는 청자 유색, 두꺼운 기벽 등이 특색이다. 이와 비슷한 예로 청자상감와옥인물문편호, 청자상감연화매죽문편호가 있어 편호류가 유행했음을 알 수 있다.

앞에서 든 예들로 보아 1290년을 전후로 원대 도자의 기형과 문양의 영향을 받으면서 고려청자가 새로이 변화하고 있었으나, 상감 기법을 그대로 쓰고 있는 것으로 보아 본질적으로 바뀐 것은 아님을 알 수 있다. 특히 충렬왕이 사치와 유락을 좋아했으므로 당대에 화금청자 등 특이한 청자가 많이 제작되었으며, 흑유와 철유 등의 도자기들도 만들어졌다.

13세기 중반의 도자 양상이 대체로 후반까지 그대로 지속되면서 1290년을 기점으로 원대 도자의 편호, 둥근호 등의 기형과 보상당초문, 쌍봉문雙鳳紋, 파룡문波龍紋 등의 문

청자상감국화문통형잔 및 접시
• 고려 13세기 후반 • 잔 높이 10.3cm
• 접시 높이 2cm • 개인 소장

양이 서서히 고려청자에 나타나기 시작했는데 화금청자편호에서 그 예를 볼 수 있다.

고려 후기의 대표적인 차인, 익제益齋 이제현李齊賢, 1287~1367은 다음과 같이 차에 관한 시를 지었다.

송광화상松廣和尙이 햇차를 보내준 은혜에 대해
붓 가는 대로 적어 방장실에 부침

마른 창자는 술만 안 마시면 가스가 차려고 하고
늙은 눈은 책을 보려면 안개가 끼었네
누가 두 가지 병을 자취 없이 낫게 하겠는가
나는 평소부터 한 가지 약을 얻어 올 곳이 있다네
동남익제의 부은 옛날 녹야에서 노닐었고
혜감慧鑑 스님은 조계의 법주가 되었네
좋은 차 보내면서 안부를 물을 때면
긴긴 시로 보답하며 깊이 흠모하네
두 분 풍류는 유불儒佛에서 뛰어났건만
백 년의 생사가 아침저녁 같구나
가사와 바리때를 받은 스님이 산에 사니
사람들은 스님의 법도 그대의 할아버지보다 뛰어났다고 하네
학자가 된 것을 평소에 후회하지는 않았지만
아버님의 일 계승하기에는 참으로 부끄럽네
향불과 제사의 인연은 대를 이어 권하지만
세속에 배인 몸 스님을 모실 수 없네
어찌 외로운 처지 물어주지 못했으랴만

가는 길 다르다고 싫어하지 않네

서리 내린 숲 속의 규란龍의알을 먼저 부쳐주고

봄에 불 쬐어 말린 작설차雀舌茶 여러 번 보내 왔네

스님은 비록 옛 생각 못 잊는 걸 보이려 그런다지만

공도 없는 나는 많이 받기 부끄럽네

낡고 조그마한 집 마당엔 풀이 자라고

유월의 궂은 장마에 길은 진흙이 가득하네

갑자기 문 두드림에 놀라 보니

대광주리 보내와 향기롭고 신선하여 옥과보다 좋은 차 얻었네

향기 맑으니 마침 한식 전에 딴 것이요

빛 고우니 아직도 숲 아래의 이슬 머금은 듯

돌 냄비에서 끓은 물은 소나무 소리 내고

　자기 잔瓷甌에서 어지러이 돌며 유화乳花, 말차 거품를 토한다

어찌 황산곡黃山谷에게 운룡차雲龍茶를 부탁하리오

설당雪堂, 소동파의 방의 월토차月兎茶도 부끄럽게 여기리라

서로의 교분에도 혜감의 풍류 남았지만

사례하려 해도 동암의 싯귀가 없구료

붓 솜씨 노동盧同을 본받기 어려운데

하물며 육우陸羽를 쫓아 『다경茶經』 쓰기를 흉내 내랴

원院 중의 화두랑 다시 찾지 마오

내 또한 이제부터 시에 전념해야겠소

- 정영선, 『한국 차 문화』(너럭바위, 1990)

이 다시(茶詩)에 나오는 '자기 잔에서 어지러이 돌며 유화를 토한다(眩轉瓷甌乳瓷吐)'라는 구절에서 자기 잔은 상감청자 찻사발로 추정된다.

원통형 청자상감국화문통형잔(해강도자미술관 소장) 동부(胴部)의 위, 아랫면에는 뇌문대와 연판문대가 장식되어 있다. 그 사이로 네 곳에 두 겹의 원으로 감싼 활짝 핀 국화꽃 한 송이를 흑백상감으로 시문했고 그 주변을 당초문으로 꽉 채웠다. 유색은 담녹색을 띠고 있으며, 굽 안 바닥에는 규석 받침으로 받쳐 구운 흔적이 남아 있다. 이러한 통형잔은 탕잔용으로 사용하던 찻사발의 하나로, 1271년에 파괴된 삼별초의 유적인 진도 용장성터에서 발견된 바 있으며 이 시기에 주로 나타나는 작품 중 하나다.

이와 함께 1989년 국립중앙박물관에서 특별 전시한 〈고려청자명품전〉에 나온 네 점의 청자상감국화문통형잔 및 접시들이 있다. 통형잔에 뚜껑과 접시까지 갖추어진, 드문 작품들이다. 한 송이 국화꽃을 중심으로 보상당초문을 꽉 차게 상감한 탕잔으로 인삼탕이나 쌍화탕 등을 마실 때 사용했던 귀중한 예들이다. 역시 13세기 후반 무렵 유행했던 청자 찻사발 작품들이다.

청자상감연당초문장경병
• 고려 13세기 후반 • 높이 29.8cm
• 일본 오사카시립동양도자미술관 소장

14세기 전반
상감청자와 찻사발

고려 14세기 전반은 충선왕재위 1308~1313과 충숙왕재위 1313~1339이 다스리던 시기로, 원元의 간섭 아래에서 원 세력을 배경으로 한 권문세족이 주도하던 때였다.

무신정권이 붕괴한 후 대두한 권문세족은 고려 후기의 지배 세력으로서 높은 관직을 차지하여 정치권력을 장악했으며 경제적으로는 광대한 농장을 소유했다. 또한 이 시기에 고려와 원의 긴밀한 관계는 왕실과 귀족층을 중심으로 원의 법속法俗, 의복, 혼인 교류 등을 통해 깊어졌으며, 원으로부터 성리학性理學과 새로운 불교인 라마불교를 받아들였다.

귀족불교가 번성한 이 시기에 뛰어난 고려 불화佛畵와 사경寫經 제작이 유행해 오늘날 일본과 국내에 많은 작품이 남아 있다. 이처럼 권문세족에 의한 고려 불화와 사경 제작 등으로 화려한 일면을 지닌 이 시기에 고려청자에도 원 도자의 기형과 문양이 널리 반영되기 시작했다.

충선왕 때에는 충렬왕재위 1274~1308 때까지 고수되었던 원 세조의 구제舊制 원칙을 수

청자상감용봉문합 및 받침과 수저 • 고려 14세기 전반 • 총 높이 19.3cm • 합 입지름 18.5cm • 밑지름 6.8cm • 호암미술관 소장

정하는 대원 정책을 시행하면서 원의 제도와 문물을 적극적으로 수용했고 관인官人들이 원조元朝에 진출하는 등 활발히 교류했다.

원의 제도와 풍습을 수용하지 않은 세조의 구제는 충렬왕 때 고수되었지만, 충선왕은 고려가 원의 제후국이라는 입장을 분명히 했고 원의 정치에 적극적으로 개입하여 고려 국왕의 위상을 높였다.

충선왕은 재위 기간 내내 원에 머물렀으며 충선왕 5년1313에 왕비인 계국대장薊國大長공주를 데려옴과 동시에 원에서 새로운 문물들을 많이 가지고 왔다. 이러한 기물들의 명칭이 모두 전대에 없던 몽고식이었다는 점에서 당시 고려 왕실에 새로운 기물들이 유입되었음을 알 수 있다.

충선왕 이후 14세기 이래 고려 왕들이 원에 장기간 체류하는 현상이 일어나 원에서 사용하던 물건들을 가지고 귀국하면서 고려 왕실에 원 문물이 본격적으로 유입되었다. 따라서 14세기 전반의 고려 상감청자에 원대 자기의 영향이 확산되는 경향을 띠게 된다. 예를 들어 14세기 원대 용천요 청자에서 나타난 서 있는 듯한 용의 문양과 도톰하게 시문된 쌍어문雙魚紋이 고려 상감청자에도 보인다.

　1324년경 원대 경덕진요에서 제작된 청백자용문호와 문양 구성 및 표현 기법이 닮은 청자상감용문호가 중국 안휘성安徽省에서 발견되어, 14세기 전반경에 원대 자기에게서 영향받아 제작된 고려 상감청자들이 중국으로 전래되었음도 알 수 있다.

　14세기 전반의 고려 상감청자에 보이는 구부가 외반된 발과 고족배高足盃의 기형, 그리고 용문, 봉황문, 연화당초문, 돌기문 등의 문양에서 원대 백자의 영향이 보인다.

　원대 백자난백유백자는 14세기 전반에 활발하게 제작된 대표적인 자기이다. 고려의 청자상감용문완에 시문된 용문은 원대 난백유백자에 보이는 용문의 형태와 유사하다.

　원대 1328년에 제작된 난백자봉황문반에서 나타난, 봉鳳과 황凰의 형태를 구분하여 표현하는 경향이 1332년에 제작된 고려의 청자상감봉황문'임신'명고족배와 청자상감봉황문'임신'명발에서 보인다.

　1329년에서 1340년 사이에 제작된 원대 난백자인화용문'태규희'명반의 연화당초문이 1329년 고려의 청자상감연화당초문'기사'명발의 연화당초문 표현과 유사하여 원대 자기의 영향이 시간차가 거의 없이 고려청자에 수용되고 있음을 알 수 있다.

　원대 청화백자青畵白瓷에 흔히 보이는 쌍봉문, 용문, 파도문, 어문, 보상당초문 등이 고려 상감청자에 나타나며 길주요吉州窯산 도자에 보이는 굵은 음각선으로 간결한 문양을 나타낸 후 철유鐵釉가 시유된 철유자기 등 원의 기호에 맞는 도자가 제작되었다.

　14세기 전반에는 상감청자 기형에 있어 매병이 줄어들고 측면이 편평한 편호 등이 많이 만들어졌다. 대접으로는, 저부가 깊어지고 각이 진 조그마한 접시류가 많아졌으며 구부가 내만된 모습이 많이 보인다. 기벽은 두꺼워지고 유색은 담청색이나 회청색

계열로 바뀌었다.

상감청자 문양은 구도가 산만해지거나 필치가 조잡해졌고, 동일 문양의 반복 사용으로 도안화하기 시작했으며, 종속되는 문양을 시문하는 방법이 널리 쓰이기 시작했다. 연못과 버드나무 및 오리의 풍경 문양, 구름과 학 문양, 들국화 문양 등이 그대로 쓰였으나 간략해졌고, 운학문의 경우 운문雲紋이 우점문雨點紋으로 변화하기 시작했다. 굽다리는 두꺼웠고, 굽 안 바닥에 굵은 규석 받침이나 모래 받침을 받쳐서 청자를 구웠다.

1330년경의 작품으로 추정되는 청자상감포류수금문'경오庚午'명발 국립중앙박물관 소장은 구부가 안으로 말린 발이다. 내저에는 흑상감으로 '경오'명이 표기되었고 그 주위에는 여의두문대를, 안의 측면에는 대칭으로 연못가의 버드나무와 갈대, 오리를 포치布置했다. 외면에는 두 겹의 원으로 감싼 국화꽃을 네 곳에 배치했고 그 외의 면을 당초문대로 메웠으며, 위아래에는 초문대와 연판문대를 간결하게 나타냈다.

회청색계의 유색을 띠는 청자유가 얇게 시유되었으며, 이러한 대접 외에도 내저가 움푹 깎인 반원형의 발, 각진 접시, 완, 고족배 등에 간지명干支銘상감청자가 나타난다. 14세기 전반인 1329년에서 1347년경의 청자로 비정되는 간지명상감청자는 강진 사당리요에서 제작되었다. 명문으로 보아 국가에 공납되는 공납용 청자들로서 사용私用이 아닌 공용公用 청자로 추정된다.

고려 14세기를 살았던 목은牧隱 이색李穡, 1328~1396은 차를 몹시 좋아하여 깊은 산속 골짜기의 벼랑에서 떨어진 물이 고이는 샘물가에서 부싯돌을 쳐서 차 달여 마시며 "육우가 차를 좋아한 것도 별것 아니구나"라고 읊었다. 또 그는 "차를 끓여 마시니 편견이 없어지고 마음이 밝고 맑아 생각에 그릇됨이 없다"고 했으며 "가루차를 점다하여 마시고 차가 뼛속까지 스며들어 모여 있는 삿된 기운을 모두 없애준다"고 했다.

차를 끓이며

봄에 산속 시내에 드니 낮이 낮 같지 않구나
밤에는 가벼운 우렛소리라 나의 마음을 움직였네
꽃자기의 눈빛 차는 아침 먹은 뒤에 마시고
돌 냄비의 바람소리는 낮잠 잔 뒤에 듣도다
달을 대하니 흡사 직접 얼굴을 맞댄 것 같고
바람을 쐬며 인생을 묻고자 하니
소동파와 아주 흡사하다
백발이 되어 세상일 잊을 수 있는 자 누구인가
가슴 속의 많은 책을 씻어버리네
언젠가 승려에게 법문의 불변의 진리에 대해서 물을 때
차의 향기가 자리에 가득했고 작은 창문이 환했네
몸과 마음의 고통이 범인에게 무한함을 알지만
입안의 감미로운 차 향기가 아직도 느껴지네
마음이 활달하고자 하면 두중 씨를 찾아야겠지만
문장은 하필이면 소동파 삼부자를 닮아야만 할까
문왕文王을 모시고자 하지만 지금 어디 있는고
강태공을 얻은 점을 쳐서 수레에 태워가길 바라네

— 정영선, 『한국 차 문화』(너럭바위, 1990)

목은이 말한 "꽃자기의 눈빛 차"는 고려 상감청자에 담은 가루차의 눈빛 거품을 의미한다고 추정된다.

청자상감운학문'임신'명완
고려 14세기 전반(1332) • 높이 6.0cm • 입지름 10.9cm • 호림박물관 소장

14세기 전반경의 청자상감유로문편병 호암미술관 소장은 새롭게 등장한 편병 형태에 간략화된 버드나무 한 그루가 상감되어 있는 작품의 한 예이다.

이 시기에 새롭게 등장하는 용과 봉황문, 연화당초문이 화려하게 상감으로 장식된 청자상감용봉문합 및 받침 호암미술관 소장은 받침과 숟가락이 함께 사용되던 대로 남아 있는 작품의 예이다. 쌍화탕이나 십전대보탕 등을 담아 사용했던 것으로, 원의 영향을 받아 왕실용 그릇으로 제작된 드문 예이다.

청자상감운학문'임신'명완은 1332년경 왕실 및 관청의 공납용으로 제작된 청자로 추정된다. 이 시기의 구름과 학 문양이 시문된 찻잔으로 구름 문양이 비 모양의 우점문으로 시문된 드문 작품이다.

청자상감운학문완 역시 1330년대의 찻잔으로 구부가 내만되었고, 장수를 기원하는 의미에서 내면의 네 곳에 운학이 배치된 것으로 추정된다.

14세기 전반은 13세기 말에 이어 권문세족이 지배한 시기이자 원의 간섭기로, 상감청자와 찻잔에서 새로운 모습이 나타나는 시기라 하겠다.

청자상감운학문완
• 고려 14세기 전반 • 높이 6.0cm
• 입지름 10.6cm • 호림박물관 소장

무안 도리포 해저 출토 상감청자와 찻사발

무안 도리포 해저에서 출토된 상감청자는 1995년 민간인 잠수부에 의해 상감청자대접 등 120여 점이 인양됨으로써 처음 세상에 알려지게 되었다. 이에 문화재관리국(현 문화재청)은 해군 '충무공해전유물 발굴단'의 지원을 받아 도리포 해저에 있는 유물 및 침몰 선체를 확인하기 위해 세 번에 걸쳐 1995년과 1996년에 해저 조사를 실시했다.

상감청자 등 유물이 인양된 지점은 전남 무안군 해제면 송석리 도리포에서 북서쪽으로 약 3km 떨어진, 무안군·영광군·함평군의 경계 해역으로 칠산 바다가 앞에 놓여 있는 곳이었다. 해상의 조류(潮流)는 2~3노트로 강한 편이었고 해저 시계(視界)는 전혀 보이지 않는 상태였으며 해저면은 모래 개흙층과 진펄 밑의 딱딱한 개흙층으로 형성되어 있었다.

조사 결과 선체는 확인되지 않았으나 상감청자 638점과 석부 1점이 해저에 포개진 상태로 가지런히 뉘어진 채 매몰되어 있었다. 인양된 상감청자는 개흙과 조개껍질 등의 이물질이 부착되어 있었지만 비교적 양호한 상태였다.

청자상감어문귀대접 •고려 14세기 후반 •높이 5.9cm •입지름 10.1cm •호림박물관 소장

    도리포 해저 출토 상감청자는 대접 561점, 접시 72점, 잔 2점, 잔 받침 2점, 발 1점 등 모두 638점이며, 이 중 대접 561점과 접시 72점이 총 633점으로 주류를 이룬다.

    주류를 이루는 대접은 내저면의 형태에 따라 내저원각식內底圓刻式대접과 내저곡면식內底曲面式대접으로 나눌 수 있으며, 내저곡면식대접은 대접의 높이와 입지름의 크기에 따라 대접과 중대접으로 나눌 수 있다.

    대접의 유색은 녹갈색 계통과 암녹색 계통으로 나뉘며, 대체로 녹갈색 계통이 주류를 이룬다. 접시는 형태에 따라 측면외반접시, 속굽접시, 팔각접시, 내저곡면접시, 측면사선형접시, 전접시로, 유색은 녹갈색 계통과 암갈색 계통으로 나뉜다.

    녹갈색을 띠는 찻잔은 두 가지 형태로, 접시와 잔의 중간 형태를 지닌 것과 구연이 내만된 것이 있다. 원형의 전을 지닌 잔 받침은 가운데에 잔 모양의 잔대를 가진 것, 전접시의 형태에 내저 중앙이 돌출된 것의 두 가지가 있고 녹갈색을 띤다. 발은 대접에 비해 높이는 높고 입지름은 좁으며 벌어진 형태로 1점이 출토되었다.

청자상감유로운학문완 •고려 14세기 후반
• 높이 5.9cm • 입지름 10.1cm • 호림박물관 소장

　이 상감청자들은 대접, 접시, 잔, 잔 받침, 발 등의 기형으로 실생활에 널리 쓰이는 실용적인 그릇들이다. 가장 많이 발견된 대접의 기형은 내저원각식과 내저곡면식으로, 밥과 국 등을 담아 사용할 수 있다는 점에서 식기의 용도로 쓰였을 것으로 추정된다. 이 시기 이전까지 청자발과 같은 기형은 적게 만들어졌고, 주로 대접이 만들어져 내저원각식과 내저곡면식이 간지명상감청자에도 같이 나타나고 있어서 이 시기 식기 사용의 주류를 이루었다고 추정되기 때문이다.

　접시의 경우에는 72점이 측면외반접시와 내저곡면접시, 측면사선접시와 속굽접시, 팔각접시, 전접시로 이루어져 있다. 이 중 팔각접시는 간지명청자에 보이는 것으로 측면외반접시, 속굽접시, 측면사선접시와 함께 전통적으로 제작되었던 형태이다. 그러나 내저곡면접시와 전접시는 새로 출현한 기형의 접시로 주목된다.

　찻잔의 경우도 구부가 내만된 전통적인 찻잔과 사발 모양의 찻사발로 나뉘며 이들이 조선 초의 찻잔으로 이어짐을 볼 수 있다. 잔 받침도 접시 모양의 받침과 발을 받치는 받침의 예가 있다.

　이들 대접과 접시, 찻잔과 잔 받침, 찻사발 등은 14세기 전반경 간지명상감청자들에 보이는 대접과 접시, 찻잔과 찻사발에도 그대로 나타나고 있으나, 기벽이 두꺼워지고 둔탁해지는 경향을 띤다.

상감청자에 시문된 문양으로는 상감 기법으로 나타낸 구름문, 구름봉황문, 모란당초문, 구름과 학 문양, 국화문, 연못과 버드나무 및 오리 문양, 연못과 연꽃 및 오리 문양, 연화문, 모란문, 꽃과 새 및 나비 문양, 파도문, 선문 등이 있다. 이 중 가장 많은 양을 차지하는 문양은 구름문과 구름봉황문이다. 이들 문양은 주로 내면에 시문되어 있으며, 외면에는 문양이 없고 두세 줄의 선문만 시문되고 있어 전반적으로 간략해져 감을 볼 수 있다.

구름봉황문은 14세기 전반대 간지명상감청자의 예에서 계속되다가 도리포 출토 상감청자에서 간략화된다. 연못과 오리, 버드나무와 연꽃 및 오리 문양은 대접의 내측면에 흑백상감으로 시문되며 외면에는 두 줄씩의 선문으로 간략하게 나타난다.

문양은 대부분 전통적인 문양을 간략화해서 그대로 사용하고 있으며 구름문만 시문한 경우는 현존하는 예가 드문데, 도리포 출토 상감청자에서는 가장 많이 보이는 특징이다.

도리포 출토 상감청자는 가는 모래 받침으로 받쳐 구운 것들이 대부분이며 일부는 흑색의 태토 빚음 받침을 받쳐 구운 흔적이 그릇 내저와 굽다리에 남아 있다. 이는 14세기 전반 간지명상감청자들을 번조할 때 주로 가는 모래 받침과 규석 받침을 쓴 것에서 변화한 것이라고 할 수 있다. 특히 규석 받침이 없어지고, 흑색의 태토 빚음 받침으로 바뀐 것은 뚜렷한 변화라고 할 수 있다.

또한 도리포 해저 출토 상감청자의 대접이나 접시의 굽이 ⌴형形인 점이 간지명상감청자가 U형 굽을 한 점과 차이를 보여준다. U형에서 ⌴형으로의 굽다리 변화는 간지명상감청자와 도리포상감청자를 구분 짓는 특징이라고 할 수 있다.

도리포 해저 출토의 상감청자들은 언제, 어디에서 제작되었을까?

14세기 전반을 대표하는 간지명상감청자들과 비교해 보면, 도리포 출토 상감청자들의 문양은 전체적으로 간략해져 감을 알 수 있다.

1351년의 청자상감유로수금문'지정至正11년'명대접일본 오사카시립동양도자미술관 소장은 내저곡면식대접으로 내측면에 버드나무와 갈대, 오리 문양이 흑백상감으로 시문되었고 외면에는 상하로 두 줄의 선문이 시문되었다. 굽바닥에 흑색 태토 빚음 받침을 받쳐 구웠으며, 내저에도 그 흔적이 남아 있다. 이 대접은 도리포 출토 청자상감유로수금문대접과 내·외면의 문양 구성과 유색, 굽다리의 흑색 태토 빚음 받침이 동일하여 그 제작 시기를 추정케 하는 중요한 작품이다.

　1365년의 청자상감모란당초문'정릉正陵'명대접국립중앙박물관 소장은 모란당초문이 시문된 내저원각식대접이다. 이 대접에는 해바라기처럼 특이한 모란꽃의 꽃술과 꽃잎이 표현되어 있는데, 도리포에서 출토된 청자상감모란당초문대접과 비교해 보면 모란당초문이 더 약화되고 흐트러졌으며 꽃술의 표현도 간략화되어 있다. 굽다리도 ⊔형의 굽다리에 모래 받침으로 받쳐 구운 것 그대로이다.

　도리포 출토 상감청자들은 1365년의 '정릉'명 상감청자들과 모란당초문과의 비교에서 앞서 있고, ⊔형 굽에서 동일하며, 흑색 태토 빚음 받침과 모래 받침, 그리고 굽 안바닥을 다진 점에서 비슷하나 시기적으로 앞서 있다고 보인다. 즉 도리포 출토 상감청자는 1351년에서 1365년 이전으로 1350년대와 1360년대 전반에 걸친 공민왕 시기에 제작되었음을 비교를 통해 추정할 수 있다.

　도리포에서 출토된 상감청자의 제작지로는 현재까지 알려진 14세기 청자 요지 중 전남 강진군 대구면 사당리 일대를 들 수 있다. 강진군 대구면 일대의 청자 요지 지표 조사에서 사당리 10호 요지 출토의 상감청자들과 닮은 도편들이 알려진 바 있다. 운봉문, 운학문, 모란당초문, 연지수금문, 화훼초충문, 국화문 등이 시문된 대접과 접시편이 발견되었는데, 도리포에서 출토된 상감청자의 기형과 문양, 유색은 물론, ⊔형의 굽다리와 모래 받침, 흑색 태토 빚음 받침이 그대로 닮아 있다. 이로 보아 도리포에서 출토된 상감청자들은 강진 사당리 10호 요지 일대에서 제작되었던 것으로 추정된다.

　1350년대와 1360년대 초반경인 공민왕대에 고려 왕실 및 관청 소용의 공납용으로 제작되었던 도리포 출토 상감청자들은, 개경으로 향하던 조운 선박이 풍랑에 휩쓸리거나 왜구들의 침입으로 무안 도리포 해역에 침몰하면서 바닷속에 가라앉은 것으로 추정된다.

이 도리포 해저 출토 상감청자 중 찻사발로 보이는 청자상감모란당초봉황문찻사발 목포해양유물전시관 소장은 대접에 비해 높이는 높고 입지름은 좁아 안정된 느낌을 준다. 내저 곡면식으로 구부는 외반되었다. 내측면의 네 곳에 흑백상감으로 모란당초문과 봉황문을 같은 간격으로 시문했고, 위아래로 뇌문대와 연주문대를 돌렸다. 외면에는 두 겹의 원으로 감싼 국화꽃을 네 곳에 시문한 후, 그 사이를 당초문으로 꽉 차게 시문했다. 유색은 어두운 녹갈색을 띠며 모래 받침으로 받쳐 구웠다. 1360년 전후 공민왕대에 사용했을 찻사발로 추정되며, 왕실의 상징인 봉황과 부귀를 상징하는 모란꽃이 잘 어우러진 뛰어난 작품이다.

고려·조선 도자의 흐름과 찻사발

고려 말 상감청자와 찻사발

고려 후기인 14세기에 이르면 신흥사대부들이 등장한다. 문신과 무신 귀족이 이끌던 세계에서 14세기 충선왕 이후 공민왕 때에 이르러 대거 나타난 신흥사대부라 불리는 선비들이 고려 말의 사회를 이끌어가면서 추구하는 관념이 바뀌었다. 이제현, 이색, 정몽주鄭夢周, 1337~1392, 정도전鄭道傳, 1342~1398 등의 학자들은 유학의 가르침에 따라 세계를 바라보기 시작했다.

중국 원나라를 통해서 받아들이기 시작한 이 유학의 가르침이란 내세보다는 현세에서 잘 살고 출세하며 자녀를 많이 낳고, 가족들이 지켜보는 가운데 죽음을 맞는 등 현실적인 면에 치중한 것이었다. 따라서 그릇 역시 내세 지향적인 그릇보다는 현세의 생활에서 널리 쓰일 수 있는 그릇을 지향하여, 무덤에 묻기 위한 그릇이 아니라 실생활에 쓸 수 있는 그릇을 필요로 했다. 신흥사대부들은 일반적으로 질박하고 검소한 것을 원했다.

14세기 중국 원나라에서는 도자가 대량 생산되어 실용화하는 단계에 들어섰다. 그 예가 신안 앞바다에서 나온 2만여 점의 도자들로, 중국 가정에서 음식을 담을 때 흔히 쓰는 조그만 접시들이 대부분이었다.

  중국에 다녀온 고려의 신흥사대부들이, 실생활에서 도자를 널리 쓰는 중국의 영향을 받았던 것으로 보인다. 사대부 세력이 자리를 잡아감에 따라 하나하나 상감한 고려청자보다는 도장으로 무늬를 찍은 생활용 그릇을 만들어달라고 요청하게 되었다. 도장으로 무늬를 찍어 넣은 대접이나 사발, 접시는 일손도 덜 들었고 색깔이 아름답지 못하더라도 튼튼해서 일상 속에서 널리 쓸 수 있었다. 게다가 신흥사대부들은 강진이나 부안에서만 청자 가마를 만들 것이 아니라 청자를 만들 수 있는 흙이 나는 곳이라면 전국 어디든지 가마를 만들자, 그렇게 해서 아예 청자를 실생활화하자고 주장했다.

  당시에는 동銅으로 만든 유기나 목기 또는 금속기를 썼었는데 그런 그릇들의 재료는 우리나라에서 잘 나지도 않고 만들기도 힘들었으며, 무기 제작 등 필요한 곳이 많았다. 그러므로 사대부들은 그릇을 우리나라에서 많이 나는 흙으로 만든다면 큰 도움이 될 거라고 생각해서 우리 흙으로 도자기 만들기를 추진했다. 이에 따라 강진과 부안에만 있던 가마가 전국 곳곳으로 퍼져 나가기 시작해, 조선 초의 『세종실록지리지世宗實錄地理志』에 "강진과 부안을 대신하여 전국에 324개소의 도자소陶瓷所가 설치되었다"는 기록이 실리기에 이른다. 강진과 부안 두 곳에만 가마가 있던 상황에서 전국의 각군 단위로 300여 개 이상의 도자기 공장이 세워졌는데, 이는 불과 50년간에 걸쳐 이루어진 큰 변화였다.

청자상감연화국화문'정릉'명통형잔
- 고려 14세기 후반 • 높이 17.6cm •입지름 11.5cm
- 선문대박물관 소장

  고려청자는 대량 생산화하는 과정에서 색깔

이 다소 칙칙해지고 섬세한 문양도 간략해졌으며 형태도 단순화되어 갔다. 이런 변화들이 우리가 일반적으로 청자가 쇠퇴했다고 설명하는 까닭이 되었다. 변화의 직접적인 요인은 14세기 후반부터 시작된 왜구들의 침범에 있었다. 당시 왜구들은 거의 40여 년간 우리나라 남해안, 서해안, 동해안 일대의 바닷가 마을을 공략했다.

고려에는 당시 각 지역에서 쌀을 세금으로 국가에 바치는 공납 제도가 있어서, 배에다 실을 쌀을 모으는 조창漕倉이라는 창고가 있었다. 각 지역의 조창에서 쌀과 공물을 실어서 뱃길로 개경까지 운반하도록 되어 있었다.

처음에 왜구들은 배가 지나가는 길에 숨어 있다가 쌀을 빼앗아가곤 했다. 그러다가 차츰 남해안, 서해안 일대까지 쳐들어오기 시작했다. 고려 측은 배가 번번이 약탈당하자 왜구들에게 신경을 곤두세우기 시작했다. 왜구들이 아주 극성일 때는 쌀이 도착하지 않아서 당시 개경에 있던 우왕이 점심을 굶을 정도였

청자상감포류수금문매병
• 고려 14세기 후반 • 높이 30.7cm • 서울 개인 소장

다고 한다. 그래서 나중에는 쌀을 육로로 운반하게 했고, 왜구들은 배를 기다리다가 오지 않자 바닷가 마을로 침입해 왔다.

그때부터 바닷가 마을들이 약탈당했고 많은 사람들이 붙잡혀 가기도 했다. 왜구들이 한창 극성을 부릴 때에는 바닷가 50리 안쪽에서는 사람들이 살지 못했다고 한다. 그러한 노략질은 한두 해가 아니라 40여 년간 집요하게 계속되었다. 그래서 강진이나 부안과 같은 바닷가 마을들은 수십 번씩 약탈을 당해서 불행하게도 14세기 후반 이후

로 이어지는 가마가 없다. 이미 고려 초부터 청자를 제작하기 시작했을 정도로 매우 이상적인 환경을 갖춘 그곳에 가마가 그 이후로 전혀 이어지지 않는다는 사실 자체가 왜구의 약탈이 얼마나 심했는지 단적으로 보여준다.

바닷가 마을이 노략질당하는 상황에서 청자 장인들이라고 해서 어떻게 살 수 있었을까. 결국 그들은 내륙으로 피신할 수밖에 없었고, 이러한 상황들은 청자를 실용화하기를 원하는 당시의 집권층인 사대부들의 새로운 정책과 어우러져, 도자 가마가 전국 각 지역으로 뿔뿔이 흩어지면서 세워지게 되었다.

흔히 청자 장인이 간직한 청자 제작 비법을 자기 아들에게도 전해주지 않고 어느 날 시름시름 앓다가 죽어서 고려청자가 끝났다고 설명한다. 그런데 고려청자에 관한 연구를 살펴보면, 고려청자가 한 개인이 아니라 자기소에서 여럿이 만들었으며, 그 소에는 소민이 있었고, 소를 관할하는 소리小吏라는 관리가 개경과 강진, 부안을 오가면서 국가가 필요로 하는 청자를 공납했음을 알 수 있다.

『고려사』에 의하면 고려시대에는 금을 만드는 금소, 은을 만드는 은소, 종이를 만드는 지소紙所, 철을 만드는 철소, 자기소 등이 있었으며, 소所는 관리가 파견되는 공장을 뜻했다. 따라서 어느 장인 하나가 비법을 전해주지 않아서 고려청자가 끝났다는 것은 기록도 남아 있지 않을 뿐만 아니라 자기 아들에게까지도 전해주지 않는 배타적이고 비밀주의적인 민족성을 우리 민족이 가졌음을 강조할 뿐이다.

청자 제작은 어떤 경지에 들어서면 말로 전해줄 수 있는 성격의 것이 아니라 20~30여 년

청자상감포류수금문발
- 고려 14세기 후반 • 높이 7.2cm • 입지름 17.8cm
- 호림박물관 소장

의 체험에서 우러나와 쌓이는 것이다. 그래서 죽는 순간에 아들에게 한 마디 말로 전수할 수 있는 게 아닌 것이다. 고유섭 선생이 "피로써 피를 씻는 악전고투를 거쳐서 전해져가는 과정"이라고 표현했듯이 힘든 과정을 거치며 체득되는 것으로, 청자가 얼마나 만들기 힘든지 보여준다.

고려청자는 고려 후기에 당시 지배층의 변화에 따라 용도가 바뀌었으며, 바뀐 요구에 따라 달리 만들어졌다. 생활에 널리 쓰일 수 있는 청자를 만들어달라는 요청에 따라 대량 생산되면서 기형과 문양에 변화가 나타난 것으로, 어느 비법이 어느 때 돌연히 끝나버린 것은 아니다.

이처럼 14세기 후반에는 신흥사대부의 등장과 왜구들의 침입으로 인해 조운이 폐쇄되었고 유기와 동기 대신 실용적인 도자의 대량 생산이 요구되었다. 이에 따라 고려시대 상감청자 제작의 중심지인 강진과 부안의 가마 대신에 전국 내륙 지방에 수많은 가마가 설치되기 시작했다. 그리고 이러한 변화가 확대되어 나타난 것이 1424~32년에 조사되어 『세종실록지리지』에 수록된 324개소에 달하는 도자소의 가마들이다.

14세기 후반의 청자로 강진 사당리 가마터에서 '지정至正'명과 함께 출토된 청자상감연유문매병은 1350년대에 만들어진 것으로 추정된다. 잘록한 모습의 홀쭉한 매병으로 위아래에 큼직한 연판문대를 두르고 있고 암녹색으로 변한 유색을 띠며 유면은 거칠다.

1365년의 '정릉正陵'명청자상감대접은 간략해진 모란당초문이 시문되어 있고 굽다리도 모래 받침으로 바뀌어 있는 등 변화한 모습이다.

1388년의 청자상감중권문대접은 간략해진 문양이 새겨진 대접으로, 굵은 모래 받침으로 구운 것이 주목된다. 실제로 14세기 말의 수많은 청자 가마터에서 발견되는 청자 대접의 경우 모란당초문, 버들문, 연화문 등이 간략해진 상감 문양의 그릇과 함께 발견되고 있다.

고려 말의 대학자이자 문장가 이숭인李崇仁, 1347~1392은 다음과 같은 다시를 남겼다.

차를 준 백렴사 白廉使에게 감사함

선생이 나에게 화전차 火前茶를 나누어주니
색과 맛이 향기와 어울려 하나하나 새롭다
하늘 아래 떠도는 한을 깨끗이 씻어주니
뉘라서 알리오, 좋은 차는 좋은 사람과 같음을

피어나는 불에 맑은 샘물로 손수 끓여
푸른 다완에 향기로운 차를 따라 마시니
더러운 냄새를 씻어내네
벼랑에 선 백만 창생의 운명이지만
봉래산에서 각고 수행한 신선과 비겨 어떠할까 물노라

— 정영선, 『한국 차 문화』(너럭바위, 1990)

이 장에서 소개한 청자 작품들은 14세기 후반의 상감청자들로 이 중 청자통형잔과 발이 새로이 등장하는 예로 주목된다.

조선분청자의
유래와 특질

먼저 분청자粉靑瓷라는 이름은 어떻게 붙여졌을까? 그리고 분청자는 분청사기粉靑沙器라고도 하는데 사기沙器는 현재 청자라든지 백자라고 부르는 자기瓷器와 무엇이 다를까?

사기라는 것은 우리나라에서 자기 대신 쓰던 말이었다. 원래 자기를 만드는 자토瓷土는 사토沙土, 돌가루여서 사토로 만들어진 그릇이나 자토로 만들어진 그릇이란 모두 똑같은 말이었다. 자토로 만들어진 그릇을 문자로 자기瓷器라고 썼고 흔히 사토로 만들어진 그릇이라 해서 사기沙器라고 불렀다.

그래서 백자白瓷를 백사기白沙器라고 써왔고, 청자靑瓷를 청사기靑沙器, 또한 분청자粉靑瓷를 분청사기粉靑沙器라고 널리 써왔던 것이다. 이 '사기'라는 명칭은 결국 자기와 같은 말이어서 분청사기와 분청자는 똑같은 말이라고 볼 수 있다.

어떤 사람들은 사기가 자기보다는 질이 좀 떨어지고 굽는 온도도 낮다고 하지만 그렇게 구별할 수 있는 방법은 없다. 분청자만이 특별히 사기라고 불릴 까닭이 없다. 청자 중에 아주 우수한 것이나 분청자 중에 우수한 것은 질적인 면에서는 같은 것이다.

또 청자 중에서 질이 좀 떨어지는 것과 분청자 중에서 질이 좀 떨어지는 것 역시 같은 것이다. 백자도 양질의 백자가 있는가 하면 질이 떨어지는 조질백자가 있다. 그래서 어떤 것을 기준으로 해서 자기로 하느냐 사기로 하느냐는 구별이 애매모호하다.

한자의 나라이자 도자기의 나라인 중국에도 사기沙器라는 말은 없다. 모두 자기瓷器일 뿐이다. 일본의 경우도 마찬가

분청자박지모란문편병 • 조선 15세기
• 높이 20.4cm • 밑지름 8.2cm • 선문대박물관 소장

지다. 단지 사기는 우리나라에서 자기 대신 사용했던 말일 뿐이다. 엄밀한 의미에서 청자나 청사기 역시 마찬가지다. 다 똑같은 것인데 오늘날 일반적으로 분청자라는 말보다 분청사기라는 말을 널리 쓰고 있기 때문에 그 말에 익숙해진 것뿐이다.

원래 분청자라는 말은 문헌에 나오지 않는다. 조선 초기의 『조선왕조실록朝鮮王朝實錄』에서 분청자라는 말은 찾을 수 없다. 분청자란 1940년 초 고유섭 선생이 개성박물관장으로 있을 당시에 우리 도자기에 깊은 관심을 표명하면서 새롭게 붙인 명칭이다.

당시 일본인들은 오늘날 우리가 분청자라고 부르는 것을 일본식 전통에 따라 특이하게 '미시마三島'라고 불렀고, 지금까지도 그렇게 부르고 있다. 그래서 일본 책들에도 그렇게 쓰여 있는데, 그 일본 책들을 보고 우리나라 분청자를 미시마라고 말하는 사람도 많다. 분청자를 다수 제작하는 가마나 상점에 가보면 아직도 일본식 전통에 따라 미시마라는 말을 널리 쓰고 있다.

일본인들은 왜 미시마라고 썼을까? 그들의 해석에 따르면 일본인들은 우리나라 거제도와 그 주변 섬들을 일컬어 미시마라고 불렀다고 한다. 그래서 거제도를 거쳐서 일본으로 간 사기그릇을 미시마라고 했던 것으로, 미시마를 거쳐왔기 때문에 그렇게 부른다고 한다.

물론 이 밖에도 미시마 신사神社에서 쓰이는 달력 무늬가 우리 분청자에 나오는 무늬와 비슷한 예가 있어서 미시마라고 했다는 견해도 있다. 또 미시마라는 사람이 처음으로 분청자 그릇을 썼기에 그 이름을 따서 불렀다는 견해도 있다. 하지만 일반적으로는 우리나라 거제도를 거쳐서 간 도자기라서 미시마라 불렀다는 설이 가장 유력하다.

어쨌든 미시마는 태토나 유약 또는 형태를 뜻하지 않으며, 단지 '세 개의 섬'을 뜻한다. 무슨 일본 음식점 이름 같은 것으로, 이 명칭을 우리가 따라 쓸 이유도 없고 그렇게 따라 부른다는 것은 기본적으로 자세가 잘못되었다고 볼 수밖에 없다.

더군다나 일본 도쿄東京국립박물관이나 오사카시립동양도자미술관에서조차도 한국을 따라 이미 분청자라고 쓰고 있다. 그런데 우리나라에서는 아직도 미시마라고 쓰는 사람들이 생각보다 많다. 일본식 용어를 쓰고 있다는 것 자체가 말이 안 되는 것이다.

이 미시마라는 말이 널리 쓰이던 1940년 초에 고유섭 선생은 미시마라는 말이 적합하지 않다고 지적하고, 분청자라 부르자고 주장했다. 마치 우리가 도자기를 청자, 백자라고 부르듯이 분청자라는 이름을 고유섭 선생이 처음으로 썼던 것이다.

그러면 왜 분청자라고 썼을까? 분청자는 기본적으로 청자의 일종이다. 그런데 특이한 점은 많은 분청자들을 일단 백토白土로 분장粉粧했었다는 점이다. 그래서 '백토로 분장한 청자'라 했고, 이 말을 줄여 분粉자를 하나 따서 분청자라는 이름을 지었으며, 이 분청자란 말이 광복 이후에 우리나라에서 널리 쓰이게 되었다. 보통 분청자란 청자와 똑같은 것인데 백토로 분장한 점이 다르다고 볼 수 있다.

사람으로 비유해서 말하면, 청자 중에 순청자純靑瓷는 10~20대이고, 상감청자가 20~30대라면, 분청자는 30~40대의 중년층이라고 할 수 있다.

분청자의 색깔로는 회청색, 녹청색, 녹갈색 등이 많이 나타난다. 아마도 유약에 별로 신경을 쓰지 않았던 모양으로, 여러 가지 색을 지니고 있음에도 순청자에 비해 색깔이 좀 나쁘다. 그런 점을 감추기 위해서 백토로 분장을 한 것은 아닐까? 마치 사람이 나이를 먹으면 살갗이 거칠어져서 분을 바르고 화장을 하듯이, 분청자는 청자로서 원숙함을 지닌 반면에 형태나 색깔 등 모든 면에서 청자와 비교되지 않는 거칠음을 지닌다.

조선시대 분청자는 나름대로 독특한 세계를 지닌다. 흔히 분청자는 한국적인 미의 원형을 가장 잘 간직하고 있다고 한다. 그래서 한국적인 것이 무엇이냐고 물을 때 오래전부터 미술사가들은 "분청자를 보라. 분청자에 해답이 있다"고 답해왔다. 이렇듯 분청자가 '한국적'이라는 말을 많이 한다. 또한 분청자가 마치 오늘의 작품처럼 느껴진다고 하면서 현대성을 많이 갖고 있다고도 한다.

분청자가 갖는 이와 같은 특질, 즉 한국적인 특성을 잘 간직하면서 현대적이라는 점이 주목된다. 조선분청자를 보면 정돈되지 않은 모습이 많은데, 고려청자의 깔끔하고 이지적인 느낌에서 벗어나 형태가 수더분하고 문양에서 박진감이 넘친다. 더구나 분청자에서는 구애받을 것 없는 듯한 자유분방함을 느낄 수 있다. 숭늉 맛 같은 구수함과 익살스러움이 느껴지기도 한다. 마치 어린아이의 몸짓이나 손짓과 같은 모습이 천진난만하게 담겨 있어서 많은 사람들에게 우선 쉽게 느껴지고 공감하게 하며 미소를 띠게 한다.

전 세계 여러 나라에 수많은 도자기들이 있지만 조선분청자에는 마치 뚝배기에 끓인 된장찌개 맛처럼 우리만의 토속적인 맛이 담겨 있어 오래전부터 많은 이들이 관심을 가져왔다.

대체로 분청자는 조선의 이름 없는 사기장沙器匠들에 의해 만들어졌다. 이 무명의 사기장들은 조선시대 천민이나 노비가 아니었고 농민과 같은 수준의 양민들이었다. 그들은 소수의 가정들로 한 집단을 이루어서 계곡 골짜기의 흙이 나는 곳에 집을 짓고 함께 거주했다. 관요官窯라고 불리는 분원分院에서 만들어지는 작품을 제외하더라도, 전국 각 지역에서 소수의 가족을 중심으로 하여 소규모로 분청자 제작이 이루어졌다. 한 가마를 중심으로 아버지가 불을 때어 그릇을 만들어내는 대장大匠 역할을 맡으면, 아저씨들은 팔러 다니는 역할을 맡았다. 아들들은 장작을 패거나 자기를 성형하거나 문양을 새겼고, 어머니나 딸들은 유약을 담그는 등 작업 뒷바라지를 하곤 했다.

사기장들의 생활은 대개 가난의 연속이었다고 한다. 사기장 가족들은 농사를 지었지만, 사기를 주로 만들면서 밭갈이를 하는 정도였으므로 흉년이 들면 먹을 것이 없어서 죽기도 했는데, 20~30년 된 장인들이 죽어서 아깝다는 글이 『중종실록中宗實錄』에 나온다.

대체로 조선시대 사기장들은 그릇을 잘 만든다고 해서 이름이 남는 것도 아니었고, 풍족한 생활을 누릴 수 있는 것도 아니었다. 그들은 항상 가난했지만 그릇이 생의 일부분이나 마찬가지였기에 조선분청자가 갖는 가장 중요한 특질이 그릇에 배어들게 되었다. 즉, 익을 대로 익은 손과 욕심 없는 마음, 그리고 솔직한 제작 태도가 분청자에 그대로 담긴 것이다. 바로 이러한 마음과 태도가 담긴 조선분청자에는, 자유로움을 추구하는 찻사발에 알맞은 명품의 다완들이 국내외에 많이 남아 있다.

조선분청자의 종류와 특색

고려의 상감청자를 뒤이은 조선의 분청자는 15세기 전반경에 도자의 주류를 이루었으며 15세기 후반경부터는 백자와 함께 발전했다. 그러다가 16세기에 점차 그 주류를 백자에 넘겨주면서 백자화白瓷化를 거듭하다 소멸되었다.

조선시대 도자 중 연대가 확실한 자료에 의하면 1470년대를 전후하여 분청자 중심에서 백자 중심으로 바뀌고 있음을 알 수 있다. 분청자의 경우 상감분청자와 인화印花분청자에서 박지剝地분청자, 선각線刻분청자, 철화鐵畵분청자, 귀얄분청자, 덤벙분청자로 그 주류가 바뀌고 있다. 상감, 인화 분청자의 태토와 유약이 정선된 데 비해 철화, 귀얄 분청자의 경우 태토에 잡물이 많이 섞이고 유약 역시 고르지 못하다.

1963년에 실시한 광주光州 충효동忠孝同 요지의 퇴적층 발굴 조사에 따르면 상감, 인화 분청자에서 귀얄, 덤벙 분청자로, 그리고 다시 백자로 변해가고 있는 모습을 퇴적층의 층위로 알 수 있다.

또한 인화분청자가 쇠퇴기에 들어서면서 잡물이 섞이고 기공氣孔이 많은 석기질炻器

質로 되는데 이러한 태토는 귀얄분청자와 동일하다. 인화분청자의 후기에 발생한 귀얄분청자의 대접, 사발, 접시 등은 모두 쇠퇴기 인화분청자의 기형과 굽의 형태를 따른다. 대부분의 인화분청자에는 명문銘文이 기입된 예가 많은 데 비해, 귀얄분청자에는 명문이 전혀 보이지 않아 귀얄분청자가 일반 서민들을 위해 만들어졌음을 시사한다.

15세기 전반경에는 국가가 필요로 하는 분청자를 전국의 도자소로부터 토산공물로 수납하여 충당했다. 15세기 후반경부터는 국가가 직접 경영하는 사옹원司饔院의 분원에서 백자를 만들어 충당하기 시작하면서 전국의 도자소로부터 토산공물로서 도자기를 수납하는 일을 점차 줄여갔다.

그리고 분청자 중심에서 백자로 수요가 바뀜에 따라 백자는 발달을 거듭했고 분청자는 일반 민간용으로 변했다. 분청자의 백자화가 차차 촉진되어 인화분청자는 급격히 소멸했다. 또한 귀얄, 덤벙 분청자가 만들어져 백자를 닮아가다 결국 16세기 중반경에는 백자에 대한 수요가 더욱 커지고 분청자에 대한 요구는 줄어듦에 따라 점차 소멸해 갔다.

이처럼 시기에 따라 달리 제작된 분청자의 종류와 특색에 대해 알아보자.

상감분청자

고려 말 상감청자 기법의 연속으로 선상감과 면상감 기법을 쓴 분청자이다. 선상감은 쇠퇴한 상감청자의 문양으로 이어지며, 1420년 이후가 되면 점차 조선적인 선상감의 새로운 면모를 보여준다. 1424년 정소공주貞昭公主묘에서 출토된 분청자상감초화문사이호粉靑瓷象嵌草花紋四耳壺의 예를 들 수 있다.

현재 분청자상감국화문통형잔높이 13.8㎝, 입지름 8.2㎝, 일본 도쿠가와(德川)미술관 소장을 비롯한 서너 점이 14세기 말 15세기 초의 상감청자 및 분청자상감통형잔들로 일본에 남아 있는 가장 오래된 작품들로 알려져 있다.

일본에 남아 있는 가장 오래된 상감청자통형잔들 중 청자상감운학국화문통형잔높이

8.0cm, 명(銘) 히키타즈츠(疋田筒), 일본 기타무라(北村)미술관 소장과 청자상감운학국화문통형잔높이 9.2cm, 명(銘) 나니와즈츠(浪花筒), 일본 개인 소장 등은 기형과 운학雲鶴의 문양, 굽, 내화토 받침 등으로 보아 고려 말 조선 초의 작품이 아니라 16세기 후반경의 작품으로 보는 것이 알맞다.

면상감 기법은 상감분청자의 두드러진 특징으로 후에 박지분청자의 기법으로 이행되며, 이것이 대체로 15세기 중반까지 계속된다. 상감 기법의 문양으로는 연화당초문, 모란문, 연지어문, 연화유문, 어문, 운룡문 등이 등장하며, 때로는 도식화되거나 변형되어 새로운 문양의 경지를 보여준다. 기형으로는 매병, 병, 편병, 호, 소병, 합 등에서 상감 기법이 보이며, 다완으로는 통형잔의 크고 작은 작품들이 남아 있다.

대표적인 가마터로는 광주 도수리 요지, 공주 중흥리 요지, 부안 우동리 요지, 광주 충효동 요지 등을 들 수 있다.

인화분청자

시문하고자 하는 문양을 시문구로 그릇 표면을 압인押印한 후에 백토를 메워 넣는 수법으로 만든 것이 인화분청자이다.

처음에는 국화문이나 연판문과 같은 문양의 도장으로 찍은, 한 줄 혹은 두 줄 정도의 듬성듬성한 단독 화문이 기면 전체를 메웠다. 그러다가 15세기 중반경에는 집단화된 국화문, 우점문, 나비문 등을 기면 전체에 빽빽이 찍어서 그릇 전체가 하얗게 백토분장될 정도로 인화분청자는 절정을 이루게 되었다. 이외에 부수되는 문양으로는 당초문, 연판문, 여의두문 등이 애용되었다.

초기 인화분청자는 상감분청자와 함께 사용되는 게 보통이었으며, 1420년경에는 문양의 구도가 안정되었고 15세기 중반경에는 세련되어졌으며, 1470년대 이후 급속히 쇠퇴했다. 특히 인화분청자의 그릇 중에는 관사명官司銘과 생산지 및 사기장 이름을 상감 및 인화 기법으로 새긴 것이 있어, 제작 시기와 생산지 확인 등을 연구하는 데 매우 중요한 자료들이 되어준다.

예를 들면 공안부恭安府, 1400~1420, 경승부敬承府, 1402~1418, 덕령부德寧府, 1455~1457, 인수부仁壽府, 내자시內資寺, 예빈시禮賓寺, 장흥고長興庫 등의 관사명과 함께 고령, 경주, 합천, 양산, 밀양, 창원, 청도, 김해 등의 지방명이 있어서 대부분 경상남북도에서 만들었음을 나타낸다.

인화분청자는 전국 내륙 지방의 요窯에서 제작되었으므로 요지는 전국에 걸쳐 분포되어 있다. 현존하는 조선다완朝蘇茶盌 중 일본에 남아 있는 분청자인화'내섬內贍'명완15세기, 높이 4.2cm, 입지름 12.2cm, 개인 소장 등 인화분청자의 몇 작품이 다완으로 애용된 예가 있다. 내면 중앙에 '내섬'이란 명이 상감되었고, 그 주위로 국화꽃이 듬성듬성 찍혔으며 외면은 우점문으로 꽉 차게 시문되었다.

내섬은 내섬시內贍寺의 약자로 각 궁전에 대한 공상供上, 2품 이상에게 주는 술, 왜인과 야인에게 주는 음식과 직조織造 등의 일을 맡아 보는 관청이었다. 왜인들에게 주는 음식을 담아 대접할 때 쓴 내섬명완은, 일본에 전해져서 500여 년 이상을 조선다완으로 애용되었던 드문 작품이다. 15세기 중반 전라도 지방에서 제작되었던 것으로 추정된다. 이처럼 인화분청자는 분청자를 대표하며 조선 왕실 및 관청의 그릇으로 널리 사용되었던, 꽃과 나비의 꽃그릇花器이었다.

분청자인화'군위인수부'명발
- 조선 15세기 중반 • 높이 8.0cm • 입지름 18.5cm
- 호암미술관 소장

박지분청자

박지는 기면 전체에 백토를 바르고 시문하고자 하는 문양을 그린 후 문양 이외의 배경을 긁어내어 문양의 백색과 배경의 태토색胎土色이 대조되도록 하는 기법이다. 때로는 백색과 태토색의 대비를 더욱 강조하기 위해서 긁어낸 태토에 철채鐵彩를 더하여 흑갈색을 나타냈다. 선각線刻 기법을 함께 사용한 박지분청자는 15세 후반에 전라도 지방을 중심으로 널리 제작되었다. 한때 박지 기법은 중국 자주요磁州窯에서 쓴 박지 기법과 비슷하여 중국의 영향을 받아 제작된 것으로 잘못 알려지기도 했으나, 실제로는 상감분청자로부터 비롯되었음이 문양과 기형과의 비교에서 밝혀진 바 있다.

문양으로는 활달하고 생동감 넘치는 모란, 모란당초, 연화, 물고기, 모란 잎 및 추상적인 문양이 있었으며 편병과 주병 등의 기형에 주로 시문되었다.

일본에 남아 있는 조선다완 중 박지분청자의 다완으로는 알려진 예가 없다. 대표적 요지로는 고창 용산리, 광주 충효동, 고흥 운대리 등을 들 수 있다.

선각분청자

선각 기법은 박지 기법과 함께 사용된 예가 많은데, 선각분청자는 15세기 후반 전라도 지방을 중심으로 널리 제작되었다. 기면을 백토 분장한 후 원하는 문양을 선각하

여 나타냈는데, 사실적인 문양에서부터 추상화된 문양에 이르기까지 다양하게 표현했다. 모란, 모란당초, 연화, 물고기, 나뭇잎, 초화문 등을 재구성하거나 간략화하여 동심 어린 세계를 나타낸 문양이 많으며 기형으로는 편병, 주병, 호, 합 등에 많이 시문되었다. 조선다완 등에 알려진 예는 없다. 요지로는 고창 용산리, 광주 충효동 등이 알려져 있다.

분청자선각초화문편병
• 조선 15세기 후반 • 높이 19.0cm • 입지름 4.0cm
• 선문대박물관 소장

분청자철화초문유개완 • 조선 16세기 전반 • 높이 13.2cm • 입지름 18.4cm • 해강도자미술관 소장

철화분청자

　기면을 백토 분장한 후에 철분이 있는 안료로 그림을 그리면 흑갈색 문양이 나타난다. 특히 굽 언저리에 백토를 바르지 않아, 백토가 쥐색의 태토색과 선명히 대조되는 것이 많으며 철화 문양과 어울려 새로운 맛을 준다. 모란, 연화, 모란당초, 버드나무, 물고기, 새 문양이 병, 장군, 호, 합, 완 등의 기형에 시문되었다. 특히 자유분방하고 대범한 생략을 자유로 하는 활달한 어문과 모란문은 시대를 초월하여 새로움을 던져 준다. 철화분청자는 1480년대부터 1530년대에 이르기까지 활발히 제작되었으며, 공주 학봉리를 대표적 요지로 들 수 있다.

　분청자철화초문유개완은 구부가 외반되고 접시 모양의 뚜껑을 갖춘 예로, 굽 이외의 면을 귀얄로 칠한 후 간략화된 초문을 세 곳에 그리고 뚜껑에도 시문한 작품이다. 이 완은 찻사발로 쓰기에 적합하며, 밥을 담는 사발로도 쓰였을 것으로 짐작된다. 빠른 귀얄의 운동감과 간략한 초문이 잘 어울리는 작품이다.

귀얄분청자

귀얄이란 도구를 사용하여 백토를 칠한 후 다른 문양을 시문하지 않아, 귀얄의 백토 붓 자국만 남는 특징을 보여준다. 귀얄 기법은 박지, 선각, 철화 분청자에 기본적으로 쓰이며 대체로 생활용 분청자에 많이 보인다. 귀얄분청자는 백자와 함께 발견되는 예가 많으며, 15세기 후반에서 16세기 전반에 걸쳐 전국적으로 널리 제작되었다.

덤벙분청자

덤벙분청자는 백톳물에 덤벙 담가서 백토를 입힌 것으로, 운동감 있는 귀얄 자국보다 차분한 분위기를 자아낸다. 두껍게 분장된 경우는 연질軟質의 백자로 보이며, 구분이 애매한 것도 있다. 15세기 후반에서 16세기에 걸쳐 전라도와 경상도 지방에서 주로 만들어졌으며, 조선다완으로 애용되어 일본에 전해진 명품 다완들이 많다.

조선 초기의 분청자와 찻사발

15세기 전반에는 고려 후기 상감청자의 뒤를 이은 상감분청자와 인화분청자가 주로 제작되었으며 백자는 극히 일부 지역에서 약간씩만 제작되었을 뿐이었다. 따라서 백자는 분청자와 양적으로 비교 대상이 되지 못했다.

1424년에서 1432년경에 자료가 수집되어 『세종실록지리지』에 185개소의 도기소와 139개소의 자기소에 관한 기록이 남아 있다. 도기소에서는 독甕을 비롯한 질그릇陶器 등을 제작했던 것으로 추정된다. 자기소의 대부분은 분청자를 제작했으며, 광주와 고령 등의 가마에서만 초기 백자를 약간씩 제작했음을 확인할 수 있다.

현존하는 15세기 전반경의 편년 자료로는 1404년에 최운해崔雲海, 1347~1404의 묘에서 출토된 분청자상감파문발과 1417~20년경에 제작된 분청자인화'경승부敬承府'명국화문접시, 분청자인화'공안부恭安府'명국화문접시, 정소공주貞昭公主 묘에서 출토된 1424년의 분청자상감초화문네귀항아리, 1435년의 청자상감'선덕宣德10년'명묘지墓誌, 1437년의 분청자인화'곤남장흥고昆南長興庫'명접시, 1440년의 분청자상감'정통正統5년'명연어문반형蓮魚

紋盤形묘지, 그리고 1449년의 분청자상감'정통正統 14년'명묘지 등이 있다.

이 자료들은 모두 상감분청자와 인화분청자로 발, 접시, 호, 묘지 등이다. 고려 후기의 상감청자를 계승하면서 조선적인 새로운 기형과 문양으로 전환되어 가고 있으며, 특히 상감분청자와 인화분청자의 전성기였음을 보여준다.

1392년부터 제작된 상감분청자는 유색이나 문양만으로 고려 말의 상감청자와 뚜렷이 구별할 수 없다. 분청자는 본래 백토로 분장된 청자를 말하므로 백토로 분장되지 않은 분청자는 엄밀한 의미에서 분청자라고 할 수 없다. 그러므로 앞으로는 분청자를 조선 초기의 상감청자라고 하는 것이 바람직할 것이다.

분청자상감파도어문병
• 조선 15세기 전반 • 높이 31.2cm • 호림박물관 소장

15세기 초에 발생한 인화분청자는 1420년대에 이르러 무늬와 구도가 안정되었고 관청명이 시문된 것은 당시의 관어용官御用 자기였음을 알려준다.

당시에는 이들 분청자를 전국의 자기소에서 공물로 수납하여 국가가 사용했으며 관영 자기 공장으로서의 분원은 아직 설치되지 않았다. 고려 상감청자에서 조선분청자로 전환하는 시기였으며 한글 등의 민족문화와 함께 상감, 인화 분청자가 크게 발전하는 시기였다. 조선 초기에는 고려시대의 차 문화를 이어받아 음다 생활이 계속되어, 사신맞이 접견다례나 연회다례를 새로이 제정하여 시행했고, 선비 차인들도 많이 있어서 소박한 다탕茶湯이 주류를 이루었다. 조선 태조 때부터 태평관太平館, 사정전思政殿, 명륜당明倫堂 등에서 왕이나 왕자가 중국 사신에게 '다례'라는 명칭으로 차를 대접하는 의례를 행했다.

세종 때 편찬한 『국조오례의國朝五禮儀』 중 「연조정사의宴朝廷使儀, 조정사신접대연회」에서는 사옹제거司饔提擧가 다병의 차를 다종茶鐘에 따른 것을 왕이 정사正使와 부사副使에게 권했고, 정사는 왕에게 권한 다음 다 같이 차를 마셨으며, 그 후에 다과茶菓를 먹고 술을 마셨다는 내용을 볼 수 있다.

세종 32년1450 윤 1월 2일에는 예조禮曹에서 장자가 조정사신 연회다례를 대행하는 의식을 정했는데 그 절차는 아래와 같다.

① 정사의 자리를 태평관 정청正廳의 북쪽 벽에 남향하여 설치하고, 부사의 자리는 동쪽 벽을 서향하여 설치하고, 왕자의 자리는 서쪽 벽에 남쪽 가까이 동향하여 설치한다만일 정사와 부사가 모두 남향이면 왕자의 자리는 동쪽 벽이다. 주탁酒卓은 남쪽 가까이 북향으로 설치한다.
② 사신과 왕자가 자리에 앉는다.
③ 사준별감 한 사람이 다종을 받들고 주탁의 서쪽에 조금 뒤로 물러나 서고 또 한 사람은 다종반茶鐘盤을 갖추고 주탁의 동쪽에 선다.
④ 사옹별좌司饔別座 세 사람이 과반果盤을 받드는데 한 사람은 정사의 오른편에 동향으로 서고, 한 사람은 부사의 왼쪽에 북향으로 서고, 또 한 사람은 왕자의 오른쪽에 북향으로 선다.
⑤ 사옹제거가 다종에 차를 따라 받아 왕자에게 주면 왕자는 정사 앞으로 나아가 차를 주고 정사는 차를 받아 임시로 통사에게 맡긴다. 또 같은 방법으로 왕자는 부사에게 차를 주고 부사는 다종을 받는다.
⑥ 제거가 다종에 차를 받아 정사에게 주면 정사는 왕자에게 주고 왕자는 다종을 잡는다.
⑦ 통사가 임시로 받은 다종을 정사는 다시 받아 사신과 왕자가 각기 자리에 나아가 차를 마신다.

분청자상감쌍어문완 • 조선 15세기 • 높이 6.9cm • 입지름 13.8cm • 밑지름 4.5cm • 호림박물관 소장

⑧ 제거가 사신과 왕자의 앞으로 나아가 다반에 다종을 받아가지고 나온다.
⑨ 사옹별좌가 각각의 자리에 과일을 올리고 함께 과반을 가지고 나온다.

— 정영선, 『한국 차 문화』(너럭바위, 1990), 182~183쪽 인용

    조선 초기의 성리학자이자 문신 점필재佔畢齋 김종직金宗直, 1431~1492이 함양군수로 있을 때 백성들의 다세茶稅를 덜어주기 위해 관영 차밭을 만들었던 기록이 『점필재집佔畢齋集』 10권에 남아 있다.

상공할 차가 이 고을에서는 나지 않는데도 불구하고 해마다 백성들에게는 다세를 거두니 백성들은 돈을 가지고 전라도에 가서 차를 샀다. 대개 쌀 한 말로 차 한 홉을 얻었다. 내가 이 고을에 부임했을 때 이러한 폐단을 알고 백성들에게 요구하지 않고 관가에서 스스로 구하여 바쳤다.

『삼국지』를 읽다가 신라시대에 당나라로부터 차씨를 얻어다 지리산에 심게 했다는 것을 보았다. 아아! 이 고을도 이 산 아래 있으니 어찌 신라 때의 유종遺種이 없겠는가! 그리하여 노인들을 만날 때마다 널리 물어보았더니 과연 엄천사嚴川寺 북쪽의 대숲 속에서 몇 그루의 차나무를 얻게 되어 매우 기뻤다. 그래서 나는 그 땅에 차밭을 가꾸도록 하고 그 부근의 백성 땅을 사들여 관청 땅으로 보상을 했다. 그 뒤 몇 해 만에 제법 번식되어 차밭에 고루 퍼지게 되었으니 4~5년만 있으면 상공할 액수를 채우게 될 것이다.

이 조선 초기의 기록을 통해서 왕실에서 다례를 행했고 지리산 주변의 차밭을 가꿔서 나온 차를 상공常貢했음을 확인할 수 있다.

조선 초기의 음다 생활에 널리 쓰였을 다종茶種과 찻사발茶盌 등이 상감분청자와 인화분청자의 작품들로 추정되어 주목된다. 현재 일본에 남아 있는 조선다완 중 가장 오래된 분청자상감국화문통형잔은 15세기 이래 전래되어 온 명완名盌의 하나로 현재 도쿠가와미술관에 소장되어 있다. 높이 13.8cm, 입지름 8.2cm이며 조선 초기에 다탕용으로 사용되었다고 추정된다. 위아래 측면에 뇌문대와 육각형문을 돌리고, 동부에는 두 겹의 원으로 감싼 국화꽃 한 송이를 흑백상감으로 시문했다. 이러한 통형잔에는 뚜껑을 지닌 예도 있는데, 이 작품에는 남아 있지 않다. 육각형의 문양대는 15세기 초기 상감분청자에 시문되던 문양의 하나로, 이 작품이 조선 초에 제작되어 사용되다가 일본에 건너가 현재까지 잘 남아 있는 작품으로 추정된다.

호림박물관에 소장된 분청자상감쌍어문완은 높이 6.9cm로 입지름 13.8cm인 구부가 약간 외반되었고 동체가 S자 곡선을 이루었으며 알맞은 굽다리를 지녔다. 내저 중앙에 파도 속의 물고기 두 마리 문양을 흑백상감으로 정겹게 시문했고 그 주위를 국판문대로 돌렸다. 내측면에는 육각형의 귀갑문대를 이중으로 돌려 나타냈다. 외면의 위로는 네 줄의 선문대를 아래로는 국판문대를 돌렸고, 그 사이로 네 곳에 두 겹의 원으로 감싼 국화꽃 한 송이를 시문했고 그 나머지를 보상당초문으로 나타냈다.

이 완은 가루차나 다탕을 마실 때 쓰는 다완으로 내측면에 시문된 육각형의 귀갑문대와 외측면의 국화문 등이 일본에 전해온 분청자상감국화문통형잔과 닮아 15세기 전반경의 작품임을 말해준다. 한 잔의 차를 마시면서 '밤에도 눈 뜨고 자는 물고기처럼 정진하라'는 의미를 되새겼을 작품이다.

호림박물관에 소장된 분청자인화문'군위인수부軍威仁壽府'명사발은 높이 10.1cm에 입지름 15.7cm로, 몸통의 아랫부분이 팽배하고 입이 밖으로 벌어진 사발이다. 외면에는 인화문이 꽉 차게 시문되었고 위에는 당초문대가, 아래에는 국판문대가 돌려져 있다. 동부에 '軍威仁壽府군위인수부'라는 글자가 횡으로 새겨졌다. 내면에는 중앙의 큰 국화꽃을 중심으로 주위에 국화문, 집선문, 초문 등이 시문되어 있다. 잎차와 떡차를 우린 다탕을 담아 마셨던 인수부 소용의 찻사발로, 소박하고 단아한 기품을 보여준다. 인수부는 1400년에 설치된 세자부世子府로서 그해 11월까지 존속한 후 1457년에 복칭되었다. '군위'란 글자는 이 사발이 경북 군위에서 공납한 자기였음을 알려준다.

고려·조선 도자의 흐름과 찻사발

15세기 후반의
분청자와 찻사발

　조선시대 분청자는 무엇보다도 한국적인 특징을 잘 간직해서 가장 한국적인 도자기라고 일컬어진다. 그리고 마치 오늘의 작품 같은 현대성을 지녀서 현대적이라고도 평가된다.

　분청자는 고려청자의 깔끔하고 이지적인 모습에서 벗어나 수더분한 형태와 정돈되지 않은 모습을 하고 있으며, 형태와 문양이 박진감 넘치고 익살스럽다. 분청자는 또한 무엇에도 구애받을 것 없는 듯한 자유로움과 어린아이의 몸짓 같은 천진난만함으로 미소를 절로 띠게 한다.

　이와 같은 조선분청자의 특질이 유감없이 잘 나타난 시기는 15세기 후반으로, 세조 연간의 불교문화 융성과 성종 연간의 유교 발전이 대조를 이루면서 분청자의 발달을 가져온 때였다.

　15세기 전반에 이어 상감과 인화 분청자의 발전이 지속되어 1450~60년대에 절정을 이루었다. 이를 뒷받침하는 자료로 1454~62년에 제작되었다고 추정되는 분청자인화국화문월산군태항아리月山君胎壺와 태지胎誌를 들 수 있는데, 풍만한 기형과 완벽한 문양 구도가 특징이다. 아울러 1963년 국립박물관에 의해 발굴 조사된 광주시 충효동 가마터 출토의 수많은 상감, 인화의 분청자편들을 들 수 있다.

이와 함께 1470년대와 1480년대에 전라남북도 일대에서 널리 제작된 백토 분장의 선각분청자와 박지분청자의 병, 편병 등의 뛰어난 예가 있으며 이들로부터 분청자의 진면목을 볼 수 있다.

기면 전체에 백토를 바르고 시문하고자 하는 문양을 굵은 못으로 그린 후 문양 이외의 배경을 긁어내면 문양의 백색과 배경의 태토색이 대조되는 기법을 쓴 선각분청자와 박지분청자는 활달하고 생동감이 넘치는 모란, 모란당초, 초화, 연당초, 물고기 등의 문양에서 뛰어난 솜씨를 보여준다.

선각분청자 제작 시기의 자료로는 부산시립박물관이 소장한 1477년의 분청자선각초문방형묘지와 숙명여대박물관이 소장한 1481년의 분청자선각모란엽문묘지가 있어 15세기 후반에 전라도 지방에서 주로 제작되었음을 알 수 있다.

분청자박지모란문발
• 조선 15세기 후반 • 높이 8.9cm
• 입지름 19.1cm • 밑지름 6.8cm
• 소전미술관 소장

그동안 송광사 사리탑에서 출토되었다는 1428년의 분청자박지연어문고봉화상골호 粉靑瓷剝地蓮魚紋高峰和尙骨壺는 잘못된 것으로 실제로는 분청자인화국화문합으로 밝혀졌다. 따라서 편년의 근거가 될 수 없는 것이다.

종래에는 이들 선각, 박지 분청자가 중국 자주요로부터 영향을 받아 제작되었다는 견해가 있었다. 그러나 15세기 후반에는 분청자 가마가 중국 자주요와 교류하지 않았고, 당시 자주요에서 제작한 도자의 기형, 문양, 유색 등과도 같지 않으므로 자주요의 영향을 받았다고 할 수 없다. 오히려 선각, 박지 분청자의 기형과 문양을 비교할 때 상감분청자의 선상감, 면상감 기법으로 제작되었음이 입증되었으므로 자체적인 발전의 결과라고 할 수 있다.

선각, 박지 분청자의 대표적인 가마터로는 전남 광주시 충효동과 고흥 운대리, 전북 고창 수동리와 고창 용산리 등을 들 수 있다. 고창 용산리 가마터 발굴 조사에서는 다양한 기형과 문양을 지닌 선각, 박지 분청자의 편들이 출토되어 다채로운 모습을 이해하는 데 도움이 되었다.

1480년대와 1490년대에는 충남 공주군 반포면 학봉리 일대를 중심으로 철화분청자가 발달했다. 기면 위를 귀얄로 백토 분장한 후에 철분이 있는 안료로 그린 그림이 흑갈색, 철색, 흑색을 띠는 철화분청자는, 언저리에 백토를 바르지 않아서 백토와 암녹색 태토가 선명히 대조되는 것이 많다.

철화 문양으로는 모란, 연당초, 모란당초, 물고기, 버드나무, 새 등이 있다. 특히 자유분방하고 대범하며 생략적이면서 활달한 물고기와 모란 문양은 시대를 초월하여 새로움을 던져준다.

분청자철화어문대발
- 조선 15세기 후반 • 입지름 31.3cm
- 일본 오사카시립동양도자미술관 소장

당시 중앙에서 새롭게 등장하는 청화백자와 철화백자에 시문된 문양, 상감백자에 철사鐵砂를 사용한 예, 그리고 호남 지방 선각분청자의 기법이 서로 영향을 주고받으면서 철화분청자가 제작된 것으로 보인다. 그 실례로는 분청자철화'성화成化23년'명묘지1487, 분청자철화 '홍치弘治3년'명묘지1490 등의 편년 자료가 있다.

이처럼 15세기 후반에는 상감, 인화 분청자의 발전을 바탕으로 호남 지방에서는 선각, 박지 분청자가, 영남 지방에서는 인화분청자가, 충남 지방에서는 철화분청자가 독특한 발달을 보였다. 분청자 특유의 백토 분장과 대범한 생략, 자유로운 문양 구성 등이 편병과 호 등에 나타난, 한국적이고 현대적인 멋을 유감없이 보여준 시기였다.

조선 초기 왕실의 제사나 상례 때에 차를 사용한 예가 정영선의 『한국 차 문화』 속에 언급되어 있다.

성종 5년1474에는 "왕이 예조禮曹에 전하기를 봉선전奉先展의 대소大小 제사에 술 대신 차를 써라"고 했다. 왕과 왕후의 기제사 때나 묘제사 혹은 주다례晝茶禮 때에 주로 다탕을 올렸다. 주다례란 임금이나 왕비의 장례 후 3년 안에 혼전魂殿과 능소陵所에서 낮 동안 드리는 제사인데, 아침저녁에 밥을 올리는 것과 달리 차와 간단한 음식으로 정오에 지냈다. 주다의晝茶儀라고도 한다.

세종 28년1446에 행해진 주다의는 아래와 같다.

① 정오가 되면 능사陵司. 능을 맡은 관리가 향로와 향합과 촛불을 영좌靈座 앞에 설치하고, 다병과 다종을 받들고 존소尊所. 영좌가 계시는 곳의 지게문외짝의 작은 출입문 밖에 두고 서향하여 부복俯伏하고 꿇어앉는다.

② 내시가 지게문 안에 들어가서 서향하여 부복했다가 일어나서 영좌 앞에 나아가 부복하고 꿇어앉아 세 번 향을 올리고 조금 뒤로 물러나 꿇어앉는다.

③ 내수內豎. 궁중에서 심부름하는 관원가 공안空案. 전이 없는 빈 제사상 하나를 들고 섬돌 위

에 나아가면 능사가 전해 받들고 지게문 안에 들어와서 내시에게 준다. 내시가 공안을 전해 받들어 영좌 앞에 둔다.

④ 내시가 소반에 두 가지 색의 떡, 각색 과일, 물과 나물을 각기 한 그릇에 저접젓가락과 접시을 담아서 제사상에 둔다.

⑤ 능사가 다종에 차를 따라서 내시에게 주면 내시가 전해 받들어 소반에 두고 모두 지게문 밖에 나와서 부복하여 잠시 기다린다.

⑥ 내시가 도로 들어가서 부복하고 꿇어앉아 차린 음식을 거둔다. 국가의 제사와 시호에 관한 사무를 보던 봉상시奉常寺에는 차모茶母가 있어 다례茶禮를 도왔다.

— 『국조오례의(國朝五禮儀)』「연조정사의(宴朝廷使儀)」세종 28년 7월 19일

이처럼 조선 초기에는 고려 때와 마찬가지로 차를 마셨으며, 다탕을 주로 마셨다. 다탕은 떡차나 잎차를 끓인 물에 우려낸 맑은 찻물로『조선왕조실록』에 자주 나온다.

조선 초의 매월당梅月堂 김시습金時習, 1435~1493이 지은 시에서도 보듯이 다탕은 조선시대 음다 생활의 주류를 이루었다.

질화로

산방은 맑고 고요한데 밤은 길기도 하여
한가로이 등불 돋우며 흙마루에 누웠네
질화로 덕에 나는 더욱 넉넉하고
손님이 오면 또 다탕을 끓이네

고려시대에 성행했던 가루차抹茶는 조선 초에는 문인들과 승려들 사이에서 이어져 왔다. 김시습의 이 시를 통해서도 가루차를 즐겨 마셨음을 알 수 있다.

15세기 후반경 음다 생활에서 다탕과 가루차를 마실 때 쓴 선각분청자와 철화분청자의 찻사발茶鉢들이 남아 있다. 찻사발에 가루차와 함께 다탕도 담아 마셨을 것으로 짐작된다. 가루차를 점다하여 마시거나 끓인 가루차나 다탕을 담아서 뜻 맞는 몇 사람이 돌려가며 마시기도 했을 것이다.

분청자박지모란문발은 내저 중앙의 한 송이 모란꽃을 중심으로 모란과 잎 문양을 힘 있게 돌리고 박지 수법으로 외면까지 나타낸 드문 사발 작품이다. 활달한 분청자의 문양이 잘 어울린다.

분청자철화어문대발은 차 등을 담아 잔에 나누어 따르는 데 알맞은 사발이다. 귀얄의 빠른 백토 분장과 철화의 어문이 어울려 선적인 율동감을 보여주는 작품이다.

16세기 전반의
분청자와 찻사발

　　조선 분청자는 조선의 이름 없는 사기장들에 의해 만들어졌다. 한 소년이 태어나서 사기장으로 완성될 때까지의 과정은 대체로 다음과 같지 않았을까? 어렸을 때는 어머니의 등에 업혀 자라나다가 장난꾸러기가 되어 흙 속에서 성장해 간다. 소년은 커가면서 부모님의 작업을 항상 지켜보았을 것이고 잔심부름을 하면서 그 작업에 참여했을 것이다. 청년이 되어서는 자신의 형제들이 그러했듯이 차차 작업장에서 물레를 돌려 그릇도 빚고 시문하는 일도 배웠을 것이다. 처음에는 재미도 느꼈겠지만 때로는 꾸지람도 들어가면서 배웠을 것이다. 그리하여 5년, 10년이 지나면서부터 도자기 제작에 능숙한 사기장이 되어 자신이 만들고자 하는 그릇들을 거뜬하게 잘 만들어낼 수도 있게 되었을 것이다.

　　사발이나 대접은 대체로 다음과 같은 과정을 거쳐서 만들어졌다.

　　물레 위에 반죽된 점토더미 한 뭉치를 얹어놓는다. 그 다음 반죽된 흙의 중심을 물레 위에 잡고 그 위에서 사발을 쭉 뽑아 올린다. 그러고는 실로 잘라서 옆에 있는 목판

위에 놓는 작업을 계속 반복한다. 보통 한 반죽더미에서 5~6개 정도는 쉽게 뽑을 수 있다. 실제로 능숙한 사기장은 하루에 그릇 300~400개는 만들 수 있었다고 한다.

사기장들은 사기를 주로 만들면서 밭농사를 일부 짓는 정도였으므로 가난할 수밖에 없었다. 그래서 젊은 사기장은 세습되는 이 사기 제작 생활을 버리고 도피하려고도 했을 것이다. 그러나 결국은 사기장의 업을 자신의 운명으로 받아들였을 것이다.

이와 같이 체념을 통해 사기장의 업을 이어가게 된 이들의 손으로 빚은 자유로운 세계가 마치 자연의 한 모습처럼 그릇에 반영되었다.

연산군에서 중종 연간의 16세기 전반은 성리학 발달에 따른 유교 문화가 사회 전반에 깊이 영향을 준 시기이다. 향약鄕約이 발달하고 서원書院이 성립하는 등 조선사회의 유교화가 이루어졌다. 도자에 있어 분청자는 관어용에서 민간용으로 바뀌면서 선각, 박지, 철화 분청자가 주류를 이룬 15세기 후반의 양상이 계속 이어졌다. 또한 이들 분청자에 사용되었던 귀얄과 분장 기법의 분청자가 주류를 이루면서 제작되었다.

1963년 발굴 조사된 광주시 충효동 가마터에서는 인화분청자에서 귀얄분청자로, 귀얄분청자에서 백자로 변해가는 모습을 퇴적층의 층위에 의해 파악할 수 있었다. 인화분청자가 쇠퇴기에 들어서면서 잡물이 섞이고 기공氣孔이 많은 조질의 도자기로 변모했음도 알 수 있었다.

초기 귀얄분청자는 사발, 접시 등이 모두 쇠퇴기 인화분청자의 기형과 굽 형태를 따르고 있다. 귀얄분청자로는 막그릇이 많

분청자귀얄문병 • 조선 16세기 전반
• 높이 31.4cm • 입지름 7.4cm • 호림박물관 소장

분청자귀얄문완 • 조선 16세기 전반 • 높이 6.0cm • 입지름 12.7cm • 밑지름 4.3cm • 호림박물관 소장

으며 백자와 함께 발견되는 예가 많다. 거의 전국적으로 출토되며 사발의 경우 포개어 구운 것이 보통이다. 1501년의 분청자귀얄묘지와 1536년의 분청자귀얄철화묘지 등의 편년 자료를 들 수 있다.

16세기 전반에는 귀얄분청자와 아울러 덤벙분청자가 널리 제작되었다. 전라도와 경상도 지방에서 주로 만들어졌으며, 편년 자료로 1540년의 분청자덤벙묘지 등을 들 수 있다. 분청자는 크게 상감, 인화 분청자 중심에서 귀얄, 덤벙 분청자 중심으로 전환되어 갔다. 호남의 선각, 박지 분청자와 충남의 철화분청자가 지방적인 특색을 보이면서 상감, 인화 분청자의 뒤를 잇고 있음을, 점차 백자화되어 가고 있음을 전국의 분청자 가마터 조사에서 확인할 수 있다.

인화분청자의 가마터에서는 거의 백자를 발견하지 못하는데 귀얄분청자와 덤벙분

분청자덤벙문완 • 조선 16세기 전반 • 높이 8.8cm • 입지름 17.7cm • 밑지름 6.3cm • 호림박물관 소장

청자의 가마터에서는 백자편을 발견하는 경우가 많다. 기형을 보아도 인화분청자에서 귀얄, 덤벙 분청자로, 다시 백자로 변화하고 있음을 알 수 있다. 즉, 분청자의 백자화가 진행되면서 분청자가 소멸되어 가는 것이다.

16세기 전반에 제작된 귀얄분청자와 덤벙분청자의 대표적인 작품들을 감상해 보자.

분청자귀얄문병은 살짝 벌어진 입과 짧고 잘록한 목을 지녔으며, 풍만하게 벌어져 동하부가 중심을 이루고 있는 잘생긴 병이다. 귀얄 기법으로 백토를 바른 풀비의 자국들이 물의 흐름처럼, 바람이 불어오는 것처럼 동체 전면을 분장하여 자유로움을 나타냈다. 시유된 담녹색 유가, 백토 분장과 대비되어 소탈한 멋을 보여주는 작품이다.

분청자귀얄문완은 구부가 약간 벌어지고 동체가 S자 곡선을 이루며 팽배된, 알맞은 굽다리를 지닌 완이다. 동체의 아랫부분과 굽을 제외한 전면을 짙은 백토로 귀얄 칠하여 힘찬 붓 자국이 나타난다. 백토는 비교적 두꺼운 편이고 귀얄 붓 자국이 생생하게 살아 있다. 담청색의 맑은 유약을 입혔으며, 굽다리 여섯 곳에 내화토 받침의 흔적이 남아 있다. 백토의 흰색과 태토의 쥐색이 대비를 이루며, 귀얄 자국의 무심한 듯한 필치가 차와 어울려 조화를 이루는 찻사발 작품이다.

분청자덤벙문완은 구부가 약간 벌어지고 동체가 둥근 곡선을 이루며 굽에 이르는 잘생긴 완이다. 내면과 외면 윗부분에 있는, 백톳물에 덤벙 담가 나타낸 덤벙문의 백토 분장이 쥐색의 태토와 강렬한 대조를 이룬다. 담갈색의 유가 전면에 시유되었으며, 굽다리와 내저에 내화토로 받쳐 구운 흔적이 남아 있다. 덤벙분청자의 자유로움과 깊이가 돋보이는 작품으로 외면에 흘러내린 백토의 자연스러운 흔적이 흥미롭다. 가루차의 연두색과 백토의 흰색이 조화를 이루면서 차맛을 그윽하게 해주었을 찻사발이다.

조선 초기의
백자와 찻사발

고려시대 청자를 대신하여 조선시대에 백자가 발전해 왔다는 것은 청자보다는 백자가 더욱 안정되고 발전된 상태였음을 입증한다.

순수한 자토磁土로 알려진 것이 흔히 고령토로 불리는 백토白土인데, 이 백토는 청자 제작에 사용되는 것보다 훨씬 순도가 높다. 굽는 온도도 청자의 경우 섭씨 1,280도가량이지만 백자의 경우에는 섭씨 1,300도 정도가 일반적이다. 유약도 백자가 더욱 안정되어 있고 그 안의 잡물도 제거된 상태이다.

중국도 14세기 원元대를 경계로 오랜 청자 중심 제작에서 백자 중심 제작으로 바뀌어갔다. 백자 위에 코발트cobalt 안료로 무늬를 그린 청화백자, 산화철 안료로 무늬를 그린 철화백자, 산화동으로 무늬를 그린 동화銅畵백자 등이 이 시기에 만들어졌다. 나중에는 백자에 유약을 바르고 에나멜로 삼채三彩, 오채五彩, 칠채七彩 등 여러 가지 색으로 칠한 채색자기들도 만들어졌다. 따라서 중국뿐 아니라 한국의 경우에도 청자에서 백자로 발전하는 것이 도자의 흐름일 뿐만 아니라, 기술이나 재료에 있어서도 필연적인 과정이라고 할 수 있다.

백자가 발전하게 된 보다 더 중요한 이유는 조선 초기 사회를 이끌던 사대부 양반층의 취향이 백자와 맞아떨어졌다는 점이다. 만약 사대부 양반층이 계속 청자를 선호했다면 청자가 발전할 수밖에 없었을 것이다.

무엇보다도 고려 후기 목면의 전래가 사대부 양반층의 사고에 깊은 영향을 끼쳤던 것으로 보인다. 14세기 후반에 문익점文益漸에 의해 목면이 전래되면서 15세기 이후 사대부를 비롯한 일반인들이 흰 무명옷을 즐겨 입게 되었다. 특히 여름에는 무명옷을 입는 게 기본이 되었다. 부여 때부터 우리 민족이 흰옷을 숭상했다고 하지만 흰옷은 목면의 전래 이후부터 비로소 보편화되었다. 따라서 이 목면의 사용이 조선인들의 흰색에 대한 관념을 바꾸어놓았으리라고 추측된다.

백자상감모란문병 • 조선 15세기
• 높이 32.5cm • 일본 오사카시립동양도자미술관 소장

특히 사대부 양반층이 추구하는 세계는 유교 중심의 성리학적 세계였다. 유교는 검소하고 질박한 생활을 추구하는 동시에 지상의 삶에서 모든 것을 구한다. 그러한 가치관을 추구하는 이들은 검소함, 질박함, 결백함을 가장 중요한 미덕으로 여겼다. 19세기 실학자인 이규경李圭景은 『오주연문장전산고五洲衍文長箋散稿』에서 "우리나라에서는 백자를 선호했는데 임금님 대전에서도 백자를 사용했다. 그 이유는 무엇인가? 청렴하고 결백함을 사랑했기 때문이다"라고 했다.

이와 같이 조선 초기부터 백자가 유행한 것은 지배층인 사대부가 백색의 세계를 선호한 것과 관련되었다고 할 수 있다. 또한 당시 조선 왕실에서 가장 모범으로 삼은 명明나라에서는 전체적으로 자기가 백자로 바뀌어가는 추세였다. 동시에 청화백자와 채색자기가 제작되어 황실용이나 외국 사신 접대용으로 사용되고 있었다. 따라서 명나라 측에서는 청화백자를 포함한 백자들을 조선 왕실에 선물로 주었다.『조선왕조실록』세종 연간의 기록에 따르면, 중국 사신들이 백자 반상기와 의례용의 청화백자 술항아리 같은 것을 가끔씩 선물로 보내왔다고 한다.

세종 연간은 집현전集賢殿을 중심으로 왕실과 사대부층이 유학 정신에 더욱 충실하려는 경향이 커진 시기였기에 독특한 문화의 하나로서 백자를 선택했던 것이다. 동시에 더욱 중요한 요인 중 하나는 세종 연간의 상황에 있었다. 중국 측에서는 많은 공물을 달라고 조선 측에 요구했는데, 공물 중에는 다량의 은銀이 포함되어 있었다. 그러나 세종은 중국의 과한 요구에 따를 수 없었다. 당시 왕실에서는 중국 사신을 접대할 경우 분청자를 사용하기도 했으나 전통적으로 왕실의 중요한 그릇이었던 은그릇銀器을 가장 많이 썼다.『고려도경』에도 중국 사신을 맞이할 때 은그릇을 많이 사용했다는 기록이 있다. 따라서 은그릇을 사용하면서 은이 없다고 중국 측에 말할 수 없었으므로 은그릇에 가장 가까운 백자를 대신 선택하여 왕실 및 관청에서 중요히 사용했다. "세

백자상감연화문완 • 조선 15세기
• 높이 7.8cm • 입지름 17.3cm
• 호림박물관 소장

종 연간에 임금의 대전에서 백자를 사용했다"는 성현成俔의 『용재총화慵齋叢話』의 기록과, "1447년 문소, 휘덕전에서 은기 대신 백자를 전용하도록 했다"는 『세종실록世宗實錄』의 기록이 남아 있다.

15세기 전반에는 고려 후기의 상감청자를 뒤이은 상감분청자와 인화분청자가 주로 제작되었으며, 백자는 광주, 고령, 남원 등 극히 일부 지역에서 왕실 및 관청용 그릇으로 약간씩만 제작되었을 뿐이었다. 따라서 백자는 양적으로 분청자에 비교 대상이 되지 못했다.

15세기 전반의 백자 자료로는 남아 있는 예가 없으나 『세종실록』 권27의 "세종 7년1425 2월에 명 인종仁宗의 요구로 10탁분十卓分의 백자기명白瓷器皿을 광주廣州 지방의 요窯에서 정세번조精細燔造하여 바쳤다"는 기록, 1445년 고령 지방에 들른 도순찰사 김종서金宗瑞가 술상에 놓인 백자를 보고 찬탄하여 쓴 글, 『용재총화』의 "세종조 어기御器는 백자를 전용專用했다"는 기록 등으로 보아 광주와 고령 등지에서 백자를 제작·사용했음을 알 수 있다. 현재 경기도 광주군 퇴촌면 우산리에 소재한 초기 상감백자 요지 출토의 백자편들도 그런 사실을 입증한다. 담청회백색의 백자편들과 대접, 사발, 호의 외면에 굵은 음각선으로 연당초문, 모란문, 초문 등을 간략하게 나타낸 후 흑상감으로 시문한 상감백자들과 회백자灰白瓷편들을 통해 이 시기 백자의 모습을 짐작해 볼 수 있다.

조선 왕실에서는 청화백자를 매우 좋아했다. 희고 밝은 백자 위에 사대부의 기개를 나타내는 사군자라든지 왕실의 상징인 구름과 용을 그린 그릇은 선망의 대상이 되었다. 청화백자는 청자나 분청자로는 만들 수 없었기에 조선 왕실에서는 중국에서 어떻게 청화백자를 만들었는지를 알아내려 노력했다.

중국에서는 선덕宣德 연간인 15세기 전반경1426 백토고령토가 나는 경덕진 근처에 중앙 관요가 세워졌는데, 그것이 유명한 '어기창御器廠'이다. 원元대 이후 중국 자기의 70퍼센트 이상이 경덕진에서 만들어져서 유럽에까지 수출되었다.

조선에서는 중국이 전국의 사기장들을 모아 백토로 양질의 백자를 제작하고 있음을

백자상감모란문합 • 조선 16세기 전반
• 높이 16.5cm • 입지름 14cm • 개인 소장

알게 되었다. 당시 왕실에서는 백자를 가장 많이 필요로 했으며 왕의 식사와 대궐 내의 잔치를 담당했던 사옹원이 백자 제작을 책임지는 관청으로 선정되었다.

당시 도자는 전국의 도자소에서 제작되어 공물로 국가에 수납되어 사용되던 체제에서 국가가 필요로 하는 도자를 광주에 설치된 사옹원의 분원에서 직접 제작하여 사용하는 체제로 변화를 시도했다. 이러한 변화는 조선백자의 놀라운 발달을 가져온 반면, 조선분청자의 관용·어용에서 민간용으로의 전환과 쇠퇴화를 불러온 중요한 내적 요인의 하나가 되었다.

이미 세조 초에 광주의 가마에서 청화백자를 제작했다. 청화백자를 만들기 위해서는 보라색의 코발트 안료가 필요했다. 당시 중국에서는 코발트 청료青料를 멀리 아라비아에서 수입해서 쓰고 있었다. 원대와 명 초기에 아라비아 지역과 교류하기 시작하면서 아라비아산 코발트가 수입되었다. 당시에는 중국 측이 아라비아에서 수입한 코발트를 조선 측이 다시 비싼 값에 구입해서 사용했다. 그러나 명과 아라비아의 관계가 악화되면서 코발트를 구입하기가 어려워졌다. 당시 중국에서는 아라비아산 대신에 중국산 청료를 사용했으나 그것도 구입하기가 어려운 실정이었다. 따라서 세조는 전국의 관찰사들에게 청료가 나는 곳을 조사하여 보고하라는 명을 내렸다. "전라도 관찰사

구치동丘致峒이 왕에게 올린 보고에 의하면, 강진과 순천에서 청료가 나오며 그 후 강진현에서 보낸 청료로 구웠더니 제대로 된 것이 나왔다"는 기록이 『예종실록睿宗實錄』에 나온다.

세종 연간에 어기御器로서 백자를 사용하게 된 것은 은기를 대신하려는 이유와 함께, 당시에 명으로부터 온 백자와 청화백자의 자극 때문이었다. 세조 연간에는 강진산 청화백자를 제작했고 왕실용 백자와 청화백자의 제작과 사용에 힘을 기울였다.

백자상감모란문병은 초기 백자의 예로 동부에 활짝 핀 모란꽃과 잎을 흑상감으로 나타낸 작품이다. 이와 함께 백자상감연화문완은 광주 우산리요에서 제작된 초기 상감백자완으로, 흑상감된 연꽃과 잎이 잘 어울리는 작품이다. 또한 백자상감모란문합은 외면에 적절히 모란과 잎, 줄기를 잘 어울리게 흑상감으로 시문한 반합의 예이다.

21

고려·조선 도자의 흐름과 찻사발

분원의 성립과
백자 찻사발

　세조와 성종의 치세 시기인 15세기 후반에는 조선시대 정치·사회·문화 등의 기본 법전인 『경국대전經國大典』이 편찬되었다. 또한 이 시기에 각종 사서史書와 지리지地理志가 출간되었고 유교 국가 체제가 완비되었다. 세조 연간의 불교문화 융성과 성종 연간의 유교문화 발전이 대조를 이루면서 관영 사기 공장으로서 분원이 성립하고 백자가 발달했다. 15세기 전반경에는 국가가 필요로 하는 도자를 전국의 도자소에서 토산공물로서 수납받아 사용했으나 15세기 후반1467부터는 분원을 경기도 광주廣州에 설치하고 국가가 필요로 하는 도자를 국가가 직접 제작하여 사용하는 쪽으로 변화해 갔다. 이러한 관어용 도자의 생산과 수요에 따른 경제 구조의 변화는 그 당시 도자의 종류와 질을 크게 변화시켜 조선시대 분청자의 소멸과 백자의 발달에 중요한 원인이 되었다.

　고려 말인 1389년의 기록에는 "사옹방司饔房에서 매년 각 도에 사람을 보내 대궐에서 쓸 자기의 제조를 감독한다"고 했다. 조선 초인 1401년에는 "사옹방이 담당하는 각전各殿 소속의 그릇이 없어지거나 파손되어 납입 감독을 충분히 해야 한다"고 했으며, 1417

백자태항아리
- 조선 15세기 후반(1481년)
- 높이 47cm · 입지름 23.5cm
- 이화여대박물관 소장

년에는 호조의 상소문에서도 "사기 공납 업무를 총괄하는 부서가 사옹방이다"라고 했다. 세조 13년1467 4월에는 사옹방을 사옹원으로 개칭했다. 왕의 식사와 대궐 내 연한 일을 맡은 관청으로서 사옹방이 고려의 제도를 따라 존속해 오다, 사옹원으로 개칭된 것이다. 방房이 원院으로 개칭된다는 것은 기구의 확장을 의미하므로 중요한 변화라 할 수 있다.

조선 왕조의 중심 법전 『경국대전』은 세조 6년1460부터 편찬되기 시작하여 세조 12년1466에 초판본이 편찬되었다. 계속된 개정과 교정을 거쳐 성종 원년1469에 반포되었으며 성종 16년1485에 모두 완성되었다.

1469년의 『경국대전』「공전工典」 사옹원조에 사옹원 소속의 사기장 380명이 명시되어 있다. 『경국대전』 초판본이 성립되는 1466년부터 완성되는 1469년 사이에 기록된 것으로, 1467년 4월에 사옹방이 사옹원으로 개칭되면서 녹관祿官을 두고 규모가 확장되었음을 알 수 있다. 그때 관영 사기 공장으로서 사옹원의 분원이 설치되었을 것으로 추정된다.

사옹방은 조선 초부터 계속 어용 자기를 관리해 왔으며 명明의 자극이 1440년대 이후부터 백자 제작과 1460년대 토청土靑에 의한 청화백자 제작으로 이어졌다. 이러한 사실을 보다 잘 보여주는 것은 1486년 『동국여지승람東國輿地勝覽』 광주 토산물조의 "매년 사옹원 관원이 화원畵員을 이끌고 와서 어용지기御用之器를 감조監造한다"는 내용이다.

『동국여지승람』은 성종의 명으로 1476년에 만든 『팔도지리지八道地理誌』에 우리나라 문사의 시문을 모아 첨가하여 1481년에 50권으로 완성한 것이다. 이후 그 내용을 다시 수정·보충하여 개수改修한 것이 1486년의 『동국여지승람』이며, 그 후 1531년에 이행李荇 등에 의하여 거듭 증보되어 나온 것이 『신증동국여지승람新增東國輿地勝覽』 55권이다.

1486년에 찬술된 『동국여지승람』 전국 주군州郡조의 토산물조에 기록된 도자소는 모두 47개소로서 이는 『세종실록지리지』에 기록된 324개소에 비하면 훨씬 적다. 이 기록이야말로 국가가 필요로 하는 도자기를 국가가 직접 생산하는 관영 사기 공장으로서 분원이 광주에 설치되었음을 보여준다. 분원이 1467년 4월에 성립되어 백자 제작을 전담하면서 백자의 발달이 촉진되었다.

15세기 후반경의 백자 자료로는 다음의 예가 있다.

1458년에 제작된 성종대왕백자태항아리는 내항內缸으로 회백색의 유약이 시유된 장신의 몸체에 네 귀가 달렸고 뚜껑에는 연봉형의 꼭지에 구멍이 나 있다. 이러한 형태는 이후 백자태항아리의 규범이 되었다. 1462년 제작된 인성대군백자태항아리는 내항으로 장신의 홀쭉한 몸체를 지녔으며 어깨 위에는 네 귀가 달렸고, 뚜껑 중앙에는 연봉형의 꼭지가 달렸다. 1466년에 제작된 것으로는 백자상감지석誌石과 백자상감초화문편병, 백자탁잔이 있다. 아백색의 연질 백자상감묘지로 위패형이며, 회백색의 편병, 밝은 유색의 백자잔, 접시형 받침이 출토되었다. 1467년의 백자상감윤증지석은 짙은 회백색의 백자로 제작되었다. 1468년의 백자철화정선지석에도 짙은 회백색의 백자유가 시유되었으며 철화로 지석의 내용이 쓰여 있다.

백자'현(玄)'명발 • 조선 16세기 전반
• 높이 11.8cm • 입지름 21cm • 개인 소장

이 백자 자료들과 비교하여 유사한 백자를 제작했던 광주 일대의 우산리 2호·4호·5호, 번천리 1호·2호·3호, 건업리 1호 요지 출토의 백자와 상감백자편들이 1450년 전후의 가마의 것으로 추정된다. 특히 우산리 2호·4호 요지 출토의 갑발편들과 청자편들로 보아 1460년대의 분원 성립과 관련 있는 가마로 보인다.

백자흑상감의 초문, 연화문, 모란문 편과 '내용內用' '내국內局' 명이 출토되며, 아직 '천天' '지地' '현玄' '황黃' 명은 출토되지 않는다. 회색과 회백색의 백자 유약이 시유된 것으로 위의 명문 자료들과 비교하면 이들 가마는 광주 일대에 본격적인 관영 사기 공장인 분원이 들어서기 전후의 요로 추정된다.

관음리 21호, 귀여리 11호, 도수리 2호 요지 등은 1470년대, 1480년대, 1490년대의 요지로 추정된다. 관음리 21호 요지에서는 양질의 백자와 인화문백자, 상감백자, 청화백자, 조선청자, 갑발편이 출토되며, 귀여리 11호 요지에서도 양질의 백자편과 함께 봉황의 꼬리가 그려진 청화백자편, 조선청자편, '지地' '황黃' 명이 음각된 백자발, 접시편이 함께 발견되었다. 도수리 2호 요지에서도 양질의 백자편들과 '천天' '현玄' 명이 음각된 백자발, 접시편, 조선청자편이 발견되고 있어 같은 성격의 가마였음을 알려준다.

현존하는 백자 자료 중에 1481년의 백자태항아리내·외항와 1482년의 왕자 수장의 백자태항아리외항, 1484년의 안양군백자태항아리내·외항와 1485년의 백자태항아리, 1487년의 백자철화지석과 1488년의 백자청화해시계, 그리고 1489년의 백자청화송죽문'홍치2년'명호, 1490년의 백자철화박성량지석, 1494년의 영산군백자태항아리 등이 남아 있다. 이 백자태항아리들은 짙은 회색을 띠며 장신의 몸체에 내·외항을 갖추고 있다. 1484년 백자태항아리의 뚜껑부터 색이 점차 밝아지고 있다. 유색이 설백색으로 밝아진 1489년의 백자청화송죽문'홍치2년'명호는 수입된 청료靑料로 송죽문이 시문된 새로운 장신형의 백자항아리이다. 이 항아리와 같은 설백색의 백자 유색은 이전의 어느 예에서도 없는 것으로 관음리 21호와 귀여리 11호 요지 출토의 설백색 백자편과 유사하다. 1463년, 1464년에 토청土靑에 의한 청화백자 제작이 시도되어 1469년 강진에서 나는 청료로

백자청화매조문병 • 조선 15세기 후반
• 높이 32.9cm • 입지름 8.5cm • 이헌 소장

청화백자를 제작했으나 그 후 토청에 관한 기록이 없다. 그리고 1472년과 1477년에 "청화백자를 중국에서 은밀히 가져와서 대신, 기생, 부호에 이르기까지 사용하여 그 위법의 폐해가 크므로 금지할 것을 간했다"는 기록과 1478년에 "상의원尙衣院에서 쓰는 회회청回回靑의 소비량이 매우 크다는 지적이 있었다"는 기록이 있다. 그러므로 1480년대에 들어서는 중국에서 수입해 온 청료로 청화백자를 제작했다.

1480년을 전후해서 명대 초의 청화백자에 보이는 송죽문과 매죽문 등이 청화백자에 그대로 나타나, 당시 성현의 『용재총화』에 "중국의 청화백자와 다름이 없었다"는 내용과 부합된다.

현존하는 초기 청화백자의 작품들은 1467년 분원이 성립된 후 1470년대, 1480년대, 1490년대의 광주 관음리, 귀여리, 도수리 요지에서 제작되었던 것으로 추정된다. 따라서 15세기 후반경에는 상감백자, 청화백자, 회백자 등의 찻사발들이 광주 일대 및 고령, 남원 등지에서 제작되어 사용되었음을 짐작해 볼 수 있다.

고려・조선 도자의 흐름과 찻사발

22

16세기 전반의 백자와 찻사발

　16세기 전반에 들어서면서 백자의 발달은 더욱 촉진되며, 양질의 백자와 청화백자가 15세기 후반을 이어서 더욱 발전해 나갔다.

　16세기 초 광주의 관영 사기 공장으로는 도마리 요지를 들 수 있다. 도마리 요지에서는 소나무, 국화, 매화, 보상당초문, 시문詩文 등이 쓰인 청화靑畵 전접시, 잔, 호의 편들과 양질의 백자사발, 접시, 전접시, 호, 병, 합, 완, 잔 등의 다양한 기형들이 출토되었다. 이들은 유약과 태토가 정선되었고 매우 정교하게 제작되었다. 가는 모래 받침으로 번조된 굽을 지닌 상감백자, 상감청자, 백자 태토의 청자편들도 발견된다. 사발이나 완의 경우에는 구부가 넓게 외반되었고, 내저에 넓은 원각圓角이 깎여 있으며 기형은 풍부한 양감을 지니고 당당하며 정제되었다. 사발, 완, 접시의 굽 안 바닥에 대칼로 기면과 유면柚面을 음각하여 쓴 '천天' '지地' '현玄' '황黃' 명이 있어 주목된다. 이들의 의미는 명확하지 않으나 한 요지에서 함께 섞여서 출토되고 있어 가마 내에서 번조되기 전에 구분하기 위해 감조된 기호로 보인다.

백자호 • 조선 16세기 전반 • 높이 17.5cm • 개인 소장

16세기 초에 편찬된 『신증동국여지승람』 광주목조에서는 "광주에 사옹원의 관리가 매년 화원을 데리고 가서 어기御器를 제작했다"고 밝혔다. 16세기 초에 성현이 지은 『용재총화』에는 "매년 사옹원의 관원이 좌우변으로 나뉘어 각기 서리書吏를 인솔하고 봄부터 가을까지 사기를 감조하여 어부御府에 수납하고 그 공로에 따라 하사품을 내리기도 한다"는 기록도 있다. 이로 보아 '천' '지' '현' '황' 명은 어부인 경복궁景福宮 근정전勤政殿 회랑에 있는 '천자고天字庫' '지자고地字庫' '현자고玄字庫' '황자고黃字庫' 용에 수납되기 위해 구분해서 쓴 명문으로 추정된다.

도마리 요지에서 출토된 백자 도편 중에 '을축팔월乙丑八月'명 도봉이 있어 1505년을 전후하여 10여 년간 제작 활동을 했다고 추정된다. 분원은 도마리 요지에 이어 광주의

백자사발 • 조선 16세기 전반 • 높이 10.2cm • 입지름 16.2cm • 호림박물관 소장

무갑리 요지와 학동리 요지를 거쳐 우산리 9호 요지와 번천리 9호 요지로 이동해 갔던 것으로 보인다.

16세기 전반경의 백자 편년 자료들로 1501년, 1505년, 1508년의 백자태항아리와 백자청화지석은 도마리 요지 출토의 백자와 청화백자편과 비교되며 서로 비슷하다.

1512년, 1528년, 1530년, 1538년의 백자태항아리 내·외항 는 풍만한 몸체와 밝은 유색으로 가장 뛰어난 백자의 모습을 보여주어 주목받는다.

1516년, 1527년, 1532년, 1549년의 백자음각지석들과 명기 明器 역시 이 시기에 청화나 철화의 안료 없이 음각백자의 지석들이 주로 제작되었음을 보여준다.

1510년대, 1520년대, 1530년대 분원의 요지로서 비견되는 곳은 광주 무갑리 2호 요지, 학동리 14호 요지, 그리고 열미리 5호 요지로 추정된다. 이들 요지에서는 '천' '지' '현' '황' 명 사발과 양질의 백자, 청화백자, 상감백자, 청자의 사발, 완, 대접, 접시, 호, 병, 전접시 편들이 출토된다. 유약과 태토가 정선되고 정교하게 제작된 백자는 이들 요지가 광주 일대에서 가장 우수한 백자가 만들어진 곳이었음을 알려준다. 이 시기 백자태항아리들이 1512년, 1528년, 1538년경의 백자 모습을 그대로 보여주고 있어 이 점을 뒷받침해 준다.

1992년 이화여대박물관에서 발굴 조사한 우산리 9호 요지에서는 모두 3기의 요窯와 퇴적층이 확인되었다. 이곳에서는 양질의 백자와 청화백자, 청자의 호, 병, 사발, 완, 전접시, 잔, 합, 장군, 편병, 제기 등과 함께 청화의 운룡문雲龍紋이 그려진 항아리편들, '천' '지' '현' '황' 명과 '임인壬寅'명의 백자음각묘지편이 발견되었다.

현존하는 백자음각지석들은 1516년, 1527년, 1532년, 1549년, 1553년, 1559년의 예들로 1510년대에서 1550년대에 집중적으로 남아 있어 '임인'명백자지석이 16세기 전반인 1542년의 것임을 알려준다. 이로써 우산리 9호 요지가 1505년 중심의 도마리 요지 출토 백자편들과 1552년 중심의 번천리 9호 요지 출토 백자편 사이의 1542년을 중심으로 한 10여 년간의 요지임이 밝혀졌다.

광주 번천리 9호 요지는 1998년, 1999년 이화여대박물관에 의해 발굴 조사되었다. 조사 결과, 가마를 확인함과 동시에 양질의 백자편을 다량 수습했다. 양질의 백자편에 '천' '지' '현' '황'이 음각되어 있었으며, 백자 태토의 청자들과 청화백자편들이 함께 출토되었다. 백자음각지석편도 발견되었는데, 가정嘉靖31년1552백자지석은 번천리 9호 요지가 1552년을 중심으로 하는 가마였음을 알려주었다. 특히 백자청화천마문뚜껑편은 국내에서 처음으로 발견되었으며, 양질의 백자사발, 전접시, 잔, 완, 접시 편 등이 다양하게 출토되었다.

발굴 조사된 가마의 길이는 약 20m, 폭 2m이고 경사도는 11도이다. 가마 안에서는 약 6m 간격으로 네 곳에서 불창 시설이 발견되었고 가마 안 바닥 전면에는 지름 9cm의 원형 도지미도자기를 번조할 때 쓰는 받침가 깔려 있었다.

백자를 제작하기 위한 작업장으로 흙의 수비水肥, 연토鍊土, 건조, 저장에 사용되었던 공방 시설도 발견되었다. 백자사발의 경우 구부가 외반되었고 동체가 S자 곡선을 이루었으며, 그릇 안 바닥에는 넓은 원각이 깎여 있었다. 비슷한 시기의 가마로 번천리

5호 백자 요지가 1985년 12월 이화여대박물관에 의해 발굴 조사되었다.

번천리 5호 백자 요지의 가마는 총 길이 23m, 폭 1.7~2.2m 크기의 연실식 등요登窯인데 경사는 10도로 완만하다. 가마 바닥에는 생토 위에 모래를 깔고 진흙을 섞어 다졌으며, 번조 시에 붉게 익어 단단하게 굳어 있었다. 그 위에 직경 8~9cm의 둥근 도지미를 깔고 구웠다.

가마 벽은 아래쪽을 잡석으로 다진 후 그 위를 진흙으로 쌓아 올렸고, 외벽은 생토 위에 잡석을 진흙과 섞어서 쌓아 올렸다. 천정은 두께 3~5cm의 진흙 벽으로 내면에 백토를 발랐으며, 가마 내에서 출토된 둥근 벽편으로 보아 아치형이었을 것으로 추정된다. 작업장은 서쪽에 위치하며 10m×20m의 면적에 두 개의 석축 온돌 구조와 그 주변의 작업장 흔적이 남아 있다. 출토된 유물은 백자청화전접시편, 백자철화선문희준편, 그리고 대부분의 무문백자편들이었다. 그릇의 형태로는 병, 호, 장군, 고족배, 잔, 접시, 제기, 사발, 완편 등이 있었다.

백자들은 역삼각형 굽에 가는 모래를 받쳐 구운 것과 죽절 굽에 태토 빚음 받침을 받쳐 구운 것이 대부분이었다. 이 중 백자사발은 구부가 약간 외반되고, 동체가 둥글게 벌어졌다 굽으로 이어진 모습이었는데, 큰 것과 작은 것이 함께 제작되었으며 내저 바닥에는 둥근 원각이 깎여 있었다. 이러한 백자사발 중에서 작은 것이 찻사발로 사용되었다고 짐작된다.

16세기 전반은 조선 성리학이 발달함에 따라 전국적으로 서원이 성립되고 향약이 보급되어 사림士林들의 세력이 확대된 시기이다. 이에 따라 백자가 실생활에 널리 쓰이게 되었고 분청자의 백자화가 계속되어 백자에 흡수되는 현상을 보였다.

이 시기의 가마터에서는 드물게 귀얄분청자, 덤벙분청자와 함께 백자가 주로 발견되는데 덤벙분청자와 백자는 구별이 어려울 정도로 기형과 유색이 닮아가고 있다. 현존하는 백자반합, 백자병, 백자사발, 백자항아리, 백자접시, 백자청화매조문항아리와 병, 백자청화운룡문병 등 뛰어난 백자와 청화백자의 수많은 작품들이 이 시기의 것으로 추정된다. 1505년경의 광주 도마리 가마터, 1542년경의 광주 우산리 가마터, 1552년경의 광주 번천리 9호 가마터, 1554년경의 광주 번천리 5호 가마터에서 발견된 청화백자항아리편, 접시편, 백자사발편 등이 이를 뒷받침한다. 이들은 가는 모래 받침을 받쳐 구운 굽다리를 지니며, 사발이나 대접, 완의 경우 구부가 넓게 벌어졌고, 안쪽 바닥에 넓은 원각이 깎여 있으며 맑은 백색의 유색을 띠어 백자의 전성기였음을 보여준다.

이렇게 왕실과 관청 및 사대부층에서 차를 마실 때 널리 사용했을 백자사발의 크고 작은 작품들이 우아한 모습을 간직한 채 남아 있다. 이 시기를 살았던 유학자요 문인이었던 한재寒齋 이목李穆, 1471~1498은 『다부茶賦』의 끝 부분에서 차인茶人을 뛰어넘어 도인道人의 경지에 다다랐음을 보여주었다.

내가 세상에 태어나서 풍파가 모질도다
양생養生에 뜻을 두니 차를 버리고 무엇을 구하랴
나는 차를 지니고 다니면서 마시고, 차는 나를 따라 노니
꽃피는 아침 달 뜨는 저녁에 즐겁기만 하네
신령스런 기운이 움직여 묘한 경지에 들어
즐거움은 다스리지 않아도 저절로 이르게 되도다
이것 역시 내 마음의 차茶이거늘
또 어찌 반드시 차에서 구하리오

16세기 후반의
도자와 찻사발

    16세기 후반은 명종과 선조의 치세 시기로 특히 선조 연간에 임진왜란壬辰倭亂, 1592~1598이 일어나 정치·경제·사회·문화의 면에서 큰 변화를 가져왔다. 명종 즉위년인 1545년에 을사사화乙巳士禍가 일어나고, 선조 대에 붕당정치朋黨政治가 시작하면서 동인東人과 서인西人이 나뉜 정국이 계속되었다.

    향약의 보급과 서원의 발전은 성리학 발달을 촉진시켜 백자의 생활화를 가져왔으며, 백자화가 계속되어 분청자가 백자에 흡수되는 현상이 일어났다.

    이 시기의 분청자 요지에서는 드물게 귀얄분청자, 분장분청자와 함께 연질백자가 발견되는데, 분장분청자와 연질백자는 구별하기 어려울 정도로 기형과 유색이 서로 닮았다.

    연대 있는 자료로는 분청자분장'가정19년'명묘지1587가 있는데, 전라남도 함평군 대동면 향교리에서 일본강점기에 조사된 후 매장되어 사진도 없고 상태만 서술되어 있어, 분장분청자인지 연질백자인지 확실하지 않아 재고를 요한다. 또한 이 시기의 연질

백자들로는 경상남도 진해 두동리, 하동 백연리 요지에서 제작되었다고 추정되는 찻사발들이 있다. 그 당시 일본에서 쓰인 조선다완을 대표하는 이도다완井戸茶盌도 이러한 연질백자의 한 예이다.

진해 두동리 요지는 2001년에 시굴을 거쳐 2002년에 발굴 조사되었다. 발굴 결과 6기의 가마와 폐기물 퇴적층이 조사되었는데, 퇴적층은 심하게 교란되어 있었다. 2호 가마는 길이 24.5m, 폭 1.3m 크기로, 25도의 경사면에 축조된 오름 가마였다. 계단의 흐름을 타고 불기둥이 번조실 중앙에 하나씩 설치되었음이 가마 바닥에서 확인되었다. 이와 같은 구조는 공주 학봉리 요지에서도 이미 확인된 바 있다.

출토 유물은 16세기 전반과 중반 무렵의 분청자들과 백자들로 사발과 접시가 대부분이었다. 엷은 인화문 위에 백토 분장을 했거나, 붓으로 칠한 귀얄분청자의 사발들이 연질백자들과 함께 출토되었다. 이 연질백자의 사발과 접시는 분청자보다는 태토의 철분 함유량이 적고 백자 제작에 더욱 힘을 기울였음을 보여준다. 이로써 분장분청자에서 연질백자로 이행되어 가고 있음을 알 수 있다.

하동 백연리 가마터는 1985년 국립경주박물관에서 실시한 지표 조사를 통해 알려졌으며, 그중 1호 요지가 2001년에 발굴 조사되었다. 발굴 결과 가마와 퇴적층은 모두 훼손되고 교란되어 있어서 도편 일부만 수습했다. 출토 도편은 귀얄분청자와 분장분청자의 사발들과 접시들, 연질백자와 경질백자 편들이었다. 내화토 빚음 받침으로 포개 구운 사발과 접시의 연질백자편들이 찻사발의 특징들을 잘 보여준다.

이러한 이도다완류의 연질백자는 요지에서 분장분청자와 함께 발견되고 있으며 일본에 남아 있는 문헌 자료로는 1570~80년대의 도자로 추정되고 있어 주목된다.

강경인 교수光州陶瓷文化院가 행한 경남 지방 연질백자 제작 기술에 관한 과학적 연구에 의하면, 태토는 특성상 다공성의 치밀하지 못한 조직과 흡수율이 높다. 연질백자는 점토와 석영, 점토와 장석 계통의 태토 조성으로 이루어졌으며, 내화도가 높은 원료를 사용했음을 보여준다.

연질백자는 높은 흡수율을 지니게 되면서 단열과 내열의 기능성을 갖춘 도자기로 사용되었다. 일본에 남아 있는 조선다완이 주로 연질 계통의 백자였음이 주목된다. 이러한 연질백자는 지리산과 낙동강이 위치하는 주변 지역의 지질학적 상황이 뒷받침된 태토와 유약을 바탕으로 제작되었다.

16세기 후반의 백자 편년 자료로는 1553년의 김이려백자묘지, 1554년의 광주 번천리 5호 요지 출토의 백자음각묘지, 1559년의 한기백자음각묘지, 1568년의 백자청화숙의 윤씨묘지, 1569년의 백자전성군묘지와 백자호, 1583년의 백자철화정대년묘지, 1589년의 백자청화광천군묘지와 백자호, 1591년의 백자청화한종위묘지, 그리고 만력년제萬曆年製, 1573~1619백자청화초화칠보문명기류 일괄 등을 들 수 있다.

이 편년 자료들을 살펴보면, 1550년대에는 백자음각묘지 제작이 1560~80년대에는 철화백자와 청화백자의 제작이 활발했음을 알 수 있다. 특히 1554년 전후의 광주 번천리 5호 요지 출토의 백자 중에서 기형으로는 사발, 접시, 대접, 병, 합, 호, 제기, 잔 등과 백자철화희준, 백자청화매화문전접시편 등이 있다. 이들은 모래 받침과 태토 빚음 받침으로 받쳐 구워졌으며 회백색, 담청백색 유색을 띠고 대마디 굽을 이루었다.

이 중에서 백자철화선문희준, 백자제기 등이 존재하며 철화 기법이 사용된 점과 여

백자제기(궤)
• 조선 16세기 후반 • 높이 15.3cm • 입지름 21.3cm
• 일본 오사카시립동양도자미술관 소장

백자잔, 고족배, 완들 • 조선 16세기 후반 • 국립중앙박물관 소장

백이 있는 청화백자의 매화문전접시 등으로 보아, 현존하는 여백 있는 청화백자의 매조문병들과 완들이 1550년대를 전후하여 제작되었음을 알 수 있다.

그리고 1569년 백자전성군묘지와 함께 출토된 백자유개호의 경우, 연봉오리 모양의 꼭지 있는 뚜껑과 안으로 숙여 세워진 구부 및 어깨에서 팽창되었다 좁혀져 세워진 저부의 항아리 형태는 현존하는 백자청화매조문호가 이 시기를 전후해 제작되었음을 알려준다. 또한 1589년의 백자광천군묘지와 함께 출토된 백자유개호의 변화를 통해 현존하는 많은 호의 예들이 이 시기를 전후로 하고 있음을 알 수 있다. 만력년제백자청화초화칠보문명기류의 탁잔, 주전자, 합, 호, 완, 전접시 등도 1580년대의 것으로 추정되며, 깔끔하고 간결한 초화문草花紋과 칠보문七寶紋 등이 이 시기에 유행했음을 보여준다.

이 시기의 대표적인 가마터로는 광주 일대의 곤지암리, 열미리, 대쌍령리, 관음리, 무갑리의 요지를 들 수 있다. '좌左' '우右' '별別' 명이 출토되는 곳으로서 양질의 백자 외에도 대마디굽과 오목굽의 백자가 그 주변에서 발견되고 있다. 이처럼 16세기 후반에는 점차 철화백자의 예가 많아지며 명기明器류들로 남녀인물상, 말, 가마와 소형의 병,

흑유완, 소호, 소병들 •조선 16세기 후반 •연세대박물관 소장

호, 완, 향로, 주자, 대야, 잔, 연적 등의 다양한 기형이 보인다.

백자는 유색이 회백색으로 짙어지고 기벽이 얇아졌다. 청화백자나 철화백자의 경우 문양의 공간이 확대되어 여백이 있으며, 초화문, 칠보문, 포도문, 송하인물문 등이 새롭게 시문되었다.

16세기 후반에는 고려다완高麗茶盌이라고도 하는 조선다완이 일본에 전해져서 널리 사랑받았다. 조선다완이란 이름은 차 관련 문헌인 『다회기茶會記』1537에 처음으로 보인다. '다회기'란 날마다 열린 차회에 사용되어 온 다도구茶道具를 기록한 다도茶道의 일기라고 할 수 있다. 이 문헌은 차 관련 미술을 연구하는 사람들에게 16세기 다도와 다완을 파악하는 데 없어서는 안 될 자료로서 중시되고 있다.

조선다완이 일본에서 적극적으로 선호되어 유행한 시기는 모모야마桃山시대의 텐쇼天正 연간1573~1592이었다. 일찍이 조선다완에 대한 연구는 전세품傳世品을 대상으로 한 방법에 한정되어 있었는데, 1980년대 후반부터 고고학적 조사가 추가로 실시되면서 일본 유적 출토의 자료가 연구를 크게 진척시켰다. 그 계기는 후쿠이福井 현의 이치죠다니 아사쿠라시一條谷朝倉氏 유적에서 꽤 많은 양의 조선다완이 출토되고부터였다.

아사쿠라시 유적은 1573년 오다 노부나가織田信長 군에 의해 하룻밤 사이에 함락되어서 그 출토 자료가 방대하다. 그 자료 중에는 조선 도자기도 많이 포함되어 있다. 주로 15~16세기 분청자류이며 이도, 토토야斗斗屋, 소바蕎麥, 카타테堅手 등의 조선다완편도 다수 출토되고 있다. 이러한 종류의 조선다완이 늦어도 1573년에는 전래되고 있었다는 것이 실증되었다. 또한 이 유적이 학계에 보고됨에 따라 지금까지 거의 방치되고 있던 각지의 유적에서 출토된 한국 도자가 새롭게 인식되어 알려지게 되었다. 교토, 오사카, 시가滋賀, 사카이堺 등에서 각기 유적 연대에 부합하는 각종 조선다완들이 출토되고 있다. 이들이 조선다완 연구에 커다란 역할을 다하고 있어, 그 연구가 더더욱 발전할 것으로 기대된다.

일본에 남아 있는 조선다완

'조선다완'이란 한국에서 제작되어 일본에서 찻사발로 이용되어 온 다완의 총칭으로, 대부분 조선시대에 제작되었다. 일본에서는 예부터 한국에서 전해진 문물을 고려高麗란 문자로 표현해 왔기에, 고려다완이란 이름이 널리 사용되어 온 것이다.

조선다완이라는 이름이 차와 관련된 문헌 자료인 『다회기』 「송옥회기松屋會記」에 처음 등장한 것은 텐몬天文 6년인 1537년의 일이다. 1537년은 15세기 말부터 싹튼 와비侘び의 다풍茶風이 점차적으로 형태를 갖추기 시작할 무렵이다. 당시에는 중국제 다도구를 많이 사용하여 조선다완은 그렇게 많지 않았다. 그 후 다도가 폭넓게 유행함에 따라 『다회기』에 기록된 다회의 횟수도 증가하며, 이러한 시기에 사용된 조선다완은 귀얄분청자, 덤벙분청자 등으로 추측된다.

조선다완이 적극적으로 선호되어 유행하는 것은 모모야마시대의 텐쇼 연간부터였다. 와비의 다풍을 배경으로 조선다완을 선호하는 다풍이 일어났다.

분청자덤벙찻사발(粉引茶盌)
• 조선 16세기 • 입지름 13cm • 일본 개인 소장

현재 일본에 전해진 조선다완의 종류와 특징을 아카누마 타카赤沼多佳의 『고려다완高麗茶盌』에서 살펴보면 다음과 같다.

1) **운가쿠**雲鶴 고려시대 상감청자의 기법을 이어받았으며, 구름과 학의 상감 문양이 있어서 운가쿠란 명칭이 붙여졌다. 전세품은 드물며 또한 고려시대로 올라가는 작품은 없다.

2) **쿄우겐바카마**狂言袴 고려 상감청자의 기법을 써서 완의 외측에 커다란 원문圓文을 시문한 것으로 겉에 입는 아래옷의 문양과 비슷하다고 하여 붙여진 명칭이다. 전세품은 희소하며 통형이다. 조선다완 중에서 가장 오래된 작품이다.

3) **미시마**三島 분청자의 일종으로 안쪽 면에 인화문을 시문한 후에 귀얄로 백토 분장한 것을 말한다. 경상남도 각지의 가마에서 16세기 전반경에 제작된 것으로, 오래전부터 일본에 전세된 다완은 의외로 적다.

4) **하케메**刷毛目　분청자의 일종으로, 백토를 귀얄 붓으로 칠해 농담을 음미하는 다완이다.

5) **무지하케메**無地刷毛目　백토를 분장할 때에 귀얄 붓을 이용하지 않고 부어서 만든 것으로 귀얄 자국이 없는 데서 온 명칭이다. 오래된 전세품은 적다.

6) **코히키**粉引　분청자의 덤벙 기법을 쓴 것으로 흰색의 유층이 아름다우며 부드러운 느낌이다. 분粉이 흘러내린 것처럼 보이기 때문에 붙인 명칭이다. 고흥 운대리 가마가 제작지로 확인되었다. 전세품은 적으며 특히 귀중하게 취급된다.

7) **카타테**堅手　백자 태토의 다완으로 단단한 질감에서 온 명칭이다. 백자의 딱딱한 질감은 다도의 세계에서 그다지 호평받지는 않았다. 그러나 카타테의 경우, 지방요에서 부드럽게 구워진 것은 깊은 맛을 지닌다는 이유에서 다완으로 호평을 얻었다. 기형은 다양한 편이다.

8) **아마모리 카타테**雨漏堅手　카타테이지만 오래 전해지면서 기포에 수분이 들어가 부분적으로 색이 변화한 것이다. 비 내리는 것과 비슷한 정취가 있어 붙여진 이름이다. 기형은 일정치 않다.

9) **아마모리**雨漏　아마모리 카타테와 똑같이 오랜 시간 동안 전래되어 오는 가운데 우러나 색이 바뀌게 된 것으로 도태陶胎의 것이다.

10) **이도**井戶　조선다완 중에서도 가장 격이 높다고 하는 다완으로 형태와 제작 방법에 따라 오오이도大井戶, 아오이도靑井戶, 코이도小井戶, 코칸뉴小貫入라고 나누어 부른다.

진해 두동리 요지 출토 도편
• 조선 16세기

    이도다완을 제작한 가마는 경남 창원군 두동리에서 확인된다.

· 오오이도는 안쪽 바닥이 깊고 큰 다완으로 명물이 많다.

· 아오이도는 거의 허리가 없는 나팔꽃형 모습이 특색이다. 유약 색깔이 청색을 띤 것이 있기에 붙여진 명칭으로, 산화염 번조로 밝은 유색을 띠게 된 것도 있다.

· 코이도는 이도 중에서 오오이도, 아오이도 이외의 것을 말한다. 때문에 코이도의 기형은 다양하다. 코이도류의 다완으로 유빙렬이 특히 세밀하고 아름다운 것은 코칸뉴라 부른다.

11) **이도와키** 井戶脇   이도와 비슷한 유색과 형태를 한 점에서 '이도의 갈빗대'란 의미로 부른다. 그러나 자세히 보면 유질釉質과 태토 등이 이도와 다르며, 이도의 매력을 가진 것은 적다.

12) **소바** 蕎麥   명칭의 유래는 불분명하지만 유질은 이도와 가깝고, 기형은 토토야와 비슷하다. 얕게 열린 기형으로 굽다리 옆에 독특한 부풀림이 있으며, 내저면에도 선명하게 단이 지어져 있다. 유약 색깔이 푸른빛과 붉은빛으로 변화한 것이 있다.

웅천찻사발(熊川茶盌)
• 조선 16세기 후반 • 입지름 13.7cm
• 일본 개인 소장

13) **토토야**斗斗屋 토토야魚屋라고도 표기한다. 유래는 불분명하지만 이미 에도江戶시대 초기부터 사용된 명칭이다. 내저면이 깊은 것과 얕은 것이 있으며, 태토는 약간 거친 백토와 철분이 많고 고운 것이 있고, 그중에는 유약 아래에 철사 안료를 바른 것도 있다. 받침 눈이 작고 수가 많다.

14) **가키노헤타**柿の蔕 바깥 면에 칠해진 유의 발림이 얇기 때문에 마치 초벌구이 같은 소박한 색조를 보이는 다완이다. 그러나 내저면에는 황갈색의 유가 두껍게 씌어져 있으며 형태도 독특하여 허리가 비스듬히 높게 쳐들어져 있다.

15) **타마고데**玉子手 동체에 둥근 맛이 있고, 구연 끝이 외반한 기형으로 유색이 계란껍질 같은 색이어서 붙여진 이름이다. 굽 주변에 유약이 발리지 않았고 철분이 많은 흑갈색의 태토가 보인다. 전세품은 극히 적다.

16) **코모가이**熊川 '웅천'이란 명칭은 원래 경상남도의 지명인데 이것이 다완의 명칭이 된 유래는 불분명하다. 허리가 둥글고 구연 끝이 강하게 외반된 모양이 특색이며, 대부분의 굽 주변이 노태露胎 상태이다. 태토의 질이 똑같지 않고 철분이 많은 적토와 거친 백토 등이 있다. 제작 방법에 따라 마코모가이眞熊川, 오니코모가이鬼熊川, 무라사키코모가이紫熊川 등으로 구분하여 부른다.

17) **고키**吳器 고키五器 혹은 고키御器라고도 쓰며 형태는 다양하다. 제작 방법에 따라 마고키眞吳器, 다이토쿠지고키大德寺吳器, 모미지고키紅葉吳器, 유우케키고키遊擊吳器, 키리고키錐吳器 등으로 구분하여 부른다. 다른 조선다완에 비해 이 형태의 것이 많고, 제기로서 만들어진 것이 일부 포함되어 있다. 경상남도 양산군의 가마에서 구워졌다.

18) **와리코다이**割高台 조선다완 가운데서 특이한 기법으로 만든 다완이다. 높은 굽다리에 칼로 잘라낸 부분이 있는 독특한 모습으로, 제기를 다완으로 선택한 것이다. 전세품은 극히 적으며 몇 가지 예를 볼 뿐이다.

고려·조선 도자의 흐름과 찻사발

임진왜란과 일본 큐슈 도자·1
― 카라츠唐津와 아가노上野

일본에서 임진왜란을 가리켜 '도자기 전쟁'이라 일컫듯, 조선 도자기 문화의 일본 큐슈九州 지방 이식은 일본에 미친 영향 중 가장 대표적인 것이었다. 오노 겐이치로小野賢一郎가 펴낸 헤이본사平凡社의 『도자전집陶瓷全集』에 의하면, 우선 임진왜란을 가리켜 왜 도자기 전쟁이라고 말했는지 알 수 있다. 이 시기를 계기로 일본 도자사가 새로운 국면으로 접어들었음은 이미 널리 알려졌다.

임진왜란 이래로 급속히 발전한 일본의 카라츠야키唐津燒, 사츠마야키薩摩燒, 하기야키萩燒, 아가노야키上野燒, 야츠시로야키八代燒, 아리타야키有田燒 등 수많은 도자기가 모두 임진왜란을 계기로 조선에서 끌려간 사기장들에 의해 이식되고 발전되었다. 전쟁이란 으레 문화를 이동시키고 혼합시키는 것이긴 하지만 한 번의 전쟁에서 어느 한 부분에 대하여 이처럼 구체적이고도 현저한 문화의 이식과 개화가 이루어진다는 것은 역사상 그 유래를 찾을 수 없다. 이는 단순히 도자기가 발달했다는 정도에 그치지 않고 일본 식생활사의 일대 변화를 의미한다.

카라츠수지(唐津水指, 차 물그릇) • 17세기 초 • 동경(胴徑) 20.2cm • 일본 개인 소장

조선의 도자는 찻그릇茶器, 음식그릇食器, 술그릇酒器 등 실용적 쓰임을 위해 발달했으며, 이런 점이 그대로 일본에 이식되어 다도의 일반화와 도자기류 식기 보급에 크게 공헌했다. 이때까지도 일본에서는 금, 은으로 장식용 식기를 만들거나 목기류나 칠기류 식기를 주로 사용했다.

카라츠 도자기

카라츠唐津의 명칭은 원래 한진韓津, 카라츠이었다. 아마도 고대 가야伽倻인들이 처음에 이곳과 관계할 때 '한민족의 나루터'라는 뜻에서 붙여진 이름일 것이다. 1368년경부터 한진을 '카라츠'라고 쓰기 시작했으며, 이전까지는 한진이라고만 불렀다.

카라츠는 일본 도자기의 발생지로서 우리 문화와 떼려야 뗄 수 없는 곳이다. 일본에서 도자기를 '카라츠모노唐津物'라고 하는 것도 이러한 역사를 반영한다. 일본의 도자기 역사상 유약을 발라 1,200도 이상의 고화도에서 구운 역사는 16세기 전후 이상으로 소급하지 못한다. 그리고 일본에서도 카라츠만이 임진왜란 이전에 도자기의 역사를 지니고 있었는데 이마저도 조선 도자와의 관련을 떠날 수 없었다.

카라츠 도자기의 기원이라 할 '키시타케코카라츠岸岳古唐津'는 두 주류를 가지고 있었다. 하나는 호바시라가마帆柱窯를 대표로 하는 것으로, 고탄藁炭이 주성분인 실투성失透性의 유약에 그 특징이 있으며 함경도 회령, 명천 부근에서 쓴 도자 제작 기법을 썼다. 다른 하나는 한도가메시타가마飯洞甕下窯를 대표로 하는 것으로 토회유土灰釉, 장석유長石釉, 이라보유伊羅保釉, 두드러기유, 철유鐵釉 등이 사용되었고 황갈색, 회청색, 유백색을 띠며, 경상도 김해, 울산, 웅천 등지에서 제작되었다. 이곳의 도자기들은 모두 유명한 왜구였던 마츠우라토松浦黨가 납치했던 조선 사기장들에 의해 구워졌다. 카라츠는 바로 마츠우라토의 기지였던 곳이다.

마츠우라 코카라츠古唐津의 옛 가마터는 대부분 현재 이마리伊萬里 시에 널려 있다. 1596년경에 조선 포로 사기장 미작彌作, 윤각청尹角淸, 우칠又七 등이 가마를 새로이 열었다. 타케오시武雄 코카라츠의 경우, 현재 타케오시 시 주변에 가마가 분포되어 있으며 코카라츠 중에서도 가장 많은 옛 가마터들이 남아 있다. 경남 김해에서 잡혀간 것으로 보이는 종전宗傳과 그 부인 백파산百婆山 등이 중심이 되어 시작했다. 1618년 종전이 죽자 그의 부인은 아들을 데리고 뒤를 잇다가 1631년 906명의 동족을 이끌고 아리타有田 히에코바稗古場로 이주했다. 이곳에서는 인화분청자, 철화백자를 본뜬 도자기들을 만들었다. 히라도平戶 코카라츠는 히라도 번주藩主가

조선 카라츠꽃병(朝鮮唐津花甁)
• 17세기 초 • 높이 17cm • 일본 개인 소장

조선으로부터 귀국하면서 거관巨關, 김구영金久永 등 125명의 사기장들을 납치해 오면서 성립되었다. 이들은 대개 경남 창원 웅천熊川 출신으로 처음에는 이곳의 흙으로 카라츠야키를 구웠다. 그러나 생활이 안정됨에 따라 조선백자의 색깔인 백색 자기를 시험하기에 이르러 적당한 백토가 발견되지 않자 귀얄분청자, 연질백자 등을 그 대용품으로 구워냈다.

카라츠야키의 옛 가마터들은 사가佐賀 현 일대에 200여 개소 이상이 남아 있고, 17세기 이후에는 류큐琉球 열도에 도자기가 수출되어 그곳에서도 카라츠 도자기를 본뜨기 시작했다.

예로부터 '첫 번째 이도井戶, 두 번째 라쿠樂, 세 번째 카라츠唐津'라고 일컬어져 왔으며 국내외에서 크게 환영을 받았다. 지금도 나카사토中里가家 13대를 중심으로 크게 발전하고 있는 카라츠 도자기는 일상생활 용기로 만들어졌기에 그 종류가 다양하며, 대개 질박한 것이 특징이다. 대부분 물레로 제작되었고 큰 것은 두드려 만드는 조선식 카라츠 특유의 방법이 쓰였다.

1643년 제5차 조선통신사의 『계미동차일기癸未東槎日記』에는 이곳 코카라츠로 보이는 도자기 마을을 조선 사신 일행이 지나갔다는 기록이 남아 있다. 이때 사신 일행은 히젠肥前의 나고야성名古屋城에서 하루를 지내고 하카타博多를 지나 섬을 향해 배를 탔으며 이곳 카라츠를 지나갔다. 이곳에는 "임진왜란과 정유재란丁酉再亂에 의해 포로가 된 사람이 많았고, 인가도 수백 채나 되는데 그들은 주로 사기沙器를 굽는 것을 생업으로 하고 있다"고 기록되었다.

아가노 도자기

아가노上野는 후쿠오카福岡 현에 속한 키타큐슈北九州의 지방이다. 에도 초기 이곳의 영주였던 호소카와 타다오키細川忠興는 유명한 차인茶人 리큐利休 문하의 제자였다. 그가, 1613년에 만든 아가노 도자기들을 자기 영지에서 열린 차모임茶會에 가지고 나왔다. 이

때 상당한 평가를 받은 만큼 당시 아가노 도자기가 인정받고 있었음을 알 수 있다.

아가노 도자기의 도조陶祖 존해尊楷는 부산 성주 존익尊益의 아들로 1598년 가토 키요마사加藤淸正에게 끌려와 히젠의 카라츠에 살았다. 1600년 호소카와가 부젠노쿠니豊前國에 입국하면서 존해를 이곳으로 데려온 것이다. 그는 원래 경상남도 사천泗川 십시향十時鄕에 살았다고 하며 이름은 보결甫決이었고, 1598년 가토가 철수할 때에 200여 명의 조선인 포로들과 함께 카라츠에 닿았다 한다.

존해가 코쿠라小倉에 와서 개요開窯한 것은 1602년의 일이었다. 그리고 그는 제2대 호소카와 타다오키를 따라 히고肥後로 옮기게 되는 1632년까지 약 30여 년간 네 아들 및 사기장들과 함께 도자기 제작에 정신을 기울였다. 이 가마窯들은 뒤에 아가노로 옮겨졌고, 그가 아가노라는 이름을 가졌으므로 흔히 '아가노야키上野燒'라고 불렀다. 이때의 아가노가마는 타카토리高取가마와 이웃하고 있었다. 또 이곳으로 오기 전에 이미 카라츠에서 개요하고 있었고 대개 옛 카라츠풍古唐津風의 도자기들을 제작했다. 이때의 자료로 『범순기梵舜記』가 있다. 이 문헌에는 호소카와 영지領地의 아가노 도자기에 대한 이야기가 많이 나오며, 1619년과 1623년에 각각 아가노 도자 술병과 다완을 얻었다는 기록도 있다.

1632년 호소카와가家가 부젠豊前을 떠나 히고 구마모토熊本 영지로 옮기게 됨에 따라 존해계尊楷系도 두 계통으로 갈라지게 되었다. 존해는 구마모토의 신임 영주 오가사와라小笠原의 어용 도공으로 임명된 셋째 아들과 사위 두 사람에게 이곳 아가노 도자기 일을 맡겼다. 자신은 장남, 차남을 이끌고 히고로 가서 구마모토의 야츠시로八代 도자기를 시작하고 그 원조가 되기에 이르렀다. 아가노에 남은 이들은 도도키十時란 성姓을 붙이고 매부 일가족과 함께 아가노 도자기의 전통을 이었다.

아가노 도자기는 크림색이 도는 백지의 일부에 밝은 동록유銅綠釉를 얹은 것이 특징이자 전형으로 알려져 있다. 야츠시로 도자기는 조선시대 상감청자의 기법을 이어받은 것으로 존해의 11대손인 아가노上野方助가 그 전통을 잇고 있다.

임진왜란과 일본 큐슈 도자·2
— 아리타 有田와 하기 萩

아리타 도자기

임진왜란 때에 왜군의 조선 사기장 납치 계획은 사가 佐賀의 나베시마 鍋島 번에 의해서도 감행되었다. 유명한 코이마리 古伊萬里 도자기, 가키에몬 柿右衛門 도자기, 나베시마 도자기 등 히젠 肥前 도자기가 모두 이러한 까닭에서 만들어졌다. 이곳 아리타와 이마리 도자기의 비조로 알려진 이삼평 李參平은 1594년 혹은 1596년에 일본으로 끌려왔으며, 처음에는 사가 번의 가노 家老 타쿠 야스토시 多久安順에게 맡겨져 카라츠 부근에서 도기를 제작했던 것으로 알려졌다. '타쿠카라츠 多久唐津'는 바로 그에 의해서 시작된 카라츠 도자기였다.

그 후 그는 아리타 카미시로카와 上白川의 이즈미야마 泉山에서 백자광을 발견했고 이곳에 '텐구다니가마 天狗谷窯'를 열었는데 이것이 1605년 전후의 일로 일본에서 자기가 처음으로 실험 제작되는 계기가 되었다. 이삼평은 일가족 18명과 함께 이곳에 이사하여 자신의 고향 아리타의 새 역사를 열었고, 이후 30여 년에 걸쳐 장족의 발전을 이루며 수많은 도공들과 사기장들이 집결하여 번영해 갔다.

이때까지 아리타는 심산궁곡深山窮谷으로 1590년의 지도에는 전혀 지명이 나와 있지 않았으나 1680년대 지도에는 보인다. 이삼평과 함께 납치되었던 사기장의 수만 해도 155명이었다고 알려져 있다. 그리고 1631년 타케오시 시에서 도자기를 굽고 있던 종전의 미망인 백파선이 동족 906명을 이끌고 이곳 아리타로 옮겨왔다.

1635년에는 나베시마 번청이 산림山林 남벌을 통제한다는 명목으로 이곳에 관리를 파견하여 아리타사라야마有田皿山의 지배권을 확립했다. 이삼평은 단순한 사기장이라기보다는 도자기의 수장으로 자석장瓷石場의 감독을 겸했던 것으로 알려졌다.

임진왜란 후 조선 문화의 영향이 확대되는 동시에 성城이나 서원書院 등 건축 양식이 발달하고 다도茶道가 보급되었다. 이는 미술 작품의 수요와 기호를 자극하여, 에도 초기 문화의 분위기가 히젠 도자기의 발전을 크게 일으켰다.

1637년에 도쿠가와 막부德川幕府가 내린 쇄국령으로 중국 자기를 수입할 길이 막혔고 1645년경에는 가키에몬가마에서 붉은색의 안료를 사용하는 적회赤繪 기법이 발전했다.

1660년대에 들어오면 이미 아리타와 이마리의 도자기가 대량 생산되어 이마리 항港에서 선적船積되어 에도 지방에까지 팔리고 있었음을 알 수 있다. 키슈 미야자키紀州宮崎는 『자기상인유래瓷器商人由來』에서 "히젠의 도자기는 특히 교묘하며 제국諸國에 뛰어나다. 1660년대부터 키이노쿠니紀伊國 아리타 향鄕에서 상인들이 히젠쿠니의 도자기를 잔뜩 사가지고 에도를 비롯하여 차례로 간토關東의 여러 지방에 퍼뜨린다"라 하여 당시의 사정을 알려주었다.

이렇게 아리타나 이마리에서 만들어진 도자기들이 이마리 항을 통해 산지사방으로 팔려가기 위해 선적되었으므로 이들을 '이마리 도자기'라고 불렀다. 에도 후기로 오면 이 이마리 도자기는 일본 제주諸州의 명기明器 중 단연 제일로 손꼽히게 된다. 또한 이마리 도자기는 1660년대에 이르면 해외 무역으로 상당한 수준에 오를 만큼 발전하고 있었다. 그 한 예를 당시 네덜란드 연합 동인도회사의 일본 자기 무역에 관한 자료에

색회화훼문화형발 • 17세기 후반 • 높이 11.5cm • 입지름 24.4cm • 이마리(가키에몬) 양식 • 일본 개인 소장

서 찾아볼 수 있는데, "암스테르담 상공회의소는 일본의 아리타 자기에 대해 인도제국이 응할 수 있도록 하고자 본국에서 크게 인기 있고 또 가장 수요가 크다고 생각되는 품종별 상품과 적회가 있는 몇 가지 견본을 만들게 하여 인도제국에 보내기 위해 수집했다"고 되어 있다. 또한 네덜란드에 남아 있는 고문서古文書는 1664년 1년분으로 이마리 도자기 4만 5,000점 이상이 판매되어 나갔음을 알려준다.

아리타 도자기의 특징은 아리타 우치야마內山 제요諸窯로 나누어 생각할 수 있다. 우치야마의 제요에는 이삼평이 발견한 백자광인 이즈미야마의 자석瓷石이 보존되어 있었고, 이삼평의 지휘 하에 번청 동인도회사의 주문에 따른 상등품 제작에 주력했던 것으로 보인다. 여기서는 주로 식기류, 향로류, 항아리들이 제작되었다. 초기 이마리 도자기로는 대개 단순한 조선식의 백자들이 구워졌다. 일본 최초의 백자였다.

한편 아리타 토야마外山 제요諸窯에서는 지주들이나 상인들의 일상 식기나 생활 그릇들이 주로 제작되었고 대부분 청화백자, 청자류 등이었다. 서민적인 제품이 주류를 이루면서 사발과 유병 등 다양한 것들을 포함했다. 우치야마 제요의 것들보다는 둔탁하고 두껍지만 자유분방한 분위기를 지녔으며, 초기 이마리 도자에서 보이는 초문草紋이나 산수도 등의 그림이 많았다.

근대 이후 아리타 도자기는 기계화된 제작법으로 발전해 갔으며, 현재 크고 작은 100수십 개소의 가마가 설치되어 일본 도자기의 최대의 요장窯場으로 활발히 발전하고 있다.

하기 도자기

일본 야마구치山口 현 하기萩 시에는 100여 개소의 도자기 가마가 활발한 제작 활동을 하고 있다. 이곳 나가토노쿠니長門國 하기쵸萩町에 이름 높은 하기 도자기의 전통을 시작한 이들은 조선 포로 이작광李勺光, 이경李敬 형제였다. 나가토노쿠니의 번주였던 모리 테루모토毛利輝元가 1593년에 이들 형제를 납치해 갔다고 한다. 지금도 남아 있는 이들의 전기에 의하면, 이들 형제는 경남 진주성 근처의 전통 있는 가마에서 도자기 비법을 이어온 사기장의 후손이었다고 한다.

이들은 처음 오사카에 끌려왔으나 후에 모리 테루모토에게 맡겨졌다. 이후 그가 영지를 삭감당하고 히로시마廣島로부터 하기로 이봉移封되자 이작광 형제도 함께 옮겨졌다. 이들이 이곳의 성하城下에 있는 마츠모토무라松本村 나카노쿠라中之倉에 가마를 세움으로써 조선의 도자기 기술과 전통이 전해지게 된 것이다.

이작광 형제는 토진야마唐人山라고 부르는 산의 나무를 베어 번요藩窯를 일으켰는데 현재의 후카가와深川 도자기도 그중 하나이다. 이작광이 죽은 후 그 아들 광정光政이 나카노쿠라가마의 대를 이었고 1625년 번주로부터 '사쿠노죠作之允'에 임명되었다. 그리하여 부자 2대에 걸쳐 하기 도자기의 대표적 지위를 확립했던 것이다. 이경도 1625년에 '코라이자에몬高麗左衛門'에 임명되었다. 이경은 고난을 잘 참고 마츠모토무라에서 '나카노쿠라 도자기' 또는 '마츠모토 도자기'의 법통을 이었다. 이렇게 하기 도자기는 어용요御用窯로 영주의 가마였기 때문에 일반인들과는 관련이 없었다.

하기다완 • 17세기 • 높이 8.5cm • 입지름 16.5cm

하기 도자기는 모리 테루모토, 히데모토秀元 등의 영주들이 당시 다도 융성의 기운을 타고 얼마나 다기茶器에 많은 관심을 기울이고 있었는지 알려준다. 후카가와 도자기 가마는 같은 어용요이면서도 개요開窯 당시부터 영주 자신이 사용할 것 이외에 생활 잡기를 구워 근방의 사람들에게 팔아 쓸 수 있게 하는 두 가지의 성격을 지녔다.

조선 도자가 갖는 뛰어난 특징은 흙이 주는 멋에 있었으므로 조선 도자에서 사용되는 흙과 유사한 흙 찾기가 가장 중요한 일이었다. 그 대표적인 것이 호후防府 시 다이도大道에서 산출되는 흙으로, 모래와 자갈이 많이 섞인 백색 점토였다. 이 다이도츠치大道土를 가장 중요시했던 이유는 하기 도자기 본래의 색으로 알려진 비파색의 유색을 낼 수 있었기 때문이다. 지금까지도 차인들에게 사랑받는 것은 역시 이 어용요 계통의 다완들이다.

17세기 중엽으로 오면 지금까지의 나카노쿠라가마 외에도 야마무라山村, 미와三輪 등의 제요諸窯가 세워져서 옛 하기시대의 전성기를 이루었다. 1676년에는 배 일곱 척에 다완을 가득 싣고 무역항에 입항했을 정도였다. 지금도 발견되는 초기의 도자기 파편들은 그 깎은 모양이 대범하여 조선 도자기 그대로를 연상케 하며 특히 웅천熊川 찻사발과 닮은 예도 있다. 유색이 다갈색茶褐色을 띠는 것은 흙 속에 철분이 많기 때문이다.

이로 보면 비파색의 유색을 띠는 하기 도자기는 일찍부터 경남 웅천의 것이 주로 만들어졌음을 알 수 있어, 진해 두동리요와 관련된 기술이 이전되었던 것이 아닌가 추정된다.

임진왜란과 일본 큐슈 도자·3
― 사츠마薩摩와 타카토리高取

선조 30년1597 수군통제사 이순신李舜臣은 모함을 받아 옥에 갇혔고 8월 초 한산閑山의 수군은 무너졌다. 왜군의 선봉이 남원성南原城 밑에까지 공격해 왔고 곧 총공격이 이루어졌다. 남원성을 공격한 일본군의 수효는 무려 10만으로, 제1진은 우키타 히데이에宇喜多秀家를 총대장으로 하고 코니시 유키나가小西行長를 선봉으로 한 시마즈 요시히로島津義弘의 군대 5만 명, 제2진은 가토 키요마사가 지휘하는 행동대 5만 명이었다.

이미 성城의 일각이 함락되고 있다는 소식에 명明나라 장수 양원楊元 이하는 모두 도망쳤고 남원부사 이복남李福男 이하 조선 장병은 대부분 죽음을 택했다. 김효의金孝義란 무장만이 겨우 목숨을 건져 도망해 처참했던 남원성의 싸움을 유성룡柳成龍에게 전해서 『징비록懲毖錄』에 그 사실을 남겨주었다. 이 싸움은 임진왜란 7년 전쟁 동안 진주晋州 싸움과 함께 가장 비극적인 역사를 남겼다.

사츠마 번주 시마즈 요시히로에게 끌려온 22성姓 80여 명의 사기장들은 히오키日置군 나에시로가와苗代川 지방 및 가고시마鹿兒島에서 사츠마 도자기의 개조開祖로서 새로운 도자기의 고향을 열었고, 사츠마 도자기라는 새롭고 독특한 문화를 창출하여 오늘에 이르게 했다. 이 80여 명의 사기장들은 남원南原 출신이 대부분이었고 그 외에는 김해, 웅천 출신이었다고 전한다. 『나에시로가와 문서유장苗代川 文書留帳』에 의하면 사기장들은 1598년 겨울에 쿠시키노串木野, 이치키市来, 가고시마 등 세 곳에 도착했는데, 쿠시키노에 상륙한 이들은 남녀 합하여 박평의朴平意 등 43명이었고 이치키 카미노카와神之川에는 김해金海, 신주석申主碩 등 10여 명, 그리고 가고시마에는 20여 명이었다고 한다.

이들에 의해 개요開窯된 사츠마 도자기의 2대 흐름은 가고시마를 중심으로 하여 서쪽과 동쪽으로 각기 25km 거리에 위치한 나에시로가와가마와 류몬지龍門司가마로 대표된다. 이 중에서도 사기장들이 나에시로가와에 정착하게 된 것은 쿠시키노의 시마비라島平 상륙 5년 뒤인 1603년부터였다. 이곳에서는 박평의를 지도자로 하여 민요적 색채가 농후한 작품이 개발되었고 이것이 현재의 나에시로가와가마로 이어졌다.

나에시로가와는 작은 구릉의 정상에 오목하게 안정적으로 자리 잡은 마을로, 10여 개의 공동 우물을 중심에 두고 발달했다. 이곳이 오직 조선인들의 마을이었음은 여러 기록들이 증명한다. 조선인들이 이곳에 마을을 만든 이후 200여 년이 지난 1780년대까지도 조선인들만의 마을이었음은 다치바나 난케이橘南谿의 『동서유기東西遊記』를 통해 알 수 있다.

사츠마 주 가고시마 성 서쪽의 나에시로가와라는 곳은 한 고을에 모두 조선인만 산다. 옛날 히데요시秀吉의 조선 침략 때에 이곳 사츠마의 옛 번주가 조선국朝鮮國 한 고을을 남녀노소 없이 모두 잡아 가지고 돌아왔다. 그리고 그들 조선인들에게 이곳 한 마을의 토지를 내려 오래 이 땅에 살게 했었다. 지금 그 자손들이 대를 이어 조선 풍속 그대로 계승하여 의복에서 언어까지 모두 조선식이며 날이 갈수록 번창해서 수백 호를 이루고 있다.

불뿐인 찻사발(히바카리다완) • 17세기 초 • 높이 8.9cm • 입지름 14.2cm • 일본 심수관가 소장

마을 뒤에는 이들의 조묘_{祖廟} 교쿠잔구_{玉山宮}가 있는데, 고조선의 개조 단군_{檀君}을 모시는 곳이다. 사기장들의 수호신을 모시는 곳이자 마음의 고향이기도 하여 가마에 불을 넣거나 대작을 만들 때에는 언제나 발이 교쿠잔구로 향하게 되고 만다는 것이다.

1669년 나에시로가와가마는 다른 곳의 조선인 사기장들을 모두 집합시킴으로써 크게 확대되었다. 이곳의 사기장들이 사츠마 도자에 큰 족적을 남긴 것은 먼저 백토_{白土}를 발견한 데서 시작되었다.

박평의와 그 아들 정용_{貞用}은 사츠마 도자의 근간이 되는 백자풍_{白瓷風}의 경질_{硬質}도자용 백도토_{白陶土}를 1614년에 발견했고, 제도장_{製陶場}을 설치함으로써 거듭 발전시켰다. 그때까지는 조선에서 실어온 백토_{白土}를 사용한 것 외에는 흑유_{黑釉}밖에 제작하지 못했으므로 이 백토의 발견은 큰 반향을 불러일으켰다. 백토가 사츠마 도자기 발전의 근간이 되었음은 물론이다.

사츠마백유연엽다완 • 17세기
• 높이 9.3cm • 입지름 14.4cm • 도쿄국립박물관 소장

『도공전통지陶工傳統誌』는 백토 발견자와 함께 그때의 즐거움을 다음과 같이 기록하고 있다.

> 시마즈 요시히로 공公이 관상하고 즉시로 나에시로가와에 제도장을 건설하여 박평의로 하여금 도자기를 제조시켰다. 드디어 완성되었다. 요시히로가 말하기를 웅천熊川製와 꼭 닮았다고 했다. 이로부터 박평의는 제 도장을 통솔하며 여러 도공들을 가르쳤다. 요시히로는 그 아들을 데리고 자주 임견臨見하여 도장을 빌려 다기茶器를 만들었으며 마음에 맞는 것에는 날인하여 '어제수御制手'라고 칭했다.

백색. 그것은 조선의 빛깔이었다. 조선백자의 우아하고 세련된 매력을 이곳에서 완성할 수 있었던 것은 조선 사기장들이 쏟은 집념의 결과였으며 그들을 납치해 온 번주 시마즈가家의 강력한 요구이기도 했다. 박평의와 그 아들 정용이 발견한 백토로 만든 백자가 사츠마 도자기의 근간을 이루는 '시로사츠마白薩摩'라는 것이다. 시로사츠마의 백색은 조선백자의 담백한 백색은 아니었으나 그와 비슷한 것이었다. 번주 시마즈는 이것이 조선 웅천제와 꼭 닮았다며 기쁨을 감추지 못했다고 하지만 조선백자 고유의 흰빛일 수는 없었다.

사츠마에는 우리나라와 같은 양질의 자토瓷土가 없었으므로 박평의 등은 가능한 한 조선백자에 가깝도록 도자기를 연질로 구웠다. 때문에 조선이 개척한 백색과는 뉘앙스가 다른 시로사츠마를 이루었던 것이다.

현재도 전해지는 '히바카리火計リ'란 이름의 평다완平茶盌은 1600년경에 제작된 것인데 우리나라 사발 모습 그대로이다. 히바카리란 '불뿐만'이란 뜻인데, 도자토陶瓷土와 기술, 기술자 등이 모두 조선의 것이고 불만이 일본의 것이라는 뜻에서 붙여진 이름이라 한다. 처음에는 산 언덕에 기다랗게 만든 조선식 등요登窯에서 백토로 구운 자기는 번주만 사용했는데 이것이 곧 히바카리다.

사츠마 도자기는 나에시로가와를 중심으로 쵸우사타테노帖佐竪野, 쿠시키노, 히젠肥前 도자와 함께하면서 현재까지도 그 발자취를 빛내고 있다. 조선백자의 색깔을 모방한 시로사츠마의 금분金粉을 아끼지 않는 여유, 우아한 그림과 소박한 조화를 이루는 색채 등이 그 특징이다. 사츠마 도자기는 번주 시마즈가의 원조가 없었던 것은 아니지만 왜국에 포로가 되어 온 사기장들의 피나는 노력의 결정이라 할 수 있다. 이를 이끌어 간 조선 사기장들이 흘린 피눈물은 사츠마 도자기의 역사와 함께 길이 기억될 것이다.

타카토리 도자기

타카토리高取가마가 있는 곳 뒷산에는 도조陶祖 하치잔八山의 조선식 산소가 모셔져 있다. 하치잔은 경북 고령군 운수면雲水面 팔산리八山里 출신으로 1600년 쿠로다 나가마사黒田長政에게 끌려와 영취산록 에이만지永滿寺 근처에서 개요開窯했던 타카토리 도자기의 조상이다. 하치잔이 이곳에 납치되어 왔다는 사실은 그가 귀국을 청원했다는 사실로도 알 수 있는데, 이 일로 그는 1624년 79인의 식록食祿을 몰수당하고 낭인의 몸이 되었다고 한다. 마침 그해는 인조 2년으로 정림이 정사로 하는 회답겸쇄환사回答兼刷還使가 일본에 갔었는데 이와 관련 있는 것이 아닌가 생각된다. 고국으로 돌아갈 꿈을 잃고 식록까지 잃어 낭인이 된 하치잔은 매우 반항적인 인간이었던 것으로 보인다.

하치잔은 드디어 타카토리에서 도망하여 그의 아들과 함께 인근 가마굴 가라후토쿠唐人谷라는 곳에 숨어야 했다. 그러나 이곳에서 개요하고 1630년경까지 인근 농촌을 상대로 잡기를 구워 연명해 가야 했다. 에이만지 근방에서 같이 일을 시작했던 제자들의 일부가 아가노上野에 합류했다. 이에 사용된 가마는 모두 조선식의 연방식 등요였으며 '마다라카라츠斑唐津'라고 불리는 백색의 실투유失透釉가 주로 쓰였다.

1630년 하치잔은 번주 쿠로다가家와 다시 화해하여 어용요御用窯와 관계하게 되면서 불후의 도명陶名인 '엔슈타카토리遠州高取'의 시대로 들어가게 되었다. 이때 개요한 곳이

타카토리가마 출토 도자편들 • 17세기

시라하타야마白旗山이다. 코이시와라츠지미小石原鼓로 가마가 옮겨진 것은 1665년경으로 하치잔의 첫째 아들에게서 난 손자가 신사라야마新皿山를 열었다.

　코이시와라小石原 마을 일대에는 에도시대부터 메이지明治 초기까지 경영된 일곱 개의 요지군窯址群이 남아 있다. 1700년 초에는 후쿠오카성 밖에 사라야마가 설치되었으며 이 근방에 민용요民用窯도 설치되어 메이지시대까지 이어졌다.

　이처럼 사츠마, 타카토리의 도자기들은 아리타, 아가노, 카라츠, 하기 도자기와 함께 임진왜란을 계기로 조선 도자기 문화가 일본에 이식되었음을 알 수 있게 한다.

임진왜란과 일본 큐슈 도자·4
– 『고향을 잊을리야』와 조선 사기장

　일본 큐슈의 남단, 쭉 뻗은 사츠마 반도의 동쪽 구릉지대에 임진왜란 때 조선인 포로들에 의해 세워진 100호 내외의 마을 미야마美山가 있다. 조선시대 사기장들이 이곳에 이르러 허허벌판에 마을을 세우기 시작한 이래 그들의 고뇌와 심정을 감동적으로 기록한 작품이 있다. 1968년 첫 판이 나온 이래로 현재까지 10판을 거듭한, 시바 료타로司馬遼太郎의 『고향을 잊을리야故鄕難忘』다.

　작가 시바 료타로는 미야마를 방문한 후, 날이 갈수록 뇌리에 가득 부풀어 오른 나에시로가와에 대한 생각으로 일상생활에까지 지장을 받게 되었다고 썼다. 나에시로가와의 고풍 어린 마을 풍경과 아직 보지도 못한 한신韓神 교쿠잔구玉山宮의 모습이 환영처럼 어른거려 왔기 때문이었다. 그는 이어서 "이 마음을 억지로라도 정리하기 위해서는 소설을 써서 진정시킬 도리밖에 없지만 소설로 쓰기에는 아직도 나 자신의 감정이 설익었고 용솟음치는 감정의 포말泡沫이 지나치게 성한 것 같다"고도 했다. 소설로 쓴다면 무엇을 어디서부터 써야 할지 고민하는 동시에 이 소설을 쓰지 않을 수 없었던 마음의 충격을 표현한 것이다. 시바 료타로는 나에시로가와를 찾았을 때 눈앞에 펼쳐진 정경을 이렇게 묘사했다.

> 도중 12~13km가량 코우츠키가와甲突川의 상류를 향해 거슬러 올라가니 지세가 높아짐에 따라 죽순대의 숲이 점점 많아졌다. 최후로 야트막한 언덕을 넘었다. 차가 앞으로 머리를 숙이면서 조용히 내려가기 시작했을 때 눈앞에 펼쳐지기 시작한 풍경에 대하여 무엇이라 형용하면 좋단 말인가? 구릉은 높지 않고 하늘은 넓고 그 아래로 바다를 감춘 듯한 지형은 바닷물에 반사되어 눈부셨다. 길은 희어 화산재 때문인지 바랜 듯이 하얗고 어느 나무 하나의 초록빛까지도 일부러 지어낸 듯 담백하기만 했다. 조선의 산하山河였다.

동화 같은 풍경의 이 마을이 바로 조선 사기장들의 고을 나에시로가와이다. 조선의 산하니 고려촌高麗村이니 하는 말은 예로부터 전해왔으며 이 마을의 아름다움은 널리 알려져 있다.

1780년대에 이곳을 여행했던 일본의 명의사 다치바나 난케이가 「고려의 자손들高麗の子孫」이라는 기행문을 남겨, 조선인이 어떻게 나에시로가와에 정착했고 어떤 모습으로 살고 있는지 기록했다.

다치바나 난케이는 이어서 '고향을 잊을리야'라며 임진왜란으로부터 이미 200년이 가까운 세월이 흘렀음에도 아직도 고향을 잊지 못했던 조선 사기장 후예들의 안타까운 심정을 눈물겨운 필치로 그려냈다.

> '고향을 잊을리야'라고는 누가 처음 한 말인지, 소식 끊기고 200년이 지난 지금이라도 오히려 귀국이 허락된다면, 그동안의 은혜를 저버리자는 것은 아닐 터라도 돌아가고 싶은 마음 간절합니다.

선조 31년1598 패주한 왜군은 몇 개의 그룹으로 나뉘어 부산으로 집결하고 있었다. 그러나 사천泗川에서 부산으로 향하던 사츠마의 왜장 시미즈 요시히로는 노량의 해전에서 이순신의 수군에 대패했다. 겨우 50여 척의 배를 이끌고 부산에 도착한 시미즈는 가토 키요마사 등이 이미 도주한 것을 알고는 크게 당황했다. 그러면서도 그는 남원, 김해, 웅천 등지에서 납치한 사기장들의 연행에 온 신경을 쏟고 있었다.

　임진왜란 동안 한 번은 시마즈가 히데요시의 호출을 받고 급거 본국으로 소환된 일이 있었다. 이때 히데요시는 손수 차茶를 부어 그에게 주고 명물인 차통茶筒까지 주면서 조선 사기장의 납치를 명했다고 한다.

　이렇게 하여 남원, 김해, 웅천의 사기장들이 모두 납치되었고, 또 수십 년을 쓸 백자토白瓷土까지 약탈되기에 이르렀다. 물론 이때 납치된 기술자들 중에는 사기장뿐만 아니라 목공, 금공, 석공, 자수공, 의관 심지어는 양봉 기술자까지 섞여 있었다. 이처럼 계획된 조선 기술자의 납치극은 한창 화려하게 난숙하고 있었던 조선왕조 문화에 돌이키기 힘든 유린을 감행했다. 특히 당시 일본에서는 귀족 사무라이와 부상富商들 사이에서 다도가 융성했고 대개 우리나라에서 건너간 다기茶器를 썼다. 그러므로 "조선에 불법으로 침입하면서 보물섬에 들어가는 듯한 기분을 느꼈을 것"이라고 시바 료타로는 쓴 바 있다.

　이때 쿠시키노에 도착한 것이 박평의 등 남녀 43명이었고 카미노카와에 김해金海 등 10여 명, 그리고 가고시마에 남녀 도합 20여 명이었다고 한다. 이 중에서도 특히 김해는 사츠마의 관요인 타테노竪野 계통의 흐름을, 박평의는 민요풍民窯風의 쿠시키노 계통의 흐름을 지도하여, 사츠마 도자 문화의 조상들로 기억될 인물들이 되었다. 왜구의 수법으로 조선 사기장들을 납치한 시마즈는 귀국 후 물 끓듯 하는 국내 사정에 휘말려 이들을 거의 방치해 두었다. 그리하여 이들의 생활고는 극에 달해 황무지 개간과 옹기 제작 등으로 겨우 목숨을 잇는 5년의 세월을 보내야 했다.

　그러나 이는 대쪽 같은 삶의 자세 때문에 사서 하는 고생이었다. '모든 조선인 포로

들은 가고시마의 타테노立野 부근에 집단 수용한다'는 계획을 그들 자신이 거부했던 것이다. 남원성 함락 때 왜군의 길잡이가 되었던 매국노 주가선朱嘉善 등과 한 집단이 되어 보호받기보다는 차라리 황무지에 버려지는 길을 택하겠다는 장하고도 명쾌한 이유 때문이었다. 그들은 비록 유민流民의 땅에 버려졌을망정 예의민족의 염치와 긍지를 버릴 수는 없다고 생각했다. 이러한 삶의 자세는 왜인들과의 관계에서도 엄연했다고 한다.

나에시로가와의 교쿠잔구

피땀 흘려 이룩해 가고 있었던 도자기 가마를 파괴하고 시기하는 지방민들의 방해는 사기장들의 피를 더욱 끓게 했을 것이다. 그들은 조선어로 욕설을 퍼부으며 이 난동자들을 때려뉘었던 것으로 보인다. 특히 박평의는 성격이 불같았던 듯한데, 이 사건이 그로 하여금 쿠시키노로부터 도망쳐 나에시로가와로 이주하게 하는 원인이 되었다. 이로써 나에시로가와는 사츠마 도자기의 중심지가 되었고 졸지에 40여 채의 새 집이 들어섰으며 타협을 모르는 박평의를 중심으로 한 자치읍을 형성하게 되었다. 이것이 유명한 도향陶鄕 나에시로가와인 것이다. 박평의가 이끄는 40여 명과 카미노카와, 가고시마의 곳곳에 거주하던 조선 사기장들이 모두 집합했다. 이곳은 문자 그대로 조선인 사기장들의 마을이었다.

다치바나 난케이는 그의 여행기에서 생긴 지 200여 년이 지난 나에시로가와의 사기장 마을에서 살던 조선 사기장들의 자손이 1,500여 명에 달했다고 하여 당시 이 마을이 번성했음을 보여주었다. 그는 이곳의 풍속이 모두 조선 풍속 그대로인 것에 경이로움을 나타냈다. 마을 남자들은 상투 위에 말총으로 된 망건을 썼고 일본 무사들처럼 이마를 밀지 않고 있었으며, 소매가 넓어 승복僧服 같은 다갈색의 비단옷을 입었고 위에는 분홍색 띠를 이어 앞으로 매고 있었다. 부인들도 제 나라 풍속에 따라 머리를 틀어 올렸으며 말을 부려 밭을 갈았다. 이 모습들을 보니 이야말로 한토韓土이지 일본 땅이라고는 전혀 생각할 수 없었다.

> 조국에의 길, 그리고 통하는 바다가 보이는 언덕에 조선인들만으로 일읍一邑을 만들도록 토지를 주시오.
> 그 아득한 저쪽에 조선의 산하가 있소. 우리는 천운天運을 놓쳐서 조상의 고향을 떠나 이 나라에 끌려왔으나 저 언덕에 올라 거기에 제단을 모시고 제사를 지내면 아득히 먼 조국의 산하도 감응하여 그곳에 잠든 넋을 달랠 수도 있을 것이오.
>
> — 심수관, 『일본의 도자기』(탄코샤淡交社, 1976)

이처럼 시바 료타로의 소설 『고향을 잊을리야』는 400여 년 전의 조선 포로 사기장들과 그 후예들의 역사와 애환을 그렸다.

1878년 이곳을 방문했던 영국 외교관 어니스트 사토Ernest Satow도 이 조선 사기장들이 메이지유신明治維新 이전까지는 순전히 조선 풍속을 지니고 있었음을 보고했다. 아리타의 도공들이 스에야마陶山 신사를 가졌듯이 나에시로가와의 사기장들은 교쿠잔구에서 단군을 제사해 왔다. 큐슈에 다수 존재했던 조선 사기장들은 가마를 시작할 때에는 반드시 단군 제사를 지냈다.

교쿠잔구가 있는 고지에 오르면 서쪽으로 바다가 보인다. 조국 땅으로 이어지는 바다다. 나에시로가와 서북 정상에 있는 이 교쿠잔구는 조선 도공들이 이곳에 이주한 직후에 세워졌다고 한다. 고국을 그리며 향리鄕里의 공동共同 조신祖神인 단군을 제사하면서 현재에 이르고 있다.

29

고려·조선 도자의 흐름과 찻사발

17세기 전반의
백자와 찻사발

　광해군과 인조가 다스리던 17세기 전반은 임진왜란의 막대한 피해를 복구하기도 전에 병자호란丙子胡亂이 발발하여 정치적·경제적으로 어려운 시기였다. 이러한 어려움을 반영하듯 백자 제작도 활발히 이루어지지 못해 관영 사기 공장인 분원조차도 가마를 쉬기까지 했다. 특히 청화靑畵 안료를 구하지 못해 청화백자가 제작되지 못했으므로 현재 남아 있는 예가 거의 없다. 대용代用으로 철화鐵畵 안료를 사용한 철화백자가 활발히 제작되었다.

　한편 임진왜란 이후 조선은 일본으로 납치된 조선인들의 송환과 양국 간의 국교 재개를 위해 1607년 회답겸쇄환사를 파견했다. 이로써 조선과 일본 양국은 국교를 재개하고 정상적인 국교 관계를 수립했다. 국교 재개 후 광해군 3년1611 부산 왜관倭館이 신축되었을 때, 왜인들이 요청한 것은 '다기보아茶器甫兒'인 다완茶盌이었다. 이에 동래부사東萊府使는 김해의 장인들로 하여금 만들어주도록 계를 올렸다. 이후 한동안 일본 측이 사기를 구한다는 구청 기록이 보이지 않다가 병자호란이 끝난 인조 17년1639에 다시 나타나고 있다.

　기록에 의하면 당시 일본이 역관 등을 통해 조선에 요청한 것은 다완이었다. 일본 측은 두왜頭倭 등이 각종 다완의 견양見樣을 가지고 와서 사기 장인과 백토, 번목 등을 왜관 안으로 들여와 다완을 제작해 줄 것을 요청했다. 하지만 조선 측은 진주와 하동의 장인들을 불러 왜관 밖의 가마에서 다완을 제작하도록 했다.

　1640년에도 일본은 다완 번조를 요청했는데 이로 미루어 조선다완은 당시 일본에서 큰 인기를 끌었던 것으로 보인다. 그러나 조선의 입장에서는 다완을 제작하는 데 많은 경제적 부담과 이에 따른 폐단을 감수할 수밖에 없었고, 상당히 베푸는 입장에서 다완 번조 요청을 들어주었던 것으로 보인다.

　인조 22년1644의 기록에는 보다 구체적인 원료와 장인의 수 등이 나온다. 다완 번조에 사용되는 백토와 황토, 유약 원료로 사용되었을 약토藥土가 등장했고 장인의 수는 대여섯 명으로 증가했다. 또한 작업장과 장인들의 숙소도 필요한데다 원료가 산출되는 곳이 멀리 떨어져 있었으므로 물자 운반 등을 고려하여 농한기를 피해 작업해야 한다고 기술했다. 이처럼 이 시기에는 일본이 계속해서 조선에 다완 번조를 요청했고 현재 일본에는 주문다완의 작품들이 다수 남아 있다.

1) **킨카이**金海　김해는 경상남도의 지명으로, 동체 부분에 김해의 명문이 새겨진 다완이 있어 붙여진 명칭이다. 17세기 전반 일본의 주문에 의해 동래부가 김해의 가마에서 구워낸 지방 백자의 예이다.

2) **이라보**伊羅保　각기 특색을 지닌 주문다완의 하나이다. 양산 법기리 요지에서 제작된 것으로 보인다.

3) **고쇼마루**御所丸　일본의 미노가마美農窯에서 구워진 다완과 공통된 형태로 1610년경 동래부가 주문을 받아 부산 근처의 가마에서 구운 것으로 추정된다.

백자철화운룡문호 • 조선 17세기 전반 • 높이 35.8cm • 이화여대박물관 소장

17세기 전반 조선에서는 상사기常沙器라고 불리는 굵은 모래 받침의 백자가 전국적으로 제작되어 생활용 자기로 널리 쓰였다. 당시의 백자가 어떤 특색을 지녔는지 경기도 광주의 가마터를 중심으로 살펴보자.

임진왜란 이후에 처음 설치된 가마는 1598년에서 1605년 전후의 정지리 가마터로서, 굵은 모래와 태토 빚음 받침의 오목굽접시, 사발, 완, 호의 짙은 회백색 백자 파편

고쇼마루다완(御所丸茶盌) • 17세기 전반 • 높이 7.5cm • 입지름 10.0~13.4cm • 일본 개인 소장

들이 출토된다. 또한 '좌左' '우右' 명이 쓰인 백자접시나 사발편이 발견되는데, 16세기 말의 백자 기형을 그대로 이어받고 있으나 임란으로 인한 어려운 생활을 반영하듯 어두운 회색과 회백색을 띠며 거칠게 구워진 모습이었다. 정지리 가마터를 이은 곳은 탄벌리 가마터로 '병오丙午' '정미丁未' '무신戊申' '기유己酉' '신해辛亥'의 간지干支 명문이 있는 백자접시와 사발편이 발견된다. 이들의 유색은 정지리의 것처럼 회백색을 띠며, 탄벌리에서는 태토 빚음 받침과 굵은 모래 받침을 받쳐 구운 오목굽의 백자가 제작되었다.

왕자인흥군제1녀王子仁興君第一女백자접시형태지胎誌는 '병오'명접시편과 유색이나 굽다리, 글자체 등이 똑같아 1606년 탄벌리 가마에서 제작되었음을 알 수 있다. 따라서 함께 발견되는 간지명으로 보아 1606년부터 1611년 전후가 그 제작 활동의 시기임을 알수 있다. 이때 담청색의 백자가 주류를 이루면서 처음으로 간지명이 쓰였다. 1609년의 백자사리합도 이 가마터에서 모래 받침을 받쳐 구워 만든 것이다. 1613년부터 1617년을 전후한 시기에 제작 활동을 한 학동리 가마터에서 출토된 백자편들도 회백색이 짙다. 주변 가마에서는 오목굽의 백자접시들이나 사발편들이 발견되어 같은 백자가 계속 제작되고 있었음을 알 수 있다.

1620년대 백자태항아리의 태지석胎誌石으로 왕자 인흥군의 제1녀, 제2소주의 예와 1626년과 1627년의 것으로 추정되는 접시가 있다. 굵은 모래를 깔아 제작한 이 두 태항아리와 접시형 지석은 담청회백색의 백자로 항아리의 몸체는 초기에 비해 낮아지고 둥글게 벌어졌으며 뚜껑은 접시 모양을 이루었다. 당시 태항아리와 접시의 기준을 제시하는 작품들로 주목된다.

상림리 가마터에서는 1631년부터 1636년까지 '신미辛未' '계유癸酉' 명의 간지가 출토되었다. 이 가마터로부터 수집된 백자는 접시, 사발, 대접, 항아리, 제기, 지석 편들로 철화 운문이 있는 백자, 그리고 백자 태토의 청자와 담청색 회백자, 회청색 백자가 가는 모래 받침으로 받쳐져 구워졌다. 항아리로는 주판알 모양의 각을 이룬 구부와 명문이 있는 제기, 사발 편들이 발견되고 있다.

1640년에서 1649년까지 10년간 제작 활동을 했던 선동리 가마터에서는 '경진庚辰' '신사辛巳' '임오壬午' '계미癸未' '갑신甲申' '을유乙酉' '병술丙戌' '정해丁亥' '무자戊子' '기축己丑' 명의 간지명 백자편이 발견되었다. 사발과 접시를 비롯하여 전접시, 병, 합, 제기, 편병, 항아리, 잔, 대발 등의 다양한 백자편들과 철화의 구름과 용, 대나무, 매화, 포도, 풀꽃이 시문된 백자편들이 백자 태토로 빚은 청자 사발, 접시, 제기 등과 함께 발견되었다. 회백색과 담청색을 띤 백자가 가는 모래 받침으로 받쳐 구워졌으며, 햇무리굽의 사발편도 발견되었다. 주변의 가마터에서는 오목한 굽에 짙은 회백자로 굵은 모래 받침을 받쳐 구운 사발들과 접시들이 함께 출토되었다.

이 시기의 지방 백자 가마터로 1988년 이화여대박물관이 발굴 조사한 승주 후곡리後谷里 요지가 있다. 이 가마터는 포개어 굽는 대량 체제의 민수용 요로 대부분 아무 무늬가 없는 무문의 백자를 만들었으며 양질의 고급 백자는 제작하지 않았다. 기종이 대개 백자 사발, 접시, 대접, 호 등 소형의 일상 식기류들로, 사발이 전체 기종의 52%, 접시는 43%로 대부분을 차지했다. 주로 모래 받침을 받쳐 번조한 사발은 태토가 비교적 견치堅緻하고 회백색과 담청회색 유색을 띠고 있다. 이들 백자와 함께 철화백자편이 약간 출토되었는데 철화가 시문된 백자는 정성스럽게 소량 제작된 것으로 보아 일반적인 백자보다는 고급품으로 인식된 듯했다.

발견된 요窯와 작업장은 잘 남아 있었다. 총 길이 10m, 폭 2.6m, 가마 경사도 15도인 자연 구릉의 석비례층을 파서 가마 바닥을 만들었고 양 벽은 진흙으로 지었다. 번조실은 세 개의 정방형 방으로 연결되고, 각 방은 흙으로 빚어 올린 일곱 개의 불창살로 구획된 세 칸의 연실식 등요로 약간의 단을 이루며 올라가는 형태였다. 가마와 인접하여 백토를 수비하는 세 개의 수비통과 연토장을 지닌 공방 터도 발견되었다. 이와 같은 구조의 가마와 공방 터에서 17세기의 백자 사발들과 접시들이 제작되었던 것이다.

이처럼 17세기 전반에는 담청회백색과 회백색이 짙은 백자가 광주와 전국의 민요에서 널리 만들어졌다. 특히 굵은 모래 받침으로 받쳐진 일상생활용의 사발과 찻사발들이 전국적으로 활발하게 제작되었다.

17세기 후반의
철화백자와 찻사발

조선왕조는 사대부들이 이루었던 모든 것들을 임진왜란과 병자호란으로 잃어버려 커다란 충격을 받았다. 더욱 당혹스러운 것은 청淸의 등장이었다. 청은 오랑캐로 불리던 여진족이 세운 나라로 여진족은 이전까지 조선을 부모의 나라로 여겼다. 당시 유학의 가르침으로 사대부들에게 영향을 미친 종주국은 명나라였는데 전쟁 이후 청이 상국이 되자 중국의 주인이 하루아침에 오랑캐로 바뀌어버린 것이다. 노론老論 세력을 형성한 우암尤庵 송시열宋時烈, 1607~1689을 비롯한 서인들에게 중국은 죽어버린 것과 마찬가지였다. 그래서 그들은 어디에 삶의 목표를 두어야 할지 고민하기 시작했다. 그때 그들이 도출한 결론은 '중국은 우리다. 조선이 중국이다'라는 것이었다. 결국 '중국은 사라졌고 우리가 중국이며, 조선사회 중심에 진리가 있다'는 것을 발견했다.

17세기 후반 조선사회에서는 조선의 것에 대한 새로운 자각과 관심이 일었다. 조선 후기의 실학, 『춘향전』『흥부전』 같은 소설과 판소리 등도 이때부터 만들어졌다. 오늘날 한국적이라고 하는 세계의 뿌리는 이와 같은 자기 자신에 대한 재발견에서부터 시작된 것이다.

효종·숙종 연간은 임란과 호란의 상처가 아물면서 조선적인 성리학이 발전하여 실학이 성립하고, 조선다운 세계를 지향하는 움직임이 정치·사회·문화에 반영되는 시기였다. 또한 이 시기에는 조선백자가 전국적으로 확산되어 사용되었다. 회백색에서 유백색의 백자로 바뀌어가며 둥근 항아리가 제작되었다. 철화 기법으로 구름과 용문, 초화문, 매죽문 등이 자유롭게 시문된 철화백자가 발전했으며 지방의 백자들이 널리 제작

백자철화매죽문시명호
• 조선 17세기 후반 • 높이 35.3cm • 이화여대박물관 소장

되었다. 이 시기의 백자 편년의 기준이 되는 것으로는 경기도 광주 일대의 관영 사기 공장인 관요의 가마터에서 출토된 백자 자료들이 있다.

1650년대의 가마터로는 광주 송정리 가마터를 들 수 있다. 이곳에서는 담청백색 백자와 청자, 청화백자, 철화백자의 접시, 사발, 대접, 호, 합 등이 다양하게 발견된다. 철화로는 대, 매화, 초화, 운룡문이 시문된 백자들이 출토된다. 주변 가마에서 발견되는 오목굽의 굵은 모래 받침을 받쳐서 구운 조질백자들이 제작되었음도 알 수 있다.

1660년대의 유사리 가마터에서는 백자와 청자, 철화백자 편이 발견되었다. 1670년대의 신대리 가마터는 회백색이나 담청회백색의 백자에 철화로 운룡, 초화, 국화, 대, 난초 등이 간략하게 시문된 철화백자의 대표적인 가마터로, 이 시기에 철화백자가 주로 제작되었음을 말해준다. 오목굽에 모래 받침을 받친 백자가 계속 제작되었으며 안쪽 바닥에 원각이 없는 사발이나, '제祭'명이 쓰인 철화백자의 접시류, 사발류가 많았다.

백자철화국화문호 • 조선 17세기 후반 • 높이 13.8cm • 입지름 10.9cm • 호림박물관 소장

1677년의 철화백자 '정사丁巳'명전접시는 이 시기의 것으로, 전국의 수많은 백자 가마터에서 나온 자유롭게 시문된 철화의 초문 사발들이나 호들이 이 시기 전후의 것으로 추정된다.

철화백자는 태토 위에 산화철의 철사鐵砂 안료로 붓을 사용하여 문양을 그린 후 유약을 입혀 번조한 것이다. 철사란 산화제이철Fe_2O_3을 주성분으로 한 일종의 안료로 적색 점토질의 분말을 이루는 상태이며 비교적 순도가 높다. 이 산화제이철에 의한 붉은색은 번조 온도 및 번조 시간, 번조 분위기 산화 번조 또는 환원 번조에 따라 섭씨 800도에서는 피와 같은 적색이, 1,000도 이상에서는 자흑색紫黑色이 된다.

조선 철화백자는 대개 환원염가마에 불을 땔 때 마지막 단계에서 산소 공급을 차단하는 번조의 상태으로 번조되었으며 번조 분위기에 따라 철색과 자흑색을 띠는 예가 대부분이다. 이러한 철화백자는 특히 17세기 후반경에 전국적으로 많이 생산되었다. 둥근 항아리나 장신의 항아리에 굵은 필치로 철화의 구름과 용, 초화문 등이 자유롭고 개성 있게 그려졌다.

1998년, 1999년 두 차례에 걸쳐 이화여대박물관이 발굴 조사한 17세기 후반의 철화백자 가마터는 경기도 안성시 일죽면 화곡리 백자 가마터이다.

발견된 가마는 타원형의 봉통부아궁이부 한 개와 방형方形 번조실 세 개가 연결되어 있는 구조의 연실식 등요였다. 길이 12m, 최대 폭 2.5m로 비교적 작은 규모이고 각 번조실은 20cm 이내의 얕은 단으로 나뉘어 있어 계단식으로 발전해 가는 단계의 구조로 볼 수 있다. 전체적으로 아래는 좁고 위로 가면서 넓어지는 평면은 긴 삼각형 모양이며, 자연 경사면을 그대로 두어 가마 바닥으로 활용했다. 번조실 내의 경사도는 10~15도로 완만하며 경사진 도침을 사용했다.

가마 출토품들은 사발, 접시, 잔, 호, 병 등의 식기류가 대부분으로 비교적 단순하다. 원형의 경사진 도지미 위에 모래를 깔고 여러 개를 포개어 번조한 막그릇들로, 오목굽이 주류를 이룬다. 철화백자의 경우 초화문, 화문, 엽문 등을 세필로 간략하게 그리거나 붓으로 눌러 찍어 안료의 농담에 따라 표현했다. 사발은 외면에, 접시는 상면에 문양을 그렸다.

국내에서 세 번째로 발견된 계단식 가마인 화곡리 백자 가마는 보존 상태도 좋은 데다 17세기 후반의 지방 백자 가마터의 구조와 형태를 잘 보여주는 중요한 곳이다.

승주 후곡리 백자 가마터에서도 주로 무문의 백자와 철화백자가 발견되었는데, 사발, 접시, 호 등의 일상 식기류가 주종을 이룬다는 점에서 화곡리 백자 가마터와 공통된다.

1680년대의 가마터로『승정원일기承政院日記』숙종 2년1676의 기록에 보이는 '탑립동분원塔立洞分院'은 회백색과 담청회백색을 띤 백자를 제작했던 경기도 광주군 초월면 지월리 가마터로 추정된다. 사발, 접시, 호, 합, 전접시 편들이 발굴되어 이들 백자가 계속 제작되었음을 알 수 있고 철화로 쓴 '갑甲'명과 초문이 시문된 백자편이 함께 발견되었

백자철화 병, 호, 완 • 조선 17세기 후반 • 전남 순천시 후곡리 백자 가마터 출토

다. 이 가마터는 점차 밝은 백색의 백자가 제작되기 시작했음을 보여준다. 1690년대는 확실하지 않으나 회백색에서 유백색 백자로 전환한 시기로 추정된다.

17세기 후반의 도자는 회백색의 바탕 위에 철화백자의 전성을 이루었다. 다양한 철화의 초문, 운룡문을 그려 넣은 호들이 이 시기 도자의 특색이다. 그 절정은 1670~80년대의 광주 신대리 가마터, 지월리 가마터에서 출토된 철화백자들과 안성 화곡리, 승주 후곡리 지방 백자 가마터에서 출토된 철화백자편들로 뒷받침된다. 특히 1670년대부터는 백자 태토로 빚은 청자가 사라지고 간지명도 점차 없어졌다. 대신에 자유로운 필치로 구름과 용, 매화와 대나무, 풀꽃 무늬 등을 그린 둥근 항아리와 사발이 널리 제작되었다.

한편 17세기 후반인 효종·현종 연간에 일본 측의 다완 번조 요청은 계속되어 효종

1년1650에는 다완과 백토 및 장인들을 요청하여 왜관 안에서 다완을 번조했음을 알 수 있다.

현종 1년1660에는 일본 측에서 사기 70립立과 옹기를 요청하자 조선왕조는 이를 허락하고 경상도에서 이것을 담당하도록 했다. 조선왕조는 1663년에도 사기 번조를 위해 토목, 장인 등을 왜관 내로 보내달라고 요청했다. 그밖에도 일본 측은 조선 장인들이 번조한 사기와는 별도로 왜관 안에서 조선인들을 통해 자기를 몰래 구매하곤 했다. 왜관 안에서 번조한 사기의 양이 충분치 않다고 여긴 왜인들이 잠상潛商을 통해 그릇을 사사로이 구매한 것이다.

숙종 7년1681에 대마도對馬島 주는 "새로운 관백關白이 많은 그릇을 요구하기 때문에 이에 부응하기 위해 각종 사기 번조를 요청한다"면서 일본에서 감역왜監役倭뿐만 아니라 장인과 서공書工, 조각을 맡는 왜인을 각각 파견하여 실제 작업에 참여하고자 했다.

일본 측은 1685년에도 다시 다완 번조를 요청하고 있어서 다완에 대한 수요가 꾸준했음을 알 수 있다. 이후 1690년대 말에 접어들면 왜관 안에서의 사기 번조는 더 이상 활발히 이루어지지 않게 된다. 당시 조선이 연속된 흉년과 기아, 전염병 등의 재난으로 어려움을 겪고 있었던 데다 수백 석에 이르는 원료를 왜관 안으로 운송하는 것이 백성들의 고초를 생각할 때 응하기 어렵다고 판단되었기 때문으로 여겨진다.

고려·조선 도자의 흐름과 찻사발

18세기 전반의
백자와 찻사발

   18세기 전반에는 고전적인 설백색을 띠는 백자가 제작되었으며, 그 제작의 중심은 경기도 광주 금사리金沙里 가마였다.

   이 시기를 살았던 담헌澹軒 이하곤李夏坤, 1677~1724의 『두타초頭陀草』 책3에는 다음과 같은 시가 실려 있다.

     앵자산 북쪽 우천牛川 동쪽에
     남한산성이 눈 안에 있고
     강 구름은 밤마다 계속해서 비를 만들며
     산골 나무에는 열흘 계속하여 바람이 길게 부네

     도공들은 산모롱이에 사는데
     오랜 부역이 괴롭다네

스스로 말하길 지난해 영남으로 가서

진주 백토를 배에 실어왔단다

선천토宣川土 색상은 눈雪과 같아서

어기御器 번성燔成에는 제일이라

감사가 글을 올려 백성의 노역을 덜었지만

진상품은 해마다 쓰지 못할 물품이 많네

수비水飛하여 만든 정교한 흙은 솜보다 부드럽고

발로 물레 돌리니 저절로 도네

잠깐 사이 천여 개를 빚어내니

사발, 접시, 병, 항아리 하나같이 둥글다네

진상할 그릇 종류는 삼십 가지요,

사옹원 본원에 바칠 양은 사백 바리나 되네

깨끗하고 거친 색과 모양 논하지 말게

바로 무전無錢이 죄이로다

회청回靑으로 칠한 한 글자를 은처럼 아껴

갖가지 모양 그려내어도 색깔이 고르네

지난해 대전에 용준龍樽을 바치니

내수사內需司에서 면포를 공인에게 상으로 주었다네

칠십 노인 성은 박씨라

그 안에서 솜씨 좋은 장인으로 불린다네

두꺼비 연적은 가장 기이한 물품이고

팔각 중국풍 항아리 정말 좋은 모양이네

— 방병선, 『조선 후기 백자연구』(일지사, 2000), 166~167쪽 인용

이 시는 숙종 35년1709에 이하곤이 묘지墓誌 사번私燔을 위해 분원에 머물며 백자 제작 과정을 지켜보면서 지었다. 분원에 장기간 입역入役해서인지 제작에 임한 장인들의 노고에 대한 연민의 정뿐만 아니라 그들의 손에서 빚어지는 우리 백자에 대한 자부심과 긍지를 이 시를 통해 알 수 있다.

현재 광주 일대의 백자 가마터 중에서 금사리 가마터 출토의 백자편과 비슷한 백자를 제작하던 곳으로 1710년대 전후의 궁평리 가마터가 있다. 『승정원일기』 경종 즉위년1720 12월 17일조에 기록된 "정유년1717에 실촌면 오양동에 사기 제조장분원을 이설移設했다"라는 내용으로 보아 현재의 오향리 가마터에서도 1717년부터 1720년까지 제작 활동을 했음을 출토되는 백자편을 통해 알 수 있다. 그리고 1721년부터 1725년까지는 광주 우천변, 즉 현재의 퇴촌면 관음리 가마에서 제작 활동을 했던 것으로 보인다. 기록에 나온 우천강변의 금사리 가마에서는 1726년경부터 분원리分院里로 가마를 옮기는 1752년까지 26년 동안 제작 활동을 했던 것으로 추정된다.

18세기 전반의 백자 편년 자료를 살펴보면, 1700년을 전후해서 백자의 유색이 회백색에서 설백색과 유백색으로 바뀌고 있음을 1683년의 숙인남양홍씨묘지淑人南陽洪氏墓誌와 1702년의 백자청화윤서속묘지白瓷靑畵尹敍續墓誌, 1705년의 백자청화이사실묘지白瓷靑畵李士實墓誌 등을 통해 알 수 있다.

또한 1710년대의 궁평리 가마터에서 발견된 설백자와 철화백자편, 1724년경의 백자철화'진상다병'명병白瓷鐵畵'進上茶瓶'銘甁, 금사리 가마터에서 발견된 철화백자편의 존재로

백자달항아리 • 조선 18세기 전반 • 높이 41cm • 국립중앙박물관 소장

보아 18세기 전반까지 철화백자 제작이 계속되었음을 알 수 있다.

이화여대박물관 소장의 백자철화포도문대호가 이 시기에 제작되었는데, 유색이 유백색을 띠며 항아리의 구부가 곧게 서고 몸체가 장신인 점이 특징이다.

금사리 가마에서는 설백색과 유백색 백자를 바탕으로 풍만하고 둥근 달항아리를 비롯한 다채로운 항아리들, 굽이 높아진 각종 제기들, 각角과 면面을 다듬은 병과 호, 청화로 간결하게 매화, 대, 패랭이, 난초, 들국화 등을 시문한 호, 병, 사발 등이 제작되었음을 알 수 있다.

한편, 영조 3년1727에 철사로 '進上茶甁진상다병'이라 써서 어기임을 표시한 백자병이 남아 있어 주목을 끈다. 한 해에 궁중으로 올리는 600~700개의 다병을 사옹원의 관리들이 중간에 가로채서 매매하는 폐단을 없애기 위해 특별히 표시한 것이라고 한다. 이다병은 뜨거운 다탕을 담아 잔에 따르는 용기로 사용했다.

경기도 군포시 산본동의 18세기 백자 가마터는 수리산 능선 끝자락에 위치하고 있다. 파괴가 심하여 가마 바닥과 약간의 벽선만 남아 있지만, 17~25도의 가파른 경사면에 축조되었음에도 경사진 도지미를 사용하여 경사를 극복한 가마임이 확인되었다.

번조실은 모두 일곱 칸으로 칸 사이에 돌과 진흙으로 만든 불창 기둥을 여러 개 세워서 경계를 만든 '분실요'이다. 칸마다 크기가 다르지만 길이는 대략 1.3~2.8m이고 폭은 1.2~3.1m로, 위로 올라갈수록 폭이 넓어지는 것이 특징이다. 바닥엔 암반이 많고 암반의 요철 부분에는 진흙을 발라 편평하게 만들었으며 그 위에 모래를 깐 뒤 도지미를 사용했다.

제1번조실에는 그릇을 잰 흔적이 없어 놀이 칸으로 비워두었던 것으로 판단된다. 마지막 제7번조실에는 초벌편이 주로 분포된 점으로 보아 초벌 칸임을 알 수 있다.

가마 벽의 밑은 돌을 사용하여 기초를 만들었고 천장은 진흙으로 축조했으며 돌과 진흙 안쪽에는 백토를 발랐는데, 이는 16세기 전반의 산본 백자 가마와 유사하다.

아궁이는 길이 1.2m, 폭 0.9~1m로 작은 규모의 비스듬히 놓인 자연 암반을 아궁이 입구로 이용하여 만든 특이한 구조로 불턱 없이 번조실로 완만히 연결된다. 완전한 상태로 남아 있는 굴뚝부는 마지막 칸 북벽에 20cm 정도 높이로 산돌과 진흙을 섞어 쌓은 후 그 위에 60도 경사로 네 개의 돌을 가마 방향으로 놓고 다

백자청화초화문호 • 조선 18세기 전반
• 높이 29.2cm • 일본 오사카시립동양도자미술관 소장

시 횡으로 돌을 놓아 두 개의 구멍을 만들어 연기가 지상으로 빠져나가게 설계해서 축조한 것이다. 측면 출입구는 아궁이에서 볼 때 오른쪽에 위치하며 바닥에 남은 흔적으로 보아 불창 시설 뒤쪽에 있었을 것으로 추정된다. 그 폭은 약 0.5m이다.

산본동 가마터에서는 갑발을 사용한 뛰어난 백자는 한 점도 없이 사발과 접시가 중심인 생활용 그릇들이 출토되었다. 특히 '제祭' '복福' '수壽' 명의 문자를 사발과 접시의 안 바닥과 측면에 청화로 쓴 청화백자가 나왔는데 이들은 18세기 금사리 분원 백자에 쓰인 문자들과 닮아 있다. 뿐만 아니라 수습된 초벌편 중에는 광주 금사리 가마의 특징으로 각角이나 면面을 깎은 백자편들이 있어 가마의 연대는 18세기 전반으로 추정된다.(『군포 산본동 청화백자 요지』충북대학교, 1993)

요지 출토의 백자청화'복福'명사발은 구부가 약간 벌어지고 동체가 사선을 이루었다 좁아진 사발로서, S자 곡선을 이루던 17세기의 것보다 바로 세워진 밋밋한 모양이다. 이와 같은 사발은 찻사발로도 쓰였으리라 추정된다.

고려·조선 도자의 흐름과 찻사발

18세기 후반의
백자와 찻사발

    조선시대의 선비들은 대체로 대자연 속에서 소박하게 차를 즐겼다. 소나무 아래나 시냇물 가운데에 있는 널찍한 바위, 대나무숲 속, 때로는 강에서 배를 타면서 차를 끓여 마셨다. 편안한 마음으로 자신의 분수를 지키며 소박하게 차를 마셨던 것이다. 또한 볏짚이나 억새 등으로 이은 작고 소박한 초당草堂에서 안빈낙도安貧樂道하며 산림에 묻혀 유유하게 살아가면서 차를 마셨다.

    18세기 후반을 살았던 학자이자 문인인 장혼張混. 1759~1828은 이웃의 옥경산방다회玉磬山房茶會에 참석하여 다음과 같은 글을 남겼다.

    옥경산방다회에서 유수주의 운을 따서 짓다

    이웃 사람들이 이미 서로 가까이하니
    할 일 없이 날마다 와서 모이네

작은 오두막집이라 살기 또한 아늑하고

좌우로 시내와 산을 마주하고 있네

봄 날씨는 점점 화창해지니

만물들이 전부 생기 있는 모습이네

이를 바라보며 마음이 상쾌하니

농담 삼아 웃으며 등을 어루만지네

새들은 짝지어 모이고

숲의 나무에선 향기로운 안개 일어나네

비록 성문 안에 있다지만

뜻은 속세 밖에 노닌다네

즐거울진대 무엇을 근심하리오

가난과 천함이 분수에 맞도다

차를 몇 잔 마시고 나니

가슴속 온갖 번민이 사라지네

― 정영선, 『한국 차 문화』(너럭바위, 1990), 187쪽 인용

18세기 후반의 백자는 한강가로부터 땔나무를 실어오기 편리할 뿐만 아니라 백토를 옮기기에도 알맞은 광주 분원리에 고정적으로 설치된 가마에서 만들어졌다. 10년마다 관영 사기 공장인 분원을 옮기는 낭비와 어려움을 극복하기 위해 분원을 교통이 편리한 곳에 고정시키자고 주장해 오던 사옹원 관리의 17세기 말부터 계속된 요청에 따른 것이었다. 이로써 1752년 분원리에 고정된 관요는 안정된 분위기 속에서 번조 작업을 할 수 있는 여건을 마련했다. 이설된 초기는 영·정조 연간으로 사회가 전반적으로 안정되고 성숙된 시기였다. 시장경제 발달과 신분제 확대는 분원 백자의 수요를 증가시

켰다. 따라서 금사리 가마에서 만들어진 것과 같은 유백색의 백자와 간결한 청화백자의 병, 호, 제기, 문방구 등이 활발하게 제작되었다.

영조 30년1754 7월 갑술조에 "옛날에는 도자기의 그림을 석간주石間硃로 그렸다 하는데, 요즈음 들으니 청료靑料로 그린다고 하니 매우 사치스러운 풍조이다. 그런즉 이후에는 용항아리龍樽 외에는 일체 엄금한다"라는 기록과『일성록日省錄』정조 18년1794 11월 16일조의 기록에 "기묘한 형태의 그릇 제조를 일체 엄금하라"는 엄명이 있다. 이 시기를 전후한 이규경의『오주연문장전산고』에 "정묘조正廟朝에 화채畵彩 번조를 금한 뒤로는 백자 위에 화훼花卉를 양각으로 불룩하게 구워내더니 오래지 않아 다시 청채靑彩를 사용하게 되었다"는 내용 등이 있다.

백자청화매조문호(유개) • 조선 18세기 후반
• 총 높이 32.3cm • 호 높이 25.4cm • 호암미술관 소장

아울러 편년 유물로는 1776년 추정의 백자청화산수문'병신丙申'명각병과 1783년 추정의 백자청화철채산수문팔각연적이 있다. 백자청화산수문'병신'명각병은 청백색의 푸른빛을 머금은 분원리 백자 특유의 유색을 띤다. 목이 짧아지며 크고 풍만한 몸통 중앙에 큰 능화형의 창으로 문양대를 구성하여 소상팔경瀟湘八景의 산수문을 능화창 가득 그렸다. 그 창과 창 사이에는 가는 대나무를 배치하여 여백이 줄어들어 대나무가 문양과 문양을 잇는 장식적인 소재로 사용되었다. 이로써「소상팔경도」의 소재가 주로 많이 그려졌음을 볼 수 있다.

백자청화철채산수문팔각연적은 여덟 면에는 청화로 산수문을, 윗면에는 농담을 살려 포도문을 회화적으로 그린, 한 기물에 다양한 소재를 표현한 작품이다. 그리고 용 두 마리와 둥근 굽 여덟 개를 철채鐵彩하고 청료와 철료鐵料를 혼합하여 사용했음을 알 수 있다.

18세기 후반에는 다양한 무늬의 청화백자가 활발히 제작되었다. 항아리의 경우 어깨 부분과 목 부분에 여의두문대나 연판문대 등이 장식되기 시작했고 무늬의 주제도 산수, 매조梅鳥, 인물, 소상팔경, 화훼문 등으로 회화적이었다. 각병, 각호, 각접시 등의 그릇과 제기류 및 필통, 필가筆架, 연적 등의 문방구류 제작도 더욱 활발해졌다.

백자청화'제(祭)'명제기
• 조선 18세기 후반 • 높이 10.7cm
• 입지름 29cm • 개인 소장

18세기 후반에 박제가朴齊家, 1750~1805는 대표 저서 『북학의北學議』1778 내편內篇 자瓷에서 당시 중국자기의 정교하고 화려함과 대비되는 분원자기의 투박함을 다음과 같이 지적했다.

중국자기는 정교하지 않은 것이 없다. 비록 시골의 다 부서진 집에도 모두 황금이나 옥 같은 색깔로 채색한 항아리, 잔, 병, 완 등이 있다. 그 사람들이 사치를 좋아해서가 아니라 도공의 일이 당연 이와 같은 것이다. 우리나라의 자기는 몹시 거칠다. 아랫부분에 모래가 붙은 것을 그대로 번조하는데 덕지덕지 모래가 붙은 것이 마른 밥알이 붙은 것과 같다. 이런 그릇을 끌어당기면 소반이나 탁자 등이 긁히고 씻어도 찌꺼기와 더러운 것이 그대로 있다. 땅에 놓으면 항상 위태하여 자주 넘어진다. … 지금 운종가종로에 수천 개의 자기를 진열했지만 만약 삼대의 시기라면 모두 팔릴 수 없는 것들을 진열한 것이다. 지금 사옹원에서 구운 자기는 정교한 것이라고는 하지만 그래도 너무 두껍고 무거운데 이와 같지 않으면 필히 상한다고 하면서 도리어 중국 그릇을 흠잡는다.

연암燕巖 박지원朴趾源, 1737~1805의 제자로 활약했던 실학자 이희경李喜經, 1745~1805의 저서인 『설수외사雪岫外史』에 당시 조선의 가마에 대한 기록이 있다.

> 내가 분원을 지날 때 자기를 번조하는 것을 본 적이 있는데 모두 와요臥窯였다. 소나무로 불을 때는데 화염 기세가 등등하여 연일 식지 않았다. 내가 "화염은 위로 올라가는데 가마는 누워 있으니, 번조하면 필히 불길이 굽어 널리 퍼지지 못한다. 화염이 또한 맹렬하니 자기는 이지러지고 터진 것이 많다. 어찌 입요立窯를 만들어 약한 불로 때지 않는가? 중국의 벽돌 가마도 모두 입요이다. 이로 미루어보아 자기는 벽돌과 비교하면 더욱 정교하고 약하니 와요를 써서 맹렬한 불로 굽는 것은 반드시 부당하다"고 하자, 번관燔官이 웃으며 "지금 당신의 한마디 말을 따라 어찌 옛것을 폐하고 고칠 수 있겠는가"라고 했다. 나는 말없이 나와 돛단배를 타고 한강 입구에 닿았다.

이 기록으로 보아 조선의 가마 구조는 조선 고유의 등요登窯로서 이때까지도 거의 바뀌지 않은 것으로 보인다.

18세기 후반의 백자 가마터로는 2000년 11~12월에 발굴 조사된 충남 대전광역시 서구 장안동 장태산 입구에 위치한 가마터를 들 수 있다. 가마는 15도 경사에 축조되었으며 다섯 칸의 격벽이 있는 칸 가마 구조로 전체 길이는 16.6m였다.

이 가마 첫째 칸의 너비는 1.8m, 끝 칸의 너비는 3.2m로 부챗살처럼 약간 펼쳐진 모습이다. 칸마다 8~11개의 불창 기둥이, 그 위로 격벽 시설이 있으며 번조실 바닥은 계단을 이루지 않았다. 아궁이에서 보았을 때 우측으로 격벽 바로 뒤에

백자양각청화동철화초충문병
- 조선 18세기 후반 · 총 높이 42.3cm
- 밑지름 13.3cm · 간송미술관 소장

백자잔과 접시 • 조선 18세기 말 • 총 높이 6.0cm • 지름 12.2cm • 개인 소장

측면 출입구가 있다.

　아궁이는 길이 3.5m, 번조실 바로 아래의 너비 1.7m로 세로가 긴 장방형이고 바닥은 회색 점토질이다. 굴뚝부는 다섯 개의 구멍으로 연기가 빠지도록 화강석 여섯 개를 이용하여 축조되었는데 완전한 형태로 남아 있다. 출토 유물은 사발, 접시, 잔 등이 주류이고 그 외에 호, 자배기, 귀때 달린 그릇 등의 생활기가 있으며 간단한 초화문을 그린 철화백자가 소량 있다.

　이 가마에서 만든 도자기는 회색과 회청색의 유색을 띠고 높은 수직굽, 오목굽, 평저굽이며 굵은 모래 받침을 받쳐 포개구이를 한 경우가 대부분이다.

　사발 및 잔은 저부에서 각이 져 세워진 것, 통형의 것, 그리고 소형 잔으로 내저에 원각이 없고 오목굽을 주로 한 것이 출토되었는데, 찻사발로 소중하게 쓰였던 것으로 추정된다.

19세기 전반의
백자와 찻사발

19세기 전반에 한국 차 문화를 새로이 중흥시킨 인물로는 다산茶山 정약용丁若鏞. 1762~1836과 추사秋史 김정희金正喜. 1786~1856, 그리고 초의艸衣 의순意恂. 1786~1866 선사가 있다.

다산은 『목민심서牧民心書』『경세유표經世遺表』 등 500여 권의 저서를 남긴 대학자였다. 젊은 시절부터 차 생활을 한 그는 19세기 초 강진에 유배되어 살면서 차의 중요성을 인식하고 쇠퇴한 차 문화를 일으키고자 『동다기東茶記』 등을 썼으며 많은 차시문茶詩文을 남겼다. 그는 강진 백련사白蓮社 서쪽에 있는 다산茶山에서 초당草堂을 짓고 지냈으며 후에 귀양살이에서 풀려나 양주 능내리 본가에서 초의가 보내온 차로 음다 생활을 즐겼다.

다산은 1806년 겨울, 백련사의 승려 아암兒菴 혜장惠藏에게 차를 얻고자 다음과 같은 글을 보냈다.

나는 요즘 차茶만 탐식하는 사람이 되어 겸하여 약으로 마신다네. 책으로 육우의

『다경』세 편을 완전히 통달하고 병든 숫누에다산는 노동의 칠완다七碗茶를 들이 킨다네. 비록 기력이 쇠약하고 정기가 부족하여도 기모민基母䃞의 말을 잊지 않으나 막힌 것을 삭이고 헌 데를 다 낫게 하니 이찬황李贊皇의 차 마시는 버릇이 생겼네. 아! 아침 햇살이 피어날 때, 뜬구름이 희게 날 때, 낮잠에서 갓 깨어났을 때, 명월이 시냇물에 드리워져 헝클어져 있을 때에 끓는 찻물은 가는 구슬과 눈雪처럼 날아오르며 자순차紫筍茶의 향기를 드날리네. 생기 있는 불과 좋은 샘물로 들에서 차를 달이니 흰 토끼의 맛이 난다네. 꽃자기에 붉은 옥玉 같은 다탕의 화려함은 비록 노공문언박에게 양보하여도 돌솥에 푸른 연기로 소박한 것은 『한비자韓非子』에 가깝다네. 옛사람들은 끓는 물방울을 보고 게눈이니 물고기눈이니 하며 무척이나 좋아했고 궁중에서 쓴 용단봉단龍團鳳團은 이미 다 없어졌다네. 산에 땔나무 하러 못 가는 걱정이 있어 차를 얻고자 하는 뜻을 전하네. 듣건대 고해苦海를 건너는 데는 보시를 가장 중히 여긴다는데 이름난 산의 고액이며 풀 중의 영약으로 으뜸인 차는 그 제일이 아니겠는가. 목마르게 바라는 뜻을 헤아려 달빛과 같은 은혜를 아끼지 말기 바라네.

추사는 성균관대사성과 이조참판 등을 역임했고 독특한 추사체를 대성시켰으며 『완당집阮堂集』『금석과안록金石過眼錄』 등의 저서를 남겼다. 1816년 추사는 다산의 아들 유산酉山 정학연丁學淵의 소개로 동갑인 초의를 만났으며 초의로부터 해마다 차를 얻어 마셨다. "참선과 차 끓이는 일로 또 한 해를 보냈다"는 말이나 초의에게 써준 '명선茗禪'은 그의 생활이 차茶와 선禪으로 일관되었음을 보여준다.

백자청화철쭉꽃병
• 조선 19세기 전반 • 높이 26.5cm • 일본 개인 소장

초의 의순 선사 • 19세기 우리 차의 중흥조이자 『동다송』 『다신전』의 저자 초의의 초상으로, 곁에 백자 다관이 보인다.

    초의는 선禪과 교教에 두루 정통했던 승려였다. 1809년 강진에 있었던 다산 정약용의 문하에서 오랫동안 유학과 시를 공부했고 당대의 석학들이나 문사들과 널리 교류했다. 1837년에 『동다송東茶頌』을 썼으며 음다 풍속이 성해지는 데 크게 기여했다. 초의의 제자 소치小癡 허유許維는 1836년 초의와 일지암一枝庵에 함께 기거했을 때 초의의 모습을 그의 『몽연록蒙緣錄』에 기록했다.

    그가 머무는 곳은 두륜산 꼭대기 아래이다. 소나무 숲이 깊고 대나무 무성한 곳에 몇 칸의 초실을 얽었다. 늘어진 버들이 처마에 닿아 있고 풀꽃이 섬돌에 가득 차서 그늘이 뒤엉켜 있었다. 뜨락 가운데에는 상하의 못을 파고 처마 아래에는 크고 작은 물통을 놓아두었는데 대쪽을 연결해서 멀리서 구름 비친 샘물을 끌어온다.

'눈에 걸리는 꽃가지를 잘라버리니 멋있는 산봉우리가 석양 하늘에 더 잘 보이네.'

이러한 시구가 매우 많은데 시가 맑고 고상하며 담박하고 우아하니 속된 기운이 없다. 눈이 오는 새벽이나 달이 뜬 밤마다 시를 읊으며 흥을 견디곤 했다. 향기가 일어나고 차가 한창 끓으면 거닐면서 흥이 내키는 대로 간다. 집마다 있는 난간에 기대어 우는 새소리를 들으며 서로 마주 바라보고 깊숙하고 굽은 오솔길에서 손님을 만날까 봐 숨곤 했다.

— 정영선, 『한국 차 문화』(너럭바위, 1990), 246, 256쪽 인용

다산, 추사, 초의가 살았던 19세기 전반은 순조·헌종 연간으로 안동 김씨, 풍양 조씨의 세도정치가 시작된 시기였다. 이 시기에는 왕권의 약화와 양반정치의 혼란, 삼정三政의 문란으로 농촌사회가 피폐해져 갔다. 한편 대외무역 발달과 대동법 실시는 상업의 발전을 촉진시켰다. 시장망이 전국적으로 확대되어 상품에 대한 수요가 증가했고 상업이 다양화하여 대규모의 상업 자본을 형성할 수 있게 되었다. 이러한 상업 자본은 분원에까지 유입되어 다양한 청화백자 양산의 원동력이 되었지만 장인들의 사번私燔을 지배했고 나아가 분원이 민영화하는 계기를 마련해 주기도 했다.

백자는 18세기의 뒤를 이어 분원리 가마에서 더욱 활발하게 제작되었으며 청화백자를 중심으로 음각·양각·투각·상형의 순백자가 다채롭게 만들어졌다. 특히 18세기 말경에 제작되기 시작했던 청백색의 백자가 분원리 가마 특유의 맑고 청초한 청백색 유색을 띠게 되었다. 사번의 증가는 19세기 전반 청화백자 양산에 원동력이 되었으며 엄격하고 폐쇄적인 관영官營의 체제에서는 생산할 수 없는 다양하고 자유로운 청화백자의 예술세계를 이룩하는 데 큰 역할을 했다.

청화백자가 양산됨에 따라 기형과 문양 장식 기법에서 다양한 시도가 이루어져 확

백자잔 및 잔 받침 • 조선 19세기 전반 • 높이 6.2cm • 잔 받침 15.4cm×8.7cm • 일본 개인 소장

대·발전시킬 수 있었다. 기형 면에 있어서 병이나 항아리 중심의 제작에서 벗어나 접시, 사발, 완, 찻잔, 합, 대접을 비롯하여 주전자, 타구, 양념항아리, 화분, 숟가락, 베갯모에 이르기까지 다양한 일상 용기가 제작되었다. 실용기로서 이들은 형태가 안정되었고 불필요한 선의 낭비 없이 직선화되었다. 또한 수많은 상형의 연적이 제작된 점을 특징으로 들 수 있는데 개구리, 두꺼비, 토끼, 해태, 잉어, 천도복숭아, 금강산, 무릎, 사각, 팔각, 두부 등의 아름다운 형태가 만들어졌다. 필통으로는 십자형, 연환형, 격자, 파초, 포도, 연화 등의 문양을 투각한 것이 제작되었다.

　주구가 달린 다관찻주전자들이 별도로 만들어졌고 깔끔한 청백색의 유색을 띤 찻잔들과 잔 받침, 향꽂이 등 다양한 다구류들이 제작되었다. 방형과 원형의 크고 작은 제기 접시, 합, 벼루, 필가, 필세, 묵호 등의 문방구류들, 술잔과 술병, 항아리들이 다양한 형태로 제작되어 한국적인 예술세계를 보여준 백자의 전성기였다.

백자청화동화도형연적
• 조선 19세기 • 높이 11.2cm
• 개인 소장

문양은 그 소재를 이루 말할 수 없을 만큼 다양해졌다. 십장생과 수복壽福 문자를 비롯한 길상吉祥의 소재가 널리 사용되었는데, 이는 당시 사회적 혼란 속에서 안녕과 복을 기원하는 현세구복적 신앙의 유행과 깊이 연관된다. 한국적인 세계를 보여주는 십장생의 사슴과 불로초, 운학과 거북, 소나무와 바위, 멋들어진 해와 달, 힘찬 운룡雲龍과 운봉雲鳳이 활달하고 생동감 있게 표현되었다. 분원 앞 한강, 그 앞의 삼산三山을 보여주는 산수 문양의 정취, 그리고 모란, 포도, 불수감, 사군자, 석류, 박쥐, 파초, 기명절지 등의 간결하고 활달한 모습이 다양한 기형과 잘 어울렸다.

장식 기법도 다양해져서 단순히 청화로만 문양을 시문하는 데서 벗어나 산화동이나 산화철 안료와 혼용하는 경우가 빈번해졌다. 문양을 양각한 뒤에 청화로 바탕을 채색하기도 했다. 다양한 투각 기법이 연적과 필통 같은 문방구에 사용되어 선비들의 세련되고 고급화된 욕구를 충족시키기도 했다. 맑고 청초한 청백색 유색, 연적과 필통 등 다양한 기형, 찻사발과 찻주전자의 등장, 서정적인 세계를 보여주는 십장생, 수복문 문양 등이 어울려 분원리 가마 백자의 특색을 유감없이 보여준다.

이 시기의 백자 편년 자료로는 1808년의 홍대윤백자철화통형묘지, 1821년의 청연군주석제묘지와 함께 출토한 백자명기들, 1829년의 임천수백자청화묘지, 1843년의 전재인백자청화묘지, 1850년의 백자청화동채도형연적 등을 들 수 있다. 이러한 자료들은 청백색의 백자 위에 맑은 청화·철화·동채 기법을 가미한 백자가 계속 제작되고 있었음을 알려준다. 오늘날 사용하는 찻주전자와 찻잔의 형태와 유색의 대부분이 이 시기의 산물이다.

19세기 후반의
백자와 찻사발

　19세기 후반에서 20세기 초까지는 철종·고종 연간으로 근대사회로 들어서는 격동의 전환기였다. 정치와 경제의 문란은 수많은 민란으로 이어졌으며 대원군의 쇄국정치 이후 일본과 서구 열강이 침투하여 조선사회는 극심한 변화를 겪었다. 급기야 일본 제국주의의 침략에 식민지 국가로 전락하는 결과를 가져왔다. 이 시기에는 도자 또한 급격히 변화했지만 대체로 19세기 전반의 백자 전통을 답습했다.

　19세기 후반에는 상인물주商人物主가 출현하여 사기 장인들의 사번자기 생산 규모를 확대시키는 결과를 초래했다. 1884년에 들어서서는 관영 사기 공장이 민영화되어 12명의 물주物主가 운영하는 체제로 바뀌었다. 상인들이 물주로서 사번을 지배하여 관영 분원 운영 체계를 변화시켜 궁중의 진상進上자기도 상인물주 12명에 의해 번조되게 되었다. 따라서 1884년 이후, 종전에는 관어용 자기로만 사용되었던 분원의 자기가 양산되어 민간에까지 보급되면서 자기의 수요를 확대시켰다. 그러나 점차 기형과 문양, 유색의 질이 저하된 것으로 보인다.

1884년 민영화 이후, 분원은 "30명의 서리 가운데서 선출되는 도의원에 의해 거의 관원의 지배 없이 경영되었으며 향반 및 전직 관리 등 경제적 유력자에게서 자금을 차용하여 만들어진 분원자기는 사기 행상으로 상설 사기 전문 시장과 같아졌다"라고 분원에 살았던 원로인 함창섭 옹은 전했다. 이 증언을 통해 1890년대의 분원 모습을 살펴볼 수 있다.

　19세기 후반의 백자로는 문방구류, 각병, 화형접시, 호리병, 합 등 다양한 기형이 등장했다. 접시 등의 전면에는 청화 문양이 꽉 차게 시문되었는데 그 문양에서 청 및 일본 자기의 영향이 짙게 나타났다. 식생활 용기로 백자가 일반인들에게 널리 쓰이면서 반상기, 주병, 찻사발, 주전자, 찬합, 등잔, 잔, 접시 등이 다량 생산되었다. 이 식기들에도 산수문, 포도문, 수복문, 국화문, 불수문 등이 다채롭게 장식되었다. 1874년에 작성된 『분원변수복설절목分院邊首復設節目』에는 다음과 같은 내용이 나온다.

> 원래 생산자인 장인은 가난하고 어리석어서 사번에 들어가는 물료物料를 마련할 자본이 없었기 때문에 부유한 상인에게 자본을 빌리지 않을 수 없었으므로 차츰 상인에게 예속되어 갔고, 상인들은 처음에는 사번자기를 돈벌이의 수단으로 알고 분원 장인의 우두머리인 변수邊首에게 자본을 대여하여 물주로서 생산자를 지배하더니 스스로 변수가 되거나 원역員役이 되어 사번을 직접 경영하기에 이른다.

　이렇듯 상인물주가 자본가에서 경영인이 되어 분원의 도자 생산을 지배했던 상황으로, 1884년에 『분원자기공소절목分院瓷器貢所節目』이 발표되어 사옹원의 관영 사기 제조장으로서 조선왕조에 백자를 제공해 온 분원을 왕실과 국가의 차원에서 상인물주를 포함한 민간인이 경영하도록 했다. 그러나 분원 사기 장인의 생계를 위해 마련되었던 사번자기는 상인물주의 경제적 이윤을 높이는 데만 기여했고, 열악한 경제 사정으로 상인물주에게 의존할 수밖에 없었던 분원 장인들은 제공한 노력에 대한 적절한 대가를

백자다관 • 조선 19세기 • 높이 7.6cm • 입지름 4.8cm • 밑지름 6.0cm • 국립중앙박물관(동원 이홍근 수집) 소장

받지 못했으므로 스스로 자본을 확보하지 못하는 상황에 처해 있었다. 이와 함께 분원의 운영 체제를 변화시킨 요인은 수입자기의 등장과 관련되었다. 19세기 헌종 대에는 왕실의례에 소용되는 자기가 중국자기로 대체됨으로써 분원자기의 주 수요층인 왕실이 수입자기를 사용했다. 왕실에서 분원자기보다 중국자기를 선호하는 경향은 분원백자의 양식에도 영향을 끼쳐 청淸의 단색유를 모방하는 경향이 나타났다. 중국의 화준花樽은 1868년 『진찬의궤進饌儀軌』에서도 사용되었다고 나와 있어, 왕실에서 지속적으로 중국자기가 유행했음을 알 수 있다.

　1876년에 일본과 병자수호조약丙子修好條約을 체결함으로써 일본 수입자기들이 국내에 본격적으로 유입되기 시작했다. 개항 무렵에는 기술과 선진 문물의 입수 경로가 일본으로 바뀌었고 도자기에 있어서도 인천, 원산, 부산 등지를 통하여 일본자기의 수입이 늘어났다. 결국 분원백자는 수입자기에 밀려 점차 왕실과 민간 양자의 구매력을 상실

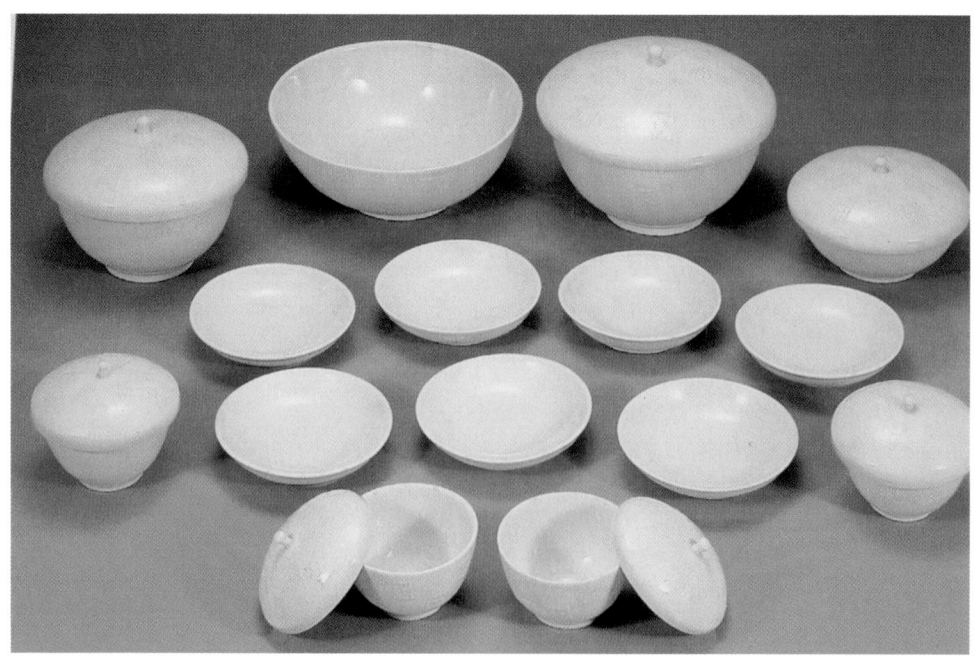

백자반상기 • 조선 19세기 • 접시 7점 : 높이 2.6cm 입지름 10.9cm • 종자 4점 : 높이 5.3cm 입지름 7.9cm
• 사발 높이 13cm • 대접 높이 7.8cm • 선문대박물관 소장

하여 도자 제작 기술의 쇠퇴로 이어졌고, 분원의 운영 체제가 변화한 이후에도 지속적으로 국내 도자 산업 기반이 발달해 가는 데 저해 요인이 되었다.

  1884년 분원이 사영私營 체제로 전환된 이후에 분원 장인이 이탈하여 개인 도자 공장을 설립함으로써 각 지방에 소규모 도자 공장이 등장하게 되었다. 그 대신 분원리요는 1900년 이후로는 간신히 명맥만을 이어갔던 것으로 파악된다. 분원 장인들이 이탈하여 설립한 도자 공장이 증가하여 도자의 저변이 확대되었다. 제작 장인들이 새로운 수요층을 대상으로 한 도자로는 인근의 서민 수요에 부응하는 상사기 또는 막사기 종류가 생산되었다.

  1900년경의 광주 분원리요에서는 사발 위주의 식기 생산에 주력하여 인근 마을의 일반 가정과 음식점 등에 판매했다. 지방 민요에서는 무겁고 형태가 고르지 못한 담청색 백자류가 생산되었던 것이 특징인데, 질적으로 떨어지지만 가격이 저렴해 서민들의 호응을 얻어 수요층을 확보했다. 결과적으로 1900년 이후 기존의 분원 체제 내에서 제작자인 장인은 경제적 기반인 자본 확보가 불가능했다. 그러므로 민영화 이후 독립한 장인들은 재래적인 생산 여건을 개선할 자체적인 능력을 갖추지 못했다.

또한 왕실과 민간에서 수입자기를 계속 경쟁적으로 사용하면서 국내 도자인 분원 백자를 외면했기에 경쟁력이 떨어진 분원백자가 기술적으로 쇠퇴하는 결과가 나타났다. 분원이 민영화된 이후의 기록인 아사카와 타쿠미淺川巧의 『분주원보등分廚院報謄』에 보이는 분원의 구성인들은 총 552명이다. 감관監官을 비롯해 분원 경영의 실무를 담당하는 사람이 27명이나 되고 실제로 백자를 제작하는 장인이 108명, 그 외 자기 제조를 위한 잡역이 417명으로 전문화되어 있음을 보여준다. 아사카와 타쿠미의 『조선도자명고朝鮮陶瓷名考』에는 19세기 말에서 20세기 초 조선인들이 쓴 식기食器에 대한 귀중한 기록이 있다.

> 밥상에 올리는 한 벌의 식기를 '반상기飯床器'라 부르고 사기 제품으로 된 것을 '사반상沙飯床'이라 한다. 사반상은 보통 열한 개 내지 열세 개로 이루어져 있다. 고급 음식의 표준으로 예빈시에서 중국의 사절을 대접하는 식단을 보면 면 한 그릇, 산적 두 그릇, 찜 두 그릇, 탕 세 그릇, 떡 한 접시, 과일 한 접시, 간장 한 그릇 등이다. 격식을 갖추어 밥상 하나를 차리게 만든 한 벌의 사기그릇을 사반상이라 한다.
>
> 보통 사발沙鉢 한 개, 대접 한 개, 보시 세 개, 접시 다섯 개, 종지 한 개 등이며 모두 합해서 열한 개 내지 열세 개 정도이다. 사발은 밥을 담는 그릇으로 조선에서는 한 끼에 한 그릇씩이기 때문에 그릇이 비교적 크다. 그러나 같은 사발이라도 대, 중, 소의 구별이 있어서 큰 사발, 중 사발, 작은 사발 등으로도 부른다.
>
> 사발에 해당하는 한자로는 완盌이 있고 완碗, 완椀, 완埦 등도 아울러 쓴다. 사발이

라고 불리는 그릇 중에는 나팔꽃 모양으로 벌어진 것을 '바라기'라 하고 주둥이가 세워져 있는 것을 '입기立器'라 부른다. 또한 주둥이가 안쪽을 향하여 조여 있는 것을 '발탕기鉢湯器'라 하여 보통 아녀자의 밥그릇으로 사용하고 있다. 조금 큰 것으로 국그릇으로써 사용하는 '탕기湯器'가 있다. 사발보다 모양이 조금 작은 것으로 보시기, 종자鐘子, 종발鐘鉢, 찻종茶種 등이 있다. 보시기는 '보아'라 부르기도 하며 크기는 사발과 종자의 중간이다. 보시기에 상용하는 한자는 '구甌. 사발'로서 '완지소자위구盌之小者爲甌'로 기록되어 있다. 밥상에 김치를 담아서 올려놓는 데 쓰인다.

종자는 보시기보다 형태가 작고 간장 등을 담아 밥상에 놓는다. 또한 사발 모양의 작은 그릇으로 종자와 같은 용도로 올리는 것으로 종발이 있다. 찻종茶種은 소위 찻잔을 말한다. 일반적으로 '종鍾'자를 쓰는 수도 있다. 이상의 기물에 뚜껑이 있는 것은 이름 앞에 '합盒'자를 붙여 부른다. 다례茶禮에 사용하는 것으로 다관茶罐과 다종茶鐘이 있다.

이 글을 통해 조선 말 식기로서 사발과 보시기, 종자가 어떻게 구분되는지 알 수 있다. 19세기 후반에서 20세기 초의 격동기를 거치면서 분원의 민영화와 그 후원자였던 조선왕실의 몰락, 그리고 일본 근대 자기의 물밀듯 한 침투와 상품 시장화 등은 가뜩이나 현 상태 유지에 급급하던 조선백자의 제작에 큰 충격을 가져온다.

20세기 전반의
도자와 찻사발

1884년 관영 사기 공장인 분원이 민영화되면서 1910년까지 백자는 전통적인 관영 수공업 체제의 붕괴와 본격화된 일본자기의 유입으로 새로운 도자기 생산 방식을 모색해야 했다. 왕실 및 관청을 대상으로 제작되던 도자가 왕실 및 관청, 그리고 일반 수요층으로 저변이 확산되었고, 사기장들이 독자적으로 개인 도자 공장을 세우는 현상들이 이어졌다.

그러나 기존의 관영 수공업 체제에서 자본을 확보하기 어려웠던 사기장들은 생산 여건을 개선하지 못한 상황에 머물러 있었고, 더욱이 개항을 계기로 본격적으로 유입된 외국자기에 대해서는 경쟁력을 갖추지 못했다. 이러한 상황에서 이미 중국의 수입자기를 선호했던 조선왕실은 개항 이후에 일본과 유럽의 산업화된 자기를 선호했다. 따라서 1900년을 전후한 시기에는 왕실용 자기의 많은 수량을 외국에서 수입한 자기들로 대체하기에 이르렀다. 한편 사회 지도층 일각에서는 조선도자가 발전하고 경쟁력을 갖추기 위해서는 기계 생산 방식을 도입해 도자 생산을 산업화해야 한다는 움직

각종 청화백자 그릇들(사발, 접시, 합, 병) • 20세기 전반 • 높이 54.8cm • 이화여대박물관 소장

임들이 나타났으나 성과를 거두지는 못했다.

   고종 34년1897 농상공부에서는 우리 도자 문화의 육성에 주목하고 있던 주한프랑스공사의 협조를 받아 전문 공예가 양성을 위한 '공예미술학교' 설립 안을 추진했다. 프랑스에서 공예 교사들과 장인들을 초빙하는 대신 필요한 공구와 기구를 수입한다는 조건으로 1900년 국립세브르Sèvres요업소의 도자기 교사 레미옹Leopold Remion을 초빙하고 서울 통의동의 한 정부 건물에 학교를 설립한다는 계획이 있었으나 무산되고 말았다. 매우 적극적인 기질의 젊은 도예가였던 레미옹은 공예미술학교 개교를 위해 필요한 유약과 기구를 프랑스 본국에 독촉하고 기타 설비를 서둘렀다. 하지만 계획은 지연되었고 그는 무료한 시간 동안 우리나라 점토로 한국 어린이들 얼굴, 프랑스 신부 초상 등의 작품을 만들며 생활했으나 모든 계획이 수포로 돌아가자 본국으로 돌아갔다.

1899년 상공학교가 국가 최초로 설립되어 상업과 공업 교육을 실시했다. 1904년에는 농상공학교로 개칭되어 1907년까지 존속하다가 농업·상업·공업이 각 전문 영역별로 독립된 학교를 이루게 되었다. 이 가운데 공업과는 공업전습소로 개편되면서 도자 교육을 실시했다. 대한제국 정부의 주도로 실업학교가 설립되었으나 당시 일반에는 생업천시사상이 팽배해 있었던 데다 근대적 실업 교육에 대한 인식이 부족하여 지원자가 없었다. 그리하여 일본인 학생의 입학을 허가하면서 점차 일본인들이 주도하는 실업 교육으로 변해갔다. 진보적 지식인들과 대한제국 정부의 근대적 개혁 의지에 따른 도자 산업화의 움직임들은 도자 교육 기관의 설립이라는 새로운 변화로 나타났으나 수용되지 못했다.

당시에는 관영 수공업 체제가 붕괴되어 국가적 차원에서 지원이 결여되었고 외국자기와 가계 생산품이 유입되었다. 이런 와중에 재래적인 방식으로 수공업 생산품을 대량 생산해 나가는 과정에서 전통적인 수공예 기술이 쇠퇴했다. 그 영향이 왕실 기물에까지 파급되어 이에 대응할 제도적 장치가 필요해졌기에 1908년 이왕직미술품제작소가 설립되었다. 1910년 한일병합, 곧 경술국치庚戌國恥 이후의 도자는 자본과 기술의 주체 및 수요층이 한국인과 일본인으로 나누어지면서 도자의 흐름도 각기 다르게 전개되어 갔다. 먼저 조선인 도자 공장들은 기계화된 생산 방식으로 전환되지 못한 이전 시기의 상황이 지속되었고 자본과 기술이 영세해 소규모의 가내 공장 수준을 유지하면서 명맥을 이어나갔다. 사기류와 옹기류의 식기와 생활 용기들을 생산해 인근의 조선인 수요자들을 대상으로 판매했다. 조선인 도자 공장은 본격적으로 산업화된 생산 체제로 돌입하지 못한 한계를 지니고 있었다. 그러나 대다수 조선인 수요자들이 사용하는 생활 용기들은 이러한 공장에서 생산되는 제품이었으므로 저변이 확대되어 도자 공장의 수는 계속 증가했다. 이 같은 움직임들은 1930년대 말부터 밀양제도소[1939], 행남사[1942], 충북제도사[1943] 등의 산업도자 공장들이 설립될 수 있는 기반이 되었다. 산업도자 공장은 지방요를 중심으로 하여 각 지방의 도자 원료와 가마의 특성에 맞는 지방 양식의 도자들을 생산했다.

한편 일본인들은 자본과 기술을 도입해 산업도자 공장들을 설립하고 고부가가치를 지닌 기와, 시멘트, 석회 등의 요업 제품과 고려청자 모조품을 생산했다. 이 중 고려청자 모조품들은 우리의 전통도자가 생업적으로 가치 있다고 인식한 일본인 제작자들이 고미술과 골동 취미를 지닌 수요에 부합해서 지속적으로 생산된 것이다. 이는 20세기 전반에 전통도자 모방이라는 경향을 이루게 되었다.

이러한 도자 제작 환경 속에서 새로이 대두된 전통도자 모방은 도자업에 종사했던 일부 조선인 제작자들을 통해 '전승도자'라는 영역으로 이어졌다. 1920~30년대에는 일본인 도자 공장의 설립이 계속 많아지면서 그 자본과 기술은 지방 가마에까지 확산되어 갔다.

1920~50년대에 걸쳐 운영되었던 것으로 알려진 가마와 그 출토 유물이 충북 충주시 미륵리 일대의 가마터에서 발견되었다. 조선시대의 전통적인 등요 구조를 지닌 미륵리 백자 가마는 경사진 가마 바닥이 계단으로 변화했으며 출입구, 불창 기둥, 칸 벽의 일부에 조선시대 가마에서 발견할 수 없는 재료인 벽돌을 새로이 사용했다.

출토 유물들은 사발, 대접, 접시, 종지 등의 생활 용기들로 포도넝쿨무늬, 초화문, 문자가 시문된 '왜사기'라고 일컫는 것들과 찻사발들이다. 그릇은 대체로 투박한데 굵은 모래를 받쳐 번조했던 것이다. 문양들이 사실적인 표현에서 생략되고 추상화되어 가는 특징을 지녀 일본의 자본과 기술 및 취향이 유입되면서 대량 생산되었음을 보여 준다. 1920년대 후반부터 각 지방의 조선인 도자 공장들에서는 기술이나 설비를 개량하려는 움직임들이 일어나고 있었다. 그러나 전반적인 제작 여건과 기술, 자본 등이 예전 수준에서 크게 변화하지 않은 상태로 지속되었다.

도자 원료가 풍부했던 황해도 해주 지역에서는 '해주 항아리'가 제작되어 이 지역을 대표했다. 해주 항아리는 장신의 기형과 회백색에 가까운 유색이 특징이다. 코발트로 기면 중앙에 꽃이나 초화문을 대범하게 그린 예가 많다. 경기도 광주 분원리와 여주 오금리, 함경도의 회령 도기가 널리 알려져 있다.

1904년 러일 전쟁에서 승리를 거둔 일본은 우리나라를 독점적으로 침략하여 지배권을 장악했다. 이를 배경으로 일인 골동상들과 도굴꾼들은 1905년을 전후하여 부산항과 인천항으로 들어와 그들이 오래전부터 보물로 여겨오던 고려청자를 도굴해 가기 위해 개성 일대의 왕릉들과 고분들을 파헤치기 시작했다. 특히 초대 통감으로 온 이토 히로부미伊藤博文가 일본 천황과 귀족사회에 선물한다는 명목으로, 개성 일대의 고분에서 도굴되어 서울의 골동품 가게에 나와 있던 고려청자들을 구입해 일본으로 대량 반출시켰다. 이것이 일본인들의 고려청자 애호 열풍의 시작이었다.

이러한 움직임들은 1910년대부터 일본인들이 우리나라에 도자 공장들을 설립하는 추세 속에서 주로 소규모 공장들을 중심으로 고려청자 모조품을 직접 생산하는 현상으로 나타났다. 청자 모조품을 생산했던 조선인 제작자들은 도자업에 대한 기초적 지식 없이 생계를 위해 일본인 도자 공장에 취업했던 사람들이다. 그들은 일생을 청자 재현이라는 제작 활동에 바쳤고 해방 이후에는 전승 도공으로서 활약했다.

1920년대에는 일본인 수요자들의 청자 애호 열풍이 계속되면서 청자를 제작하여 공급하는 공장의 수가 증가했다. 이 가운데 유근형과 황인춘 등이 일본인 도자 공장을 임대하는 형식으로 공장을 설립하여 운영했으며 이곳에서 생산된 청자들은 일본인 상점을 통해 팔려나갔다.

1930년대에는 만주사변으로 도자 공장 운영이 어려워졌다. 당시 청자 모조품이 대부분 일본인들에게 팔리던 상황에서 전쟁으로 인해 청자의 수요가 격감했기 때문이었다. 그들은 1940년대 중반 무렵까지 생계를 위해 고려청자와 골동품을 제작했다. 황인춘은 1937년에 개성으로 옮겨가 '고려청자연구소'를 설립해 청자 제작을 시작했다. 이곳에서 생산된 청자 모조품들은 우수하여 고급청자로서 명성을 얻었다. 이때 제작한 작품 중 청자상감운학문찻잔 등이 현재 남아 있다.

일제식민통치라는 암울한 상황 속에서 일본인들에 의해 독점되고 단절된 고려청자를 재흥시키려 했던 조선인 제작자들의 노력과 의지는, 해방 이후 경기도 이천 등지를 중심으로 한 전승도자 공방의 설립으로 이어지면서 전승도자의 흐름을 구축하는 토대가 되었다.

제2부

우리 찻그릇 톺아보기

우리 찻그릇 톺아보기

01

첫 청자다완
청자햇무리굽완

• 고려 11세기 • 높이 6.5cm • 입지름 16.5cm • 굽지름 4.8cm • 해강도자미술관 소장

청자햇무리굽완은 우리나라에서 처음으로 만들어진 청자다완으로 삿갓을 엎어놓은 듯 양옆으로 쭉 뻗어 세워진 형태다. 두 손으로 감싸 안고 받아들기에 적당하며 기면에는 아무런 문양이 없어 차분하다. 녹색이 주가 되는 녹청색 유약을 전면에 얇게 시유해 은은한 광택이 난다.

이 청자다완은 폭 1cm 정도의 넓고 낮은 굽을 지녔다는 점이 특별하다. 이러한 굽을 중국에서는 '옥벽굽' 또는 '옥벽저玉壁底'라 하며, 일본에서는 '뱀눈굽蛇目高台'이라고 부른다. 우리나라에서는 고故 최순우 선생이 '햇무리굽日暈底'이란 이름을 붙였는데, 이는 해가 무리를 질 때 해 주변에 생기는 둥근 테 모습을 일컬은 것이다. 이런 햇무리굽완은 대접보다는 작고, 잔보다는 큰 것으로 입지름 16cm 전후의 것이 대부분이다.

원래 중국 당唐대의 다구茶甌 중에 이러한 옥벽저굽을 지닌, 삿갓을 엎어놓은 형태의 완이 다완으로 널리 사용되었으며, 오늘날 당대의 유적에서 발견되고 있다. 우리나라에서도 통일신라와 고려 초의 유적에서 이러한 중국의 청자완이 발견된다. 익산 미륵사지, 경주 황룡사지 등의 유적에서 출토된 청자완이 그 예다.

배천 원산리와 시흥 방산동 요지 조사에 따르면 970년대에 우리나라에서 청자 제작이 시작되었고, 1020년대에 들어서면서 강진 용운리, 고창 용계리 요지 등에서 청자햇무리굽완이 고려사회의 요청에 따라 새롭게 제작되었다. 중국의 청자완보다는 조금 작아지고, 우아해진 모습의 녹청색 청자완이 강진과 고창 등에서 많이 출토되어, 11세기 후반 문종 연간에 활발히 만들어져 널리 사용되었음을 보여준다.

고려 초기의 단차團茶를 마시는 습속에 따라 다완으로서 청자햇무리굽완이 제작되어 널리 사용된 것으로, 당시의 기록에는 뇌원차腦原茶, 대차大茶와 같은 단차를 마셨던 예가 남아 있다. 고려 불교가 널리 전파됨에 따라 좌선坐禪할 때 정신을 맑게 하고, 잠을 쫓으며, 몸을 건강하게 하는 차茶를 담는 청자완은 이미 9~10세기경 선망의 대상이었다. 고려에서 청자가 제작되기 시작하자 이와 닮았으나 고려화된 햇무리굽청자완이 새롭게 제작되어 널리 사용된 것으로 추정된다.

우리 찻그릇 톺아보기

은은하고 단아한
청자유개다완

•고려 12세기 전반(인종 장릉 출토) •총 높이 7.9cm • 뚜껑지름 9.7cm • 국립중앙박물관 소장

1123년, 송나라 사신으로 고려에 온 서긍은 한 달 동안 머무르며 고려의 제도와 문물을 돌아본 뒤 귀국하여 1124년 『선화봉사고려도경』이란 책을 써서 휘종황제에게 바쳤다.

이 책 권32 「기명조」의 「찻그릇조」에는, 고려 조정에서 사신들과 차 마시는 의례와, 나라의 관원들과 만나던 관사館舍에서 차 마시는 풍습이 간략하게 기록되어 있다. 이 기록을 통해 고려 조정에서는 먼저 왕과 신하, 사신들에게 차를 다 돌린 후 격식에 따라 동시에 차를 마셨음을 알 수 있다. 당시에 다탕茶湯을 마실 때 사용한 다완으로 현존하는 청자유개다완靑瓷有蓋茶盌을 들 수 있다.

이 청자유개다완은 1146년에 돌아가신 인종의 장릉에서 인종시책, 비색청자의 참외형꽃병, 방형대, 국화형합, 화형접시들과 함께 발견되었다.

다완의 모양을 살펴보면, 뚜껑 위에 연꽃 봉오리 모양 꼭지를 중앙에 달았고, 넓은 전과 꼭지 주변이 둥글게 솟아 있다. 완의 아랫부분 몸체는 통형으로 세웠으며, 굽다리는 넓고 낮다. 담녹청색의 맑고 고운 비색청자유가 전면에 고르게 시유되어 은은한 광택을 자아낸다. 굽 안 바닥에는 규석 받침으로 정교하게 구운 흔적이 남아 있다. 전남 강진군 대구면 사당리 7호 요지에서 이와 같은 비색청자완의 파편이 출토되었다.

청자유개다완은 처음에는 아무 문양 장식이 없었으나 차차 몸체와 뚜껑에 연꽃 문양이 장식되면서 화려한 연꽃잔으로 발전했다. 서해 비안도 앞바다에서 청자양각연판문유개완이 3,000여 점의 청자와 함께 출토되었다.

이 완은 고려 12세기 전반 『고려도경』에 기록된 다탕을 담는 다완으로서 인종 장릉에서 발견되어 주목받았다. 장식 없이 차분하고 깔끔한 점이 특징이다.

청아한 비색의 아름다움과 정교함
청자백화선문화형완 및 받침

• 고려 12세기 • 입지름 20.4cm • 일본 오사카시립동양도자미술관 소장

1124년 서긍의 『선화봉사고려도경』 권26 「연례연의조」와 권32 「기명조」에는 그 당시에 고려청자가 어떤 모습을 지녔는지 서술한 부분이 나온다. 그 기록으로 미루어보면 당시 고려청자는 크게 네 가지 특징을 지니고 있었다.

첫째, 외국 사신들의 식사 또는 만찬 석상에 나오는 그릇들은 주로 금이나 은으로 도금한 금속기였고, 그 당시 청자는 귀하고 값진 것이었다.

둘째, 그 당시 고려인들은 청자의 색을 비색이라 했는데, 청자는 근년 이래로 제작이 공교해지고 색깔이 더욱 아름다워졌다.

셋째, 완, 접시, 찻잔, 술잔, 꽃병 등은 중국의 일정한 기물 형태를 닮고 있었다.

넷째, 청자의 유색이 옛 월주요산 청자의 유색과 비슷했고, 당시 새로 설치된 여요산의 청자와도 비슷했다.

여기에 소개하는 '청자백화선문화형완 및 받침'은 『고려도경』에 실린 당시의 청자 모습을 그대로 간직한 작품으로, 말차抹茶용으로 쓰였으며, 완과 받침의 조합組合으로 남아 있는 드문 예다.

청자화형완은 외면 여섯 곳에 홈이 나 있고 내면에는 백니白泥로 선을 그어 나타냈으며, 받침대의 넓은 전에도 백니로 백화白畵 기법을 사용해 선을 나타냈다. 중국에서는 완의 받침을 나무나 칠기 또는 금속기로 만들어 사용했는데 고려에서는 청자로 받침을 제작하여 완과 받침의 조합으로 사용했다.

청아한 비색유가 전면에 고르게 시유되어 은은한 광택을 발하며 굽다리에는 규석받침으로 정교하게 제작한 흔적이 있어 고려 12세기 전성기의 작품으로 추정된다.

백화 기법의 선문이 완과 받침에 시문되어 간결한 멋을 보여주며, 당시에 말차용으로 쓰인 귀중한 작품이다.

04 우리 찻그릇 톺아보기

영원한 세계에 대한 동경
청자상감운학문완

• 고려 12세기 후반 • 입지름 17.3cm • 일본 오사카시립동양도자미술관 소장

상감象嵌이란 금속기, 도기 등의 겉면에다 여러 가지 무늬를 파고 그 속에 같은 모양의 다른 재료를 박아 넣는 기술 또는 그렇게 해서 만든 작품을 일컫는다.

운학문雲鶴紋을 상감할 경우 학의 몸을 먼저 백상감하고, 학의 다리와 입을 흑상감하여 전체를 표현한다. 청자상감운학문완은 45도 각도로 벌어진 삿갓 모양의 완으로, 내면에는 날고 있는 세 마리의 학과 그 사이로 배치된 구름이 흑백상감으로 표현되어 있다. 학의 긴 목과 쭉 뻗은 다리, 영지버섯 모양의 구름이 시원스럽게 표현되었고, 그 위로 청록색 유약이 전면에 곱게 시유되어 은은한 광택이 난다. 굽다리에는 유약을 닦아내고, 일곱 개의 내화토를 받쳐 구운 흔적이 남아 있다.

고려시대에는 불교가 널리 보편화되었다. 불교는 우리가 살고 있는 현세現世는 찰나이며 죽음 후의 내세來世는 영원하다고 가르친다. 순간의 즐거움을 위해 살지 말고 죽음 후에 다가올 영원한 시간에 대비해 진리에 따라 지혜롭게 살아가라는 것이다.

고려인들은 불교의 가르침에 깊이 젖어들어서 현실의 삶보다는 내세의 삶을 동경하게 되었다. 불교에서 말하는 내세의 삶이란 서방정토세계에서의 삶이다. 곧, 모든 슬픔과 괴로움을 넘어선, 모든 것이 맑고 정화된 지극한 기쁨이 있는 세계에서의 삶이다. 이런 영원한 세계에 대한 동경을 청자에, 창공의 구름 사이로 비상하는 학으로 나타낸 것이 이 운학문 청자이다.

청자상감운학문완을 바라보면 12세기 후반을 살던 고려 차인들이 영원한 세계를 동경하며 운학문이 한 폭의 그림처럼 상감된 이 아름다운 찻사발에 말차를 담아 마시면서 삶의 깊은 희열에 잠기는 모습이 떠오른다.

운학문은 12세기 후반에 음각 또는 양각의 문양으로 시작되어 곧 상감 기법으로 시문되었고, 13세기에는 크게 성행하여 찻사발 외에도 매병, 화병, 주전자 등에 널리 애용되었다.

이 작품은 현존하는 청자상감운학문완 중 가장 뛰어난 것으로 널리 사랑받는다.

우리 찻그릇 톺아보기

05

연못과 버드나무와 오리가 담긴 차의 세계
청자상감포류수금문완

• 고려 13세기 전반 • 높이 4.7cm • 입지름 14.1cm • 밑지름 4.7cm • 국립중앙박물관 소장

구부가 완만한 곡선을 이루며 내만되고 높이가 낮은 단아한 모습의 완이다. 문양은 내면에만 있으며, 구연부에는 뇌문雷紋대를, 내저에는 수파문水坡紋을 흑상감으로 나타냈다. 측면에는 주 문양으로 연못과 버드나무와 갈대, 오리 등의 포류수금문을 세 곳에 나누어 흑백상감으로 시문했다. 언덕에는 수양버들이 늘어지고, 물 위에는 오리가 한가로이 떠 있고, 하늘에는 기러기가 날고 점점이 구름이 떠 있는 풍경을 그린 이 작품은 회화적인 동시에 문학적이다. 이것은 고려시대 사람들이 즐기던 풍경이다.

　고려인들의 마음을 사로잡은 불교의 선禪적인 세계가 궁극적으로 추구한 바는 우주와의 일치였다. 불교에서 우주란 모든 아름다운 것, 선한 것, 위대한 것이 흘러나오는 진리의 본원체本源體이다. 이러한 진리의 본원체가 비로자나불에 있다고 한다. 고려인들은 우주의 무한한 진리 자체가 있는 곳에서 무한한 고요와 빛이 나온다고 믿었다.

　불교의 가르침이 상감청자가 많이 만들어지던 13세기 고려사회에 널리 퍼졌다. 당시 고려인들은 선을 추구하는 가운데 고요함에 길들여진 것 같다. 그런 세계가 담겨 있는 작품이 바로 연못과 버드나무와 오리의 청자상감포류수금문완이다.

　13세기를 살았던 고려 차인茶人들은 차를 담은 이 청자상감포류수금문완과 함께 고요함 속에서 선을 추구하며 문학적인 정경을 즐겼다.

　이 완의 유색은 녹색을 머금은 회청색으로 두껍게 시유되어 은은한 광택을 자아낸다. 굽은 잘 마무려졌으며 굽바닥 세 곳에 규석 받침의 흔적이 있다. 굽 안 바닥에는 '敦眞돈진'이라는 음각 명문이 있는데, 청자 장인의 이름으로 추정된다. 13세기 전반에 부안 유천리 12호요에서 제작된 뛰어난 청자다완 작품이다.

06 우리 찻그릇 톺아보기

고려인 마음의 꽃, 들국화가 새겨진
청자상감국화문다완

• 고려 13세기 전반 • 높이 10.3cm • 입지름 15.5cm • 밑지름 7.3cm • 호림박물관 소장

통형筒形에 가까운 몸체와 낮은 굽을 지닌 단아한 모습의 청자다완이다. 내면에는 문양을 시문하지 않았고, 외면의 동부胴部 세 곳에 조촐한 느낌의 한 송이 들국화野菊를 흑백상감으로 시문했다.

활짝 핀 꽃과 꽃봉오리 그리고 잎과 줄기를 흑백으로 대비하여 청자의 푸른 기면 위에 새긴 들국화는 보는 이에게 청초한 맛을 느끼게 해준다. 원래 국화꽃은 중국의 북송 때부터 도자기와 수묵화 등에 나타났다. 우리나라에서는 고려 12세기 후반경에 국화꽃을 음각 수법으로 청자에 새기다가 13세기에 들어와 상감 기법의 청자에 널리 표현하기 시작했다. 우리나라에서는 국화 중에서도 산과 들에 자생하는 야생 들국화를 크게 여겼는데, 고려인들이 아끼던 청자에 상감으로 시문한 것도 바로 이 들국화이다.

13세기 고려의 상황을 살펴보자. 개성을 중심으로 화려한 귀족생활을 누리던 문신文臣들은 무신정권이 집권하자 자연 속으로 들어가 살게 된다. 소박한 삶 속에서 그들은 화려한 생활의 덧없음을 느꼈고, 유유자적하며 자연 속에서 사는 삶의 은근한 즐거움을 발견했다. 「귀거래사歸去來辭」의 도연명陶淵明과 같이, 자연의 재발견을 통해 은일과 외로움, 쓸쓸함과 고요함을 의미하는 들국화가 새로이 고려인들의 마음을 사로잡았다. 그들은 아끼고 사랑한 청자 속에 들국화를 넣어 오래오래 남기고자 '파고, 집어넣는' 상감 기법을 구사했다.

고려 차인들이 자연 속에서 한 잔의 차를 마시면서, 찻잔에 새겨진 그들의 마음을 비춘 꽃인 들국화를 바라보며 쓸쓸하고 고요한 세계에 머물렀던 모습을 그려볼 수 있지 않을까. "살어리 살어리랏다, 청산에 살어리랏다"라는 「청산별곡靑山別曲」이 널리 불리던 자연의 재발견 시기에 피어난 고려인의 마음의 꽃, 들국화.

청자상감국화문다완은 한 면에 녹청색의 청자 유약이 고르게 시유되었으며, 은은한 광택을 발한다. 굽 안 바닥에는 세 곳에 규석 받침을 받치고 구웠던 흔적이 나 있다. 전남 강진 사당리요에서 제작된 것으로 추정된다.

07 우리 찻그릇 톺아보기

쓸쓸함과 고요함을 마시는
청자상감국화문통형찻잔 및 접시

• 고려 13세기 후반 • 잔 : 높이 10.3cm 입지름 6.5cm 밑지름 4.5cm • 접시 : 높이 2cm 입지름 7.6cm • 개인 소장

통형잔筒形盞 위로 보주형寶珠形의 꼭지가 달린 접시형 뚜껑이 있으며, 통형잔을 받치는 둥근 접시도 갖춘 보기 드문 이 작품은 쌍화탕 등의 탕잔용으로 쓰였으리라 추정된다. 이 통형잔은 고려 후기인 13세기 후반의 작품으로, 부안 유천리요에서 제작된 것으로 보인다.

뚜껑의 꼭지 주위에 두 줄의 원문을 돌리고, 네 곳에 한 송이 국화꽃을 흑백상감으로 시문했으며, 뚜껑의 가장자리에는 뇌문대를 돌렸다. 통형잔의 구부에는 뇌문대를, 저부에는 연판문대를 백상감으로 시문했고, 중앙의 네 곳에 두 줄의 원문으로 감싼 꽃잎과 이파리를 갖춘 국화꽃을 흑백상감으로 시문했으며, 접시의 외측면 네 곳에도 국화꽃을 시문했다.

통형잔 위에 국화꽃 문양을 표현하는 데 쓴 상감 기법은 고려와 조선 시대의 공예품에 널리 사용되어 많이 사랑받은 독특한 기법이다.

상감청자는 주로 물레성형법으로 만든다. 물레로 성형한 기물器物은 반만 건조시켜 굽을 다듬은 다음에 표면 장식을 위한 상감을 하는데, 국화문의 경우 꽃잎을 먼저 백상감하고 꽃잎과 줄기를 흑상감하여 전체를 표현한다.

여기 이 통형잔에 새겨진 들국화는 돌보는 이 없이도 산과 들에서 아무렇게나 피고 지는 꽃으로, 쓸쓸함과 적막함 그리고 고요함을 잘 표현해 준다. 고려인들이 한 잔의 차를 마시면서 들국화가 주는 의미를 되새겼을, 단아한 모습의 작품이다.

우리 찻그릇 톺아보기

08

자유로움을 담은
청자철화음각영락조충문통형잔

• 고려 12세기 • 총 높이 9.6cm • 입지름 11.6cm • 호암미술관 소장

고려시대에는 청자의 기면 위에 여러 가지 수법으로 무늬를 나타냈고, 청자의 유색과 형태가 조화를 이루도록 했다. 이 작품은 위아래에 문양을 음각 수법으로 새기거나, 산화철 안료를 붓으로 그려 다채롭게 장식한 찻잔이다.

철화청자에 사용되는 자토는 산화금속물로서 철분을 주성분으로 한 일종의 안료로, 적색 점토질의 분말을 이루는 상태이며 비교적 순도가 높다. 이 자토에 의한 철색은 번조 분위기나 온도, 시간에 따라 각기 다르게 나타난다.

철화청자는 고려 자체의 기술적 기반과 전통 위에서 1180년대에 조질청자녹청자를 만들었던 해남 진산리 일대의 가마터에서 자생적으로 제작되었다고 추정된다. 완도 앞바다에서 조사·인양된 3만여 점에 달하는 녹청자들은 해남 진산리 가마군에서 만들어진 것으로 확인되었으며, 그 안에 철화청자의 매병과 장고 14점이 포함되어 있다.

초기의 철화는 기술 부족으로 산화염이 번조하면서 황갈색을 띠었다. 간단한 초문이나 초화문이 시문되었는데, 거친 녹청자의 기면 위에 음각이나 양각의 문양보다는 철화와 같이 강한 톤의 채색이 잘 어울리는 데 착안한 것으로 보인다. 그러다가 13세기 전반부터 점차 발색이 좋은 환원염 번조의 철화청자가 제작되기 시작했다. 강진 계율리와 사당리 가마터에서도 이를 받아들여 새롭게 제작하기 시작했고, 문양의 주제 또한 모란문, 국화문, 초충문으로 차츰 다양하게 나타났다.

기면 위에 붓으로 문양을 그리는 기법은 음각이나 양각 수법을 쓸 때보다는 자유로운 필치를 만들어낸다. 이 통형잔은 음각과 철화를 함께 나타낸 자유로운 모습의 작품이다. 강진 사당리에서 제작된 듯한 이 통형잔에는 매우 드물게 보이는 잠자리와 나비, 새 그리고 꽃과 영락을 그린 한 폭의 초충도가 담겨 있다.

뚜껑이 있는 이 통형잔은 고려인들이 즐겨 마셨던 쌍화탕이나 인삼탕 등의 탕을 담았던 것으로, 진한 녹색의 청자 유색과 문양 그리고 단아한 형태가 잘 어울리는 뛰어난 작품이다. 해남 진산리요에서 시작된 철화 기법을 강진 사당리요에서 받아들여 음각과 함께 철화로 주변 자연의 모습을 조화롭게 표현한 작품이다.

우리 찻그릇 톺아보기

09

붉은 잔에 담긴 연둣빛 차의 신묘함
청자동채탁잔

• 고려 12세기 • 총 높이 6.7cm • 잔 입지름 8.4cm • 탁 입지름 10.8cm • 밑지름 4.6cm • 국립중앙박물관 소장

청자의 태토를 성형하여 잔과 잔탁을 만들고 초벌한 후 전면에 산화동酸化銅의 안료를 칠하고 그 위에 청자 유약을 시유하여 번조하면 붉은색의 청자동채탁잔靑瓷銅彩托盞이 만들어진다. 이 동채 기법을 종래 일본식 표현으로 '진사辰砂'라고 불러왔으나, 최근에는 산화철酸化鐵을 칠했을 때 철채라고 하듯이, 산화동을 안료로 칠했을 때는 '동채'라고 하는 것이 바람직하다고 판단되어 '동채청자'라 부르고 있다.

산화동을 안료로 칠한 후 환원염으로 번조하면 붉게 발색되고, 산화염으로 번조하면 녹색으로 발색된다. 따라서 이 작품은 산소 공급이 차단되는 환원염 번조로 제작되었음을 알 수 있다.

우리나라에서 산화동을 안료로 청자 제작에 사용하기 시작한 것은 고려 13세기 전반 고종 연간부터라고 추정된다. 좀더 화려하고 새로운 기법이 도입되면서 산화철을 이용한 철화청자와 백토와 자토를 사용한 철백화청자, 상감청자가 제작되었다.

그릇 전면에 산화동을 칠한 후 청자 유약을 발라 구워낸 붉은색의 동채청자는 왕실 전용 청자로 귀하게 사용되었으며, 최고급 비색청자를 제작하던 강진 사당리 요지에서만 이와 같은 동채청자 조각이 발견된다. 그러다가 13세기에는 상감 기법으로 시문된 모란꽃잎이나 구름과 학, 동자童子와 포도송이를 동채한 청자가 제작되었다.

유명한 청자양각연판문표형동채주전자호암미술관 소장의 몸체에 시문된 연꽃을 붉게 동채로 칠하여 매혹적으로 나타낸 예에서 보듯이, 문양의 일부에만 산화동을 칠해 붉게 표현하는 수법은 많은 사랑을 받았다. 이는 14세기 전반 원대 유리홍백자에 전해져 청화 안료와 함께 중국 도자에 널리 사용되는 중요한 수법이 되었다.

이 동채탁잔은 진하고 밝은 발색과, 그 위에 시유된 청자유가 뛰어난 작품이다. 잔 받침의 예리하고 간결한 굽 받침과 넓은 전이 잘 어울리며, 둥그스름한 잔의 동체도 단아하다. 굽바닥과 잔탁 안 바닥에 규석 받침으로 정교하게 구운 흔적이 나 있다. 13세기 전반 왕실이 주최한 연회에서 맷돌에 간 단차團茶를 담아 차의 연두색과 잔의 붉은색이 신묘한 조화를 이룬 가운데, 차를 기쁨 속에 마셨을 것이다.

우리 찻그릇 톺아보기

10

찻사발에 그려진 붉은 꽃과 차의 조화
청자동화보상당초문완

• 고려 12세기 전반 • 높이 5.8cm • 입지름 17.8cm • 영국 대영박물관 소장

이 찻사발은 해외에 있는 고려청자 중 영국 대영박물관에 소장되어 있는 매우 드물고 귀중한 작품이다. 삿갓을 뒤집어놓은 듯한 몸체에 작은 굽다리를 갖춘 완이다. 내측면의 입 둘레에 넓은 폭으로 산화동을 칠했고, 내면에는 보상당초문을 역상감 수법으로 꽉 차게 세 곳으로 나누어 시문했다. 외면에는 세 곳에 활짝 핀 꽃과 꽃봉오리를 지닌 모란절지문牡丹折枝紋을 동화銅畵로 선명하게 그려냈다.

보상당초문은 불교에서 말하는 이상적인 꽃의 문양으로 해탈을 상징하며, 모란절지문은 사업 번창과 부귀를 뜻하는 꽃의 문양으로 13세기 상감청자에 많이 시문되었다.

산화동을 환원염에서 구웠을 때 붉은색이 나타나지만 선명하게 잘 나타나기란 어렵다. 가마 온도가 조금만 높아도 휘발해 버리는 예가 많아 청자동화보상당초문완처럼 잘 나타나는 경우는 드물다. 이 완을 살펴보면 전면에 얇고 투명한 청자유가 시유되었으며, 굽바닥에는 규석 받침으로 정교하게 받쳐 구운 흔적을 발견할 수 있다. 기면 일부가 깨진 것을 수리하여 보수한 흔적도 남아 있다.

처음에는 안료로 산화동을 써서 그릇 전면에 칠하다가 13세기 전반부터 차츰 청자의 문양을 그리거나, 문양의 일부만을 칠하는 수법이 널리 쓰이기 시작했다. 이 청자완 역시 고종 연간인 13세기 전반경, 내면에만 시문하다가 외면에까지도 문양을 나타내는 것으로 바뀐 시기에, 보상당초문과 모란절지문을 적절히 배치한 매우 드문 작품으로 영국에만 소장되어 있다. 1995년 〈대고려국보전〉이 호암미술관에서 개최되었을 당시 처음으로 한국에 전시되어 많은 이들이 큰 기쁨으로 바라보았던 작품이다.

이 작품은 왕실에서 차를 마실 때 진귀하게 사용했던 찻사발로 고려시대에는 '다구茶甌'라고 불렸을 것이다. 끓는 물에 우린 가루차나 찻사발에 점다하여 가루와 같이 마신 다유茶乳를 담았던 찻사발로, 붉은색의 화려한 보상당초문 꽃무늬와 다유의 흰색 거품이 조화를 이루어 신묘한 맛을 냈을 것이다. 고려시대 사람들은 붉은색이 태양을 상징하고 사악한 것을 물리친다고 믿어 왕실 기물의 색으로 사용했다. 이 완처럼 산화동으로 붉은색을 나타내는 것은 고려청자만이 올린 개가 중의 하나다.

우리 찻그릇 톺아보기

11

연꽃과 버드나무, 국화꽃의 어울림
청자상감연화국화문'정릉'명통형잔

• 고려 14세기 • 높이 17.6cm • 입지름 11.5cm • 밑지름 8.2cm • 선문대박물관 소장

14세기는 원元나라 세력에 배경을 둔 권문세족들이 고려를 이끌던 시기였다. 무신정권이 붕괴된 후 지배 세력으로 등장한 권문세족은 고려 후기의 정치권력을 장악하여 높은 관직을 차지했고, 경제적으로도 광대한 농장을 소유했다.

고려와 원의 친밀한 관계는 왕실과 상류층을 중심으로 깊어지면서 원의 법속, 의복, 변발, 혼인 풍습 등을 받아들이게 되었다. 성리학과 새로운 유교가 등장하는 한편, 고려 불화와 사경 제작이 유행하여 국내외에 많은 작품들이 남아 있다. 이렇듯 화려한 일면을 간직한 이 시기에 고려청자에도 원 자기의 기형과 문양이 반영되기 시작했다.

원의 청화백자에 흔히 보이는 보상화당초문, 쌍봉문, 파도문, 파룡문, 어문 등이 고려 상감청자에 나타나며, 기형에 있어 매병이 줄어들고 측면이 편평한 광구편호廣口扁壺 등이 만들어졌다. 또한 각이 진 조그만 접시류가 많아졌으며 기벽은 두꺼워졌고, 유색은 담청색·녹갈색·회청색 계열로 바뀌었다. 상감 문양은 장식 문양 구도로 되거나 필치에 힘이 없어졌고, 동일 문양의 반복 사용으로 도안화되어 종속되는 문양에는 이미 인화印花 기법이 널리 쓰이기 시작했다. 포류수금문, 운학문, 국화문 등은 여전히 쓰였으나 간략해졌고, 운학문의 운문雲紋이 우점문雨點紋으로 변하기 시작했다.

청자상감연화국화문'정릉正陵'명통형잔은 이러한 시대적인 특징들이 잘 남아 있는 작품이다. 원통형의 비교적 큰 잔으로, 외면의 위아래로 뇌문대와 연판문대를 촘촘히 둘렀다. 동부胴部 네 곳 중 원과 원열문 안에 활짝 핀 국화꽃을 세 송이씩 흑백상감으로 꼼꼼하게 시문했고 그 사이로 주렴 문양을 장식했다. 저부의 연판문대 위로는 연꽃과 버드나무 문양을 아기자기하게 시문했고, 그 문양 사이로 '정릉'명을 상감했다.

청자 유색은 녹청색으로 고르지 않으며 녹갈색으로 변한 부분도 있다. 굽바닥은 낮으며 모래 받침으로 받쳐져 있다. 정릉은 공민왕의 왕비인 노국공주의 묘명墓銘으로 1365년에 만들어졌다. 이 통형잔은 1365년 정릉 소용의 찻사발 중 하나로, 통형잔 형태를 이룬 매우 중요한 작품이다. 탕잔용의 찻사발로 고려 후기 상감청자의 특징을 간직한 보기 드문 작품이기도 하다.

우리 찻그릇 톺아보기 ⑫

새로운 실용성과 정취를 간직한
청자상감운학포류수금문 찻잔 및 잔 받침

• 고려 14세기 후반 • 총 높이 3cm • 국립중앙박물관 소장

14세기 후반은 고려 공민왕과 우왕으로 이어지는 격동의 시기였다. 원과 명의 교체가 이루어진 이 시기에 국내에서는 지배 세력인 권문세족에 도전하는 새로운 사회 세력인 신흥사대부가 등장했다. 이들로는 지방 향리鄕吏 출신이 많았으며, 점차 중소 지주로 성장하여 과거를 통해 중앙의 관리로 진출했다. 신흥사대부는 왕권 강화를 추진하는 공민왕 때 그들의 개혁 정치를 추진해 갔으며, 결국 신흥무인들의 협력으로 조선 왕조를 세우게 되었다.

14세기 후반은 또한 홍건적의 침입과 40여 년간에 걸친 왜구들의 극심한 침략으로, 해상의 조운漕運이 끊겨 정부의 재정이 곤란해지고 농민들은 계속되는 약탈 속에 많은 어려움을 겪은 시기였다. "유기나 동기 대신에 사기沙器를 전용專用하라"는 『고려사』의 기록처럼, 신흥사대부들이 실용적인 생활 도자기를 다량으로 생산하라고 요구한 시기는 마침 왜구들의 침략으로 해안가에 사람이 살 수 없어졌고, 조운을 통해 개경으로 운반되던 세선稅船 또한 습격받아 육로를 통한 육운陸運이 요청되던 때였다. 왜구들의 침략에 맞설 무기 제작이 시급해지면서 철기·동기·유기 등의 그릇이 도자로 대체될 필요성이 더욱 커졌다.

이 시기에 실용적인 찻잔용으로 제작된 것이 '청자상감운학포류수금문찻잔 및 잔받침'이다. 널찍한 잔 받침에 받쳐진 단정한 모습의 잔이 잘 어울리는 작품이다.

잔 받침은 편평한 접시 모양으로 내저면에는 파도문을, 내측면에는 연못의 갈대와 연꽃 및 그 사이를 가로지르는 오리를 흑백상감으로 나타냈다. 찻잔의 외면에는 간략해진 구름과 학을, 내측면에는 연못가의 버드나무와 연못 속의 오리를 한 폭의 그림처럼 표현했다. 차를 마실 때마다 구름 속의 학이 날아가고자 하는 선계를, 그리고 연못에 핀 연꽃과 그 주변의 버드나무들 사이를 가로지르는 오리들의 평화로운 모습을 그리면서 그 속에 몰입했을 것이다.

우리 찻그릇 톺아보기

일본에 전하는 가장 오래된 찻사발
청자상감국화문통형잔

• 고려 14세기 후반 • 높이 13.8cm • 입지름 8.2cm • 밑지름 5.6cm • 일본 도쿠가와미술관 소장

나라 안팎으로 혼란과 불안정이 계속된 고려 말의 상황은 도자에도 영향을 미쳤다. 강진 가마가 왜구의 침입으로 폐쇄되었고, 이를 대신하여 전국 내륙 지방에 가마가 세워졌다. 도자의 실생활화 촉진에 따라 실용적인 도자가 대량 생산되었으나 갑작스런 대량 생산에 따른 기술과 질의 저하로 상감청자가 쇠퇴하는 양상도 나타났다. 조선 초의 『세종실록지리지』를 보면 강진을 대신하여 전국에 자기소 139개소, 도기소 185개소로 총 324개소의 도자소陶瓷所가 설치되었다는 기록이 실려 있다.

전국의 각 군 단위로 139개소의 자기소가 세워졌다는 것은 자기 생산의 큰 변화로, 고려 말 조선 초 사이의 불과 50년 만에 일어난 것이다. 고려 상감청자가 대량 생산되는 과정에서 섬세한 문양도 간략해지고, 유색도 회청색이나 녹갈색으로 변했다.

고려 말의 신흥사대부들은 하나하나 상감한 청자보다, 도장으로 무늬를 찍어 일손도 덜고 색깔이 다소 칙칙하다 하더라도 튼튼하여 생활에 쓸 수 있는 대접이나 사발 위주의 생활용 그릇을 원했다. 이를 반영하듯 자기를 만들 수 있는 흙이 나는 곳이라면 전국 어디든지 가마를 만들어 실생활 도자를 만들어냈다.

일본에 전해져 남아 있는 고려 말의 상감청자다완도 이 시기 작품이다. 네다섯 점의 비슷한 작품이 남아 고려다완의 선구를 이룬다. 대부분 통형잔으로, 고려 중기에 제작되기 시작했던 통형잔의 전통을 그대로 이은 것이다. 원래 뚜껑이 있었으며 다탕용의 찻사발로 널리 애용되었으나, 후에는 뚜껑 없이 통형잔으로 쓰였던 것으로 보인다.

청자상감국화문통형잔은 동부 중심의 이중 원에 한 송이 활짝 핀 국화꽃을 흑백상감으로 시문한 주 문양을 네 곳에 시문한 찻잔이다. 주 문양 위로 뇌문대와 연주문대를, 아래로 육각의 귀갑문대를 백상감으로 돌려 조촐히 나타냈다. 유색은 회청색을 띠고 있으며, 미세한 빙렬이 난 사이로 흙물이 스미어 있다.

원래 이 잔은 16세기 후반 쇼쿠덴 유라쿠織田有樂가 소장했던 것을 오와리도쿠가와尾張德川가家에 기증해 사용해 오다, 현재 일본 나고야의 도쿠가와미술관이 소장하고 있다. 620년 이상의 오랜 역사를 가진 찻잔 중 대명물大名物의 하나로 사랑받는 작품이다.

우리 찻그릇 톺아보기

14

화려한 장식과 풍만한 형태
청자투각연당초동자문주자 및 승반

• 고려 12세기 후반 • 높이 20.2cm • 국립중앙박물관 소장

청자투각연당초동자문주자는 승반承盤을 갖춘 고려청자 주전자의 바탕 위에, 둥근 몸체의 안쪽과 바깥쪽에 이중으로 투각 기법을 사용하여 연화당초문 줄기와 동자童子의 모습을 화려하면서도 섬세하게 나타낸 작품이다.

고려의 상형청자에 관한 기록은 1124년 서긍이 쓴 『고려도경』 권32 「기명조」의 「도로조」에 실려 있다. 당시 서긍은 눈에 띈 상형청자에 대해 "산예출향狻猊出香, 사자 모양의 향로 역시 비색이다. 위에는 쭈그린 짐승이 있고 아래에는 연꽃으로 이를 받치고 있다"고 기록했다. 정확히 어떠한 모양이었는지 자세히 알 수는 없으나, 이와 비슷한 향로가 남아 있어 그 형태를 짐작해 볼 수 있다.

서긍은 이러한 상형청자를 가리켜 "가장 정교하고 절묘하다"고 하며 뛰어난 솜씨에 감탄했다. 고도로 발달한 심미안과 숙달된 기술이 발휘되어 세심하면서도 대범한 모습이 조화로운 상형청자들에는 특히 뛰어난 작품이 많다. 상형을 그릇 전체에 나타내거나 어느 한 부분만을 나타냈는데, 이 주전자는 뚜껑의 꼭지 위에 공양하는 불의 좌상이 새겨져 있어 새롭다. 뚜껑 측면으로는 음각의 화문과 뇌문대가 표현되어 있다. 승반의 외면에는 3단으로 연판을 화려하게 장식했는데, 잎맥까지 새겨진 꽃잎이 밖으로 벌어져 있다. 승반의 구연은 백니로 점을 찍어 나타냈으며 굽다리는 외반되었다.

유색은 담녹청색으로 전면에 곱게 시유했으나 일부 기면은 녹갈색을 띠고 있어 고르지 않다. 굽바닥에는 규석 받침과 점토 빚음 받침으로 받쳐 구운 흔적이 나 있다.

청자에 이러한 투각의 연당초동자문이 표현되기 시작한 것은 화려함을 즐겼던 12세기 후반인 의종 연간의 산물로 추정된다. 강진 사당리요에서 제작된 것으로 보이며, 왕실의 연회에서 격식에 따라 차를 마실 때 이 주전자를 사용했을 것으로 추정된다.

상형의 공양하는 불좌상 꼭지가 장식된 뚜껑, 이중의 동체로 바깥 면을 투각해 연당초문과 연줄기를 잡고 있는 동자문을 섬세하고 화려하게 장식한 둥근 동체, 그리고 주구와 손잡이가 부착된 풍만한 주전자, 화려한 3단 연꽃잎 장식이 있는 승반이 어우러진 이 주자는 고려청자 중에서도 가장 화려한 장식을 지닌 뛰어난 작품으로 손꼽힌다.

우리 찻그릇 톺아보기

15

단정하고 기품 있는
청자연판장식뚜껑주자

• 고려 12세기 전반 • 높이 24.4cm • 미국 샌프란시스코박물관 소장

청자연판장식뚜껑주자는 직선적이고도 단정한 모습의 비색 찻주전자로, 차분한 분위기를 자아낸다. 이 작품은 중국 북송대 금속기 형태의 영향을 강하게 보여주며, 12세기 전반 비색청자가 제작되던 시기의 특징 또한 잘 드러낸다.

통형의 동체 위에 직립된 구부와 쭉 뻗어 벌어진 주구 및 손잡이는 단정하게 장식되었다. 뚜껑에는 중앙의 연봉 꼭지 주위로 양각의 연판문 장식이 돌려져 있다. 담청녹색의 비색유가 전면에 맑고 곱게 시유되었으며 은은한 광택이 난다. 굽다리는 넓고 낮아 안정적이며, 굽다리에는 회백색의 내화토 받침 자국을 볼 수 있다.

원래 이러한 주전자에는 화형花形 발鉢 형태의 승반이 함께 있었는데, 분실된 것으로 보인다. 뚜껑은 잔으로 사용할 수 있었으며, 차를 담아 따른 뒤 찻물이 식을 때 뜨거운 물을 부어 데우는 데 사용했던 큼직한 화형의 발이 함께 한 세트가 되어 쓰였다.

이 청자주자는 12세기 진반에 서긍이 쓴 『고려도경』 권32 「기명조」의 기록을 뒷받침하는 비색청자의 드문 예로, 단정하고 기품이 서려 있다. 당시의 찻주전자로서 차가 식을 경우 데워서 사용했던 모습을 담고 있으며, 담녹청색의 비색유가 우아한 아름다움을 잘 보여준다.

우리 찻그릇 톺아보기

16

화려한 문양과 갓맑은 담녹청색
청자음각연화당초문표형주자 및 승반

• 고려 12세기 후반 • 주자 높이 22cm • 승반 높이 6.2cm • 일본 이데미츠(出光)미술관 소장

이 작품은 표주박 형태의 몸체에 쭉 뻗은 주구와 줄기를 꼬아 부착한 손잡이, 꼭지가 달린 뚜껑과 넓은 사발형의 승반을 갖춘 찻주전자로 화려한 분위기를 자아낸다.

작고 큰 표주박의 위아래를 한 줌의 돌대로 연결하고, 기면 전체에 활짝 핀 연꽃과 줄기를 비스듬히 깎은 음각 수법으로 화려하게 장식했다. 승반의 외면을 여덟 개 골로 나누어 각 면마다 연꽃 한 송이씩을 음각으로 시문했으며, 연잎을 벌어진 형태로 만들었다. 녹색이 짙은 비색유가 전면에 곱게 시유되었으며 은은한 광택이 나타난다. 굽다리는 넓고 낮아 안정적이며, 굽 안 바닥에는 규석 받침을 받쳐 구운 자국이 일곱 군데에 나 있다. 넓게 벌어진 승반의 굽다리는 외반되어 안정감을 준다.

이 표형주자 및 승반은 1조가 되어 함께 사용되었으며, 차를 담아 따르고 식어갈 때 뜨거운 물을 붓는 데 쓴 승반을 갖춘 보기 드문 작품이다.

굵은 문양을 음각선으로 비스듬히 넓게 시문하여 마치 양각처럼 표현되는 연화당초문으로 외면을 꽉 채웠다. 잎맥까지 표현될 정도로 정교하고 예리하며, 녹색이 더욱 감도는 청자유가 시유되어 있다.

12세기 후반경 사치와 향락을 좋아했던 의종 연간에 제작된 화려한 청자표형주자와 승반의 대표적인 작품이다.

우리 찻그릇 톺아보기

다소곳하면서 우아한
청자상감연화문주자 및 승반

• 고려 13세기 전반 • 주자 : 높이 17cm 밑지름 7.8cm • 승반 : 높이 6.8cm 입지름 17.5cm • 삼성리움미술관 소장

청자상감연화문주자 및 승반은 참외 모양의 잘생긴 찻주전자 작품으로 온화한 분위기를 지녔다. 중국 송대 주전자의 영향을 받아들여 고려 특유의 우아한 형태로 발전시킨 작품으로, 상감의 연화문을 조화시킨 성숙기의 특징을 잘 보여준다.

주자의 동체는 잘 익은 참외 혹은 감 모양이며 쭉 뻗어 벌어진 주구와 손잡이, 그리고 연봉형의 꼭지가 달린 뚜껑으로 이루어져 있다. 동체의 양면에 흑백상감 기법을 사용해 연꽃과 연잎은 백색으로, 줄기와 가지는 흑색으로 표현했고, 축 늘어진 수양버들의 여유로운 모습은 흑상감으로 나타내 대조를 이루었다. 주자의 굽은 평저이며, 점토가 섞인 내화토 빚음 받침으로 번조한 흔적이 여섯 곳에 남아 있다. 녹청색이 짙은 청자유를 전면에 시유하여 은은한 광택을 발한다. 승반은 외반된 구부와 벌어진 굽다리의 발 형태로 문양이 없으며, 녹청색의 유가 전면에 고르게 시유되어 있다.

우아하고 온화한 분위기의 이 주전자와 승반은, 12세기 특유의 단정하고 기품 있으면서 큼직한 승반에 담긴 주전자에서 벗어난 모습을 보여준다. 주전자가 강조되고 승반은 작아진 형태의 이 작품은 고려 특유의 형태로 변화하는 과정에서 만들어진 것으로 추정된다. 그 전에는 차를 담거나 물이 식으면 뜨거운 물을 부어 데우는 데 사용했던 큼직한 승반에서 점점 받치는 용도의 작은 승반으로 바뀌었다.

진흙탕의 연못에서 피어난 아름다운 연꽃을 새긴 연화문은 부처님의 깨달음과 맑고 순수한 청정에 이르는 것을 상징하여 고려시대에 많은 사랑을 받았다. 연못 주변에 늘어진 수양버들 역시 연못 안의 연꽃과 조화를 이루며 고요함과 유장함을 잘 보여준다.

다소곳하면서도 우아한 주전자에 차를 담아 따르면서 깨달음에 이르는 길을 떠올리고, 선의 고요한 경지를 알려주는 연꽃과 수양버들을 바라보면서 차를 마셨을 13세기 고려인들의 삶이 눈앞에 어른거린다.

고려 초기의 아무 무늬 없이 삿갓을 엎어놓은 듯했던 청자다완은 고려 중기로 들어서면서 이처럼 삶의 의미를 생각하게 하는 문양을 새긴 찻그릇들로 발전했다. 보다 윤택해진 삶 속에서 격식을 갖춘 주자, 승반, 다완 등 다양한 찻그릇들이 등장한 것이다.

차분하고 안정감 있는
청자철화국화당초문주전자

• 고려 12세기 후반 • 높이 15cm • 일본 도쿄국립박물관 소장

이 작품은 동체가 풍만하게 벌어진 철화청자의 찻주전자로 안정감 있는 분위기를 지녔다. 중국 송대 주자를 바탕으로, 고려 특유의 풍만하고 안정적인 형태로 발전시킨 이 작품의 전면에는 철화의 국화당초문이 자유롭고 빠른 필치로 시문되어 있다.

  주자의 구부는 넓으며, 약간 안으로 경사져 세워졌다. 쭉 뻗어 벌어진 주구와 큼직한 손잡이가 특징이며, 접시 모양의 뚜껑과 손잡이에 작은 고리가 달려 있다. 동체는 옆으로 벌어져 풍만하고 안정감 있으며, 굽다리는 넓다. 동체의 견부에는 철화로 국화잎을 촘촘하게 넣어 문양대로 장식했고, 동체 전면에는 주 문양으로 큼직하게 활짝 핀 국화꽃과 넝쿨, 그리고 잎을 간결하면서도 빠른 필치로 경쾌하게 시문했다. 뚜껑의 상면에도 가는 국화잎을 전형적인 철화 기법으로 촘촘히 그렸다.

  주자의 굽은 안 바닥을 깎아 받치도록 했으며, 회백색의 내화토 빚음 받침으로 번조한 흔적이 남아 있다. 뚜껑 바닥도 평저로 회백색의 내화토 빚음 받침으로 받친 흔적이 남아 있다. 녹갈색의 유를 얇게 전면에 시유했으며 은은한 광택이 난다.

  청자 기면에 철화 기법을 써서 붓으로 그려 자유롭게 시문하는 것은 고려 중기인 12세기 후반에 처음 등장했다. 철화의 쇳빛이나 검은색이 표현되는 이 특징적인 수법은 후에 흑상감 수법으로 발전된다. 이 주자에서 초기 철화 기법의 예를 찾아볼 수 있다.

  이 주자는 승반이 함께 있는 예로 발견된 바가 없어, 주자로만 쓰였던 듯하다. 차를 담아 뜨거운 물을 부어 흔들어서 따르기에 넓은 구부와 풍만한 동체가 잘 어울린다.

  국화는 편안함과 군자의 충의忠義를 의미하며, 사군자四君子라 하여 매화·난초·대나무와 함께 선비의 기상을 상징했다. 외로움과 은둔을 상징하기도 했던 국화문은 고려청자에 널리 사용되었으며, 특히 국화넝쿨무늬는 청자의 빛깔과 잘 어울려 소박하고 담백한 멋을 자아냈다.

  이 주자에 차를 담아 따르고, 귀족의 기상과 고요함을 지닌 국화넝쿨무늬를 감상하며 차를 마셨을 12세기 후반 고려인들의 모습을 그려보자. 그러면 비색청자나 상감청자와는 또 다른 특색을 간직한 이 철화주자의 찻그릇 작품이 새롭게 다가올 것이다.

우리 찻그릇 톺아보기

⑲

단아하고 섬세한
청자철화연화절지문주자

• 고려 12세기 후반 • 총 높이 5.9cm • 입지름 4cm • 밑지름 4.6cm • 호림박물관 소장

단아한 형태와 섬세한 문양이 돋보이는 이 청자철화연화절지문주자는 송대 주전자를 바탕으로 고려 특유의 세련된 느낌을 발전시킨 작품이다. 안정감 있는 모습에 철화의 짙은 연화절지문蓮花折枝紋이 잘 어울린다.

서긍은 『선화봉사고려도경』 권32 「기명조」의 「찻그릇조」에 조정에서 사신들과 차 마시는 의례와 관사에서 차 마시는 풍습을 간략하게 기록했다. 이렇게 조정에서 왕과 신하 및 사신들이 차를 마실 때 이러한 찻주전자를 사용하지 않았을까 생각한다.

주자의 몸체를 살펴보자. 위와 아랫부분을 누른 납작한 공 모양으로, 몸체의 양쪽 면에 주구와 손잡이를 부착한 작은 주전자이다. 쭉 뻗어 벌어진 주구, 작고 둥근 구멍이 나 있는 손잡이, 둥근 모자 모양의 뚜껑, 옆으로 넓은 동체로 이루어졌다.

동부의 양쪽 면에는 철화 기법으로 활짝 핀 연꽃과 줄기, 잎을 옆으로 세워 짙게 그렸고, 그 옆에는 화문을 나타냈다. 뚜껑의 윗면에도 기하학적인 연꽃 문양을 철화로 깔끔하게 시문했다.

주자의 굽은 안으로 약간 판 안굽의 형태로, 굽 안 바닥 가장자리 네 곳에 내화토를 받치고 구웠던 흔적이 남아 있다. 태토에는 모래가 섞여서 거친 편이며 녹갈색의 유약이 전면에 시유되었다. 청자의 기면에 붓으로 그려 시문하는 철화 기법은 고려 12세기 후반에 처음 시작된 것으로, 녹갈색의 유에 검은색으로 나타나는 특징적인 수법이다.

차분하고 단아한 형태에 깨달음을 상징하는 연꽃의 섬세하고 우아한 문양이 잘 어울리는 작품이다.

우리 찻그릇 톺아보기

우아하고 풍만한 아름다움
백자참외형주자 및 승반

• 고려 13세기 전반 • 높이 21.9cm • 일본 오사카시립동양도자미술관 소장

이 작품은 참외형의 승반과 뚜껑 및 손잡이와 주구가 잘 갖추어져 풍만하고 우아한 멋을 보여준다.

13세기 전반의 고려는 무신의 난 이후 정권을 잡은 무인들 사이에서 내분이 일어나 쉴 새 없이 정권이 교체된 시기였다. 그러다가 1196년 최충헌에 의해 정권이 안정된 후 최우, 최항, 최의에 이르는 4대 62년간 최씨 정권의 무신 집권 시대를 맞이했다. 한편 몽고 세력의 흥기로 동아시아에 일대 변동이 일어나, 결국 1231년 몽고가 침입해 오기 시작했다. 최우 정권은 단호히 항쟁할 것을 결의하고 1232년 강화도로 도읍을 옮겨 항쟁을 시작했고, 1259년에 강화가 맺어질 때까지 그곳에 머물렀다. 오랫동안 몽고의 침략이 되풀이되었지만 고려인들의 끈질긴 항쟁은 계속되었다.

이런 시대 배경 속에서 13세기 전반의 고려 문화는 자주성을 강조하는 것이 특징이었다. 이는 도자 부분에서도 마찬가지여서, 특히 남송과의 국교 단절로 문화 자극이 없어지면서 고려 도자기 특유의 기형과 문양, 유색이 독자적으로 발전하게 되었다.

이 백자참외형주자와 승반은 참외형의 골이 팬 풍만한 몸체에 쭉 뻗은 날렵한 주구와 고리를 갖춘 손잡이를 지녔다. 그리고 고리가 달린 뚜껑에도 골이 패여 있어 전체적으로 형태가 우아하다. 승반도 화형으로 골이 패였고, 굽다리가 밖으로 벌어져 풍만하고 안정감이 있다. 갈색 유색을 머금은 청백자로서 미세하게 유빙렬이 나 있어 연질 고려백자의 전통을 보여준다. 굽다리에는 점토가 섞인 내화토 빚음 받침으로 여섯 곳을 받쳐 구운 흔적이 있으며, 전북 부안군 보안면 유천리요의 작품으로 추정된다.

주전자 몸체에 차와 뜨거운 물을 부어 우린 것을 찻사발에 따라 마셨고, 차가 식으면 승반에 뜨거운 물을 부어서 데웠다. 이 작품은 현재 일본 오사카시립동양도자미술관이 소장 중인데, 고려백자 주전자와 승반이 갖추어진 유일한 예로 그 중요성이 강조된다. 고려시대 12~13세기경에 성행했던 음다 습속의 예로 풍만하고 우아한 멋을 지닌 참외형주자와 승반은 수많은 다완들과 함께 고려 귀족사회에서 널리 환영받았을 뛰어난 작품이다.

소담한 멋
분청자인화'내섬'명완

• 조선 15세기 중반 • 높이 4.2cm • 입지름 12.2cm • 밑지름 4.5cm • 일본 개인 소장

분청자인화'내섬內贍'명완은 소완小盌으로 외반된 구부와 S자 곡선을 이룬 동체, 낮은 굽다리로 이루어졌다.

완의 내저 중앙에 두른 두 겹의 원 안에 내섬시內贍寺 소용의 그릇이라는 뜻의 내섬명이 백상감 수법으로 시문되었다. 또 그 주변과 내측면을 나눈 후, 작고 엉성한 국화꽃을 세 줄 및 두 줄로 찍어 듬성듬성 꽉 차게 시문했다. 외면은 위아래로 세 줄, 네 줄씩의 선을 두르고 그 사이 면에 우점문雨點紋을 톱니바퀴로 돌리듯 사선으로 질서정연하게 찍어 꽉 차게 시문했다. 회청색이 짙은 유로 전면에 시유했으나, 일부는 변색되고 광택을 잃었다. 굽 안 바닥은 시유하지 않았다. 꽉 찬 인화문으로 보아 15세기 중반경 전라북도의 고창 용산리요나 부안 우동리요 가마에서 제작된 것으로 보인다.

내섬시는 왜인倭人과 야인野人에게 주는 음식과 직조, 각 궁궐에 대한 공상供上과 2품 이상에게 주는 술 등의 일을 맡았던 조선 초기의 관청이다. 아마도 이 작품은 조선 초기에 수도인 한성에 찾아온 왜인 사절들에게 차 등을 담아 접대한 완의 하나로, 일본에 건너가 500년 이상 다완으로 쓰인 보기 드문 분청자인화문다완의 예일 것이다.

인화분청자는 시문하고자 하는 문양을 시문구로 그릇 표면에 찍은 후 백토를 메워 넣는 기법으로 만든 것이다. 처음에는 국화문 등을 도장으로 듬성듬성 찍어 한 줄 혹은 두 줄 정도로 전체를 메우다가 15세기 중반경에는 집단화된 국화문과 우점문 등을 기면 전체에 빼곡이 찍어 그릇 전체가 하얗게 백토 분장되는 형태로 발전해 절정을 이룬다. 특히 인화분청자의 그릇 중에는 관사, 생산지, 사기장 이름을 인화 또는 상감으로 새긴 것이 있어 제작 시기나 생산지 등을 연구하는 데 매우 중요한 자료가 된다.

이 분청자인화'내섬'명완은 국화꽃으로 가득 찬 꽃그릇 찻사발이라고 할 수 있다. 국화꽃이 갖는 선비의 의지, 은일, 외로움 등을 차를 마시면서 음미했을 것이다. 조선 초기의 음다 생활은 고려의 차 문화를 이어받아 대자연 속에서 소박하게 이루어졌다. 이 완은 그런 분위기에 어울리는 소담한 멋과 단아한 기품을 잘 보여준다.

어떻게 일본에 전해졌는지 알려지지 않았지만, 조촐한 멋을 간직한 드문 다완이다.

우리 찻그릇 톺아보기

담백한 멋
분청자인화'밀양장흥고'명완

• 조선 15세기 중반 • 높이 5cm • 입지름 15.9cm • 굽지름 5.6cm • 일본 우메자와(梅沢)기념관 소장

분청자인화'밀양장흥고密陽長興庫'명완은 대접형 완으로, 입이 안으로 오므려진 구부와 널찍하며 둥근 동체 그리고 알맞은 크기의 굽다리로 이루어졌다. 완의 내저 중앙에 두른 두 겹의 원 안에 '밀양에서 제작한 장흥고 소용의 그릇'이라는 뜻의 '밀양장흥고' 명을 백상감 수법으로 시문했다. 그 주변에는 국화문과 나비문을 꽉 차게 시문했다. 측면에는 위아래로 당초문대와 국화문대를 돌렸고, 그 사이로 집단의 원문을 도장으로 구름문처럼 꽉 차게 시문했다. 외면은 내면과 같이 위와 중간에 각각 당초문대와 집단원문대를 시문했다. 아랫목에 한 줄의 국화문대를 시문했으며, 굽다리에는 뇌문대를 돌려 나타냈다. 그리고 녹갈색을 머금은 회청유를 전면에 시유하여 은은한 광택이 나며, 굽다리에는 가는 모래 받침의 흔적이 남아 있다.

이처럼 완의 내·외면이 꽉 차도록 인화문을 시문한 인화분청자는 15세기 중반경의 전성기 작품으로, 경상남도 밀양군 삼랑진 읍내의 가마에서 제작된 것으로 보인다.

장흥고는 돗자리나 기름 먹인 두꺼운 종이 등을 관리하고, 대궐 내의 여러 관청에서 쓰는 물품을 공급하는 곳으로, 자기도 공급품의 하나였다. 『태종실록太宗實錄』권33을 보면, 태종 17년 4월 병자조丙子條에 "장흥고에 바치도록 된 사기, 목기는 장흥고 석 자를 새겨 납부함으로써 관물官物 도용盜用의 폐를 막고자 한다"는 기록이 나온다. 당시 도용의 폐해 때문에 '장흥고'라는 명문을 새기게 되었음을 알 수 있어 흥미롭다. 밀양 등의 경남 지방명이 나타나 지역 특색을 연구하는 데 중요한 자료가 되기도 한다.

국을 담았던 이 완은, 15세기 중반 한성을 방문한 왜인 사절들에게 차 등을 담아 접대하던 것으로 일본에 넘어가 500년 이상 다완으로 사용되었다.

학자이자 생육신生六臣의 한 사람인 매월당 김시습은 15세기를 대표하는 차인茶人으로, 손수 끓인 차를 부처님께 올리고 예불했으며, 돌솥에 가루차를 끓여 마시기도 했다. 당시 쓰였을 이 완이 어떻게 일본에 전해져서 사용되었는지는 정확하게 밝혀지지 않았지만 1989년 교토의 다도자료관茶道資料館이 연 〈고려다완高麗茶盌〉전에 출품되면서 널리 알려졌으며 인화문과 '밀양장흥고'명으로 주목받았다.

우리 찻그릇 톺아보기

23

조촐한 멋
분청자인화문통형완

• 조선 15세기 중반 • 입지름 10.9cm • 일본 도쿠가와여명회 소장

이 작품은 직립형 몸체와 넓은 구부, 알맞은 크기의 굽다리로 이루어졌다.

완의 외면 위로 뇌문대와 초문대를 돌리고, 국화꽃의 인화문을 세 부분의 선으로 구획한 측면에 촘촘히 시문한 후에 백토로 메우는 인화 기법을 사용했다. 이처럼 외면에 국화 인화문이 꽉 차게 시문된 인화분청자는 15세기 중반경인 세종·세조 연간의 작품으로 추정된다. 뇌문대와 초문대를 함께 이어서 시문한 것은 이 완만의 특색이다.

내면에는 문양이 없으며, 전면을 녹갈색 광택이 나는 유약으로 시유하여 은은한 느낌을 준다. 굽다리에는 가는 모래 받침으로 받쳐 구운 흔적이 남아 있으며, 오랫동안 찻물을 담아 마신 영향으로 흑갈색을 띤다.

이러한 통형완은 고려 12세기 전반경인 1146년 인종 장릉에서 출토된 통형완에서 비롯되었다. 원래 뚜껑이 있는 예가 대부분으로, 인삼탕이나 쌍화탕의 탕잔으로 쓰였으리라고 짐작된다. 13세기에는 외면에 연판문대를 시문하기도 했고, 흑백상감 기법으로 국화꽃 등을 조촐하게 시문한 통형완이 남아 있기도 하다.

14세기에는 작고 큰 통형완이 뚜껑 없이 만들어져 '정릉'명이 시문된 예도 있다. 조선 초인 15세기에 들어와 상감 문양에서 인화 기법의 문양으로 바뀌면서, 이처럼 인화문의 통형완이 제작되어 찻사발로 널리 사용되었다. 그런데 고려시대의 완과는 달리 뚜껑 없이 제작된 완의 입지름은 더욱 넓어졌고 높이는 낮아졌다. 이런 통형완은 16세기 후반 일본에 다완으로 전해져, 일본인들이 좋아하는 라쿠다완이나 시노志野다완, 오리베織部다완 등의 원통형 다완 제작에 큰 영향을 주었다.

15세기 중반 세종·세조 연간은 중국과 다른 조선 문화를 꽃피우기 위해 애쓰던 시기로, 고려 상감청자에 쓰인 국화꽃 문양을 도장으로 새겨, 찻그릇의 외면을 국화꽃으로 꽉 차게 시문하는 새로운 인화 기법이 발달했다.

현재 이와 같은 인화문 통형완이나 상감문 통형완, 귀얄문 통형완의 드문 예들이 국내와 일본에 남아 있다. 이 완은 일본의 도쿠가와여명회에 소장되어 500년 이상 다완으로 쓰였던 분청자인화문통형완의 드문 예다.

우리 찻그릇 톺아보기

24

소탈하고 자유로운 멋
분청자인화귀얄문완

• 조선 15세기 후반 • 입지름 14cm • 일본 네즈미술관 소장

분청자인화귀얄문완은 소형완으로, 구부가 넓게 외반되었고 동체가 S자 곡선을 이루었으며 알맞은 크기의 굽다리로 제작되었다.

문양은 내측면의 위아래로 세 줄, 두 줄의 선을 돌렸고, 그 사이에 약화된 인화문을 시문했으며, 백토를 귀얄로 두껍게 칠했다. 외면 역시 위아래로 네 줄, 두 줄의 선을 돌리고 그 사이로 인화의 주름문을 시문하여 귀얄로 칠했다. 이렇게 주름문의 흔적과 귀얄 자국, 그리고 선대가 어울려 소탈하며 자유로운 분위기를 나타낸다.

내·외면에 녹갈색이 짙은 유약을 시유하여 은은한 느낌을 주며, 철정색의 태토에 찻물이 스며들어 쇳빛을 띤다. 굽다리에는 가는 모래 받침으로 받쳐 구운 흔적이 남아 있으며, 오랫동안 찻물을 담아 마신 영향으로 흑갈색을 띤다.

이 인화귀얄분청자는 15세기 후반 성종 연간의 쇠퇴해 가는 모습을 보여주는 작품으로 추정된다. 15세기 전반의 상감분청자 완에서부터 보이는 소형완 형태로, 외반된 구부가 접시 모양으로 벌어져 예리한 맛을 보여준다. 15세기 중반에는 인화분청자의 사발, 완, 접시에서 널리 제작된 형태이다.

15세기 후반에 인화 기법은 쇠퇴하여 약한 흔적으로만 남았고, 그 위에 칠한 거칠고 빠른 솜씨의 귀얄 흔적이 합해져서 소박하면서도 무심한 듯한 모습을 보여준다.

당시 만들어진 완들 중에서 분청자인화귀얄문완은 찻사발로 사용되어 오랫동안 많은 차인들의 마음을 설레게 했던 명품 다완이다. 현재 일본의 네즈根津미술관에 소장되어 '우에다 코요미데上田曆手'명을 지니고 있다.

15세기 후반은 세조·성종의 치세 시기로 조선시대의 정치·경제·문화의 기본 법전인 『경국대전』이 편찬되고 각종 사서史書와 지리지가 출간되어 유교 국가의 체제가 완비된 때였다. 분청자와 백자가 발달한 이 시기에 만들어진 인화귀얄분청자완들에는 무엇에도 거리낄 것 없는 자유로움과 소탈함이 한껏 담겨 있다. 그 결과 차와 어울려 일체가 되는 명완名盌의 작품이 탄생하여 오랜 기간 애용되었다. 이 작품 역시 그러한 명완의 대표적인 예로 볼 수 있다.

우리 찻그릇 톺아보기

25

바람처럼 물처럼 자유로운
분청자귀얄문유개완

• 조선 16세기 전반 • 총 높이 8.2cm • 높이 6cm • 입지름 13.4cm • 밑지름 3.5cm • 삼성리움미술관 소장

접시 모양의 뚜껑이 덮인 소형완으로, 구부가 넓게 외반되어 벌어졌고 동체가 S자 곡선을 이루었으며, 비교적 작은 굽다리를 지녔다. 뚜껑의 접시도 외반된 구부에 곡선을 이룬 동체와 도톰한 굽다리를 지닌 날렵한 모습으로, 완의 안쪽에 덮여 있다.

짙은 녹갈색 태토 위에 저부를 남기고 동체 전면을 백토로 듬뿍 칠한 풀비를 써서 채색했다. 굽다리를 잡고 힘차게 돌린 듯 빠른 운동감의 백토 귀얄 자국이 무심한 듯 칠해져 있다. 내면도 두텁게 귀얄 기법으로 시문하여, 백자처럼 희게 백토 분장되어 있다. 뚜껑도 암갈색의 태토 위에 외면은 백토 분장을 엷게, 내면은 두텁게 귀얄로 칠해, 굽 주위와 동체 전면과 대비된다. 담청색을 머금은 분청유를 전면에 시유했으며 은은한 광택이 난다. 굽다리에는 가는 모래 받침으로 받쳐 구운 흔적이 남아 있다.

이처럼 내·외면에 귀얄 자국이 함께 나타나는 귀얄분청자는 16세기 전반 중종 연간에 백자화白瓷化되어 가는 시기의 모습을 보여준다.

원래 이러한 완은 뚜껑을 지닌 예가 있는데, 완의 안쪽으로 덮여진 형태이다. 밥 등을 담는 식사용 사발로 쓰였던 것으로, 현재 일식집에서 밥을 담아 내오는 식기와 같은 모습이어서 흥미롭다. 아마도 조선시대 반상기의 하나로서 뚜껑이 안쪽으로 덮여진 유개완이 일본에 전해져서 식기로 사용하게 된 것으로 보인다.

우리 찻사발로 사용된 다완 중에 이처럼 뚜껑 있는 완이 후에 뚜껑과 일부 분리되었을 것으로 추정된다. 식기로서 밥을 넣어 먹은 후 숭늉 등을 담아 마셨을 유개완들이 찻사발로 사용되었을 가능성을 보여준다.

귀얄의 거칠고 빠른 솜씨가 느껴지는 이 완은 무심한 듯한 모습으로 물처럼 바람처럼 무엇에도 거리낄 것 없는 자유로운 세계를 보여준다.

16세기 전반 중종 연간은 서원이 성립하고 향약이 발전하면서 유교사회가 성숙해져 갔던 시기다. 이 시기에 백자가 크게 발달했고, 이에 따라 분청자의 백자화 또한 진행되면서 귀얄 기법의 분청자가 널리 만들어졌다. 귀얄분청자의 자유로우면서 무심한 모습은 차인들의 찻사발로 제격이어서 명품으로 남은 다완의 예가 적지 않다.

우리 찻그릇 톺아보기

차분하고 따뜻한
분청자덤벙문완

• 조선 16세기 • 높이 6.6cm • 입지름 16.6cm • 밑지름 4.8cm • 호암미술관 소장

분청자덤벙문완은 구부가 약간 밖으로 말려 있고 동체의 측면이 직선에 가까운 형태인 완이다. 덤벙 기법으로 전면에 백토를 입혔는데 바탕면이 보이지 않을 정도로 두텁다. 담녹색의 유약을 입혔으며 전체적으로 연한 담황색을 띠고, 유약이 두꺼운 곳에는 빙렬이 나 있다.

굽다리와 완의 내저면 다섯 군데에 내화토 받침 흔적이 있는데, 다소 거친 듯하지만 오히려 덤벙분청자 특유의 소박함과 산뜻함을 더해준다.

이처럼 내·외면이 백토로 분장된 덤벙분청자는 귀얄분청자와 함께 점차 백자화되어 가는 16세기 모습을 보여준다. 당시에는 조선 성리학의 발달에 따른 유교문화가 사회 전반에 깊은 영향을 주어 주자가례朱子家禮가 널리 실시되었다. 이에 따라 분청자의 백자화가 계속되어 분청자 중에서 백자와 닮은 귀얄분청자와 덤벙분청자가 널리 제작되었다. 백자의 실생활화가 촉진되면서 백자가 본격적으로 발달하기도 했다.

백토의 사용이 점차 금지되자 백톳물에 덤벙 담가서 백자와 같은 모습을 지닌 덤벙분청자를 널리 제작했다. 백자화된 분청자가 바로 덤벙분청자인 것이다.

이 시기의 분청자 요지에서는 귀얄분청자와 덤벙분청자, 그리고 연질백자가 발견되는데, 덤벙분청자와 연질백자는 구별이 어려울 정도로 기형과 유색이 서로 닮아 있다.

덤벙분청자의 사발, 완, 접시 들은 지방의 일반 서민들이 주로 사용했던 그릇들로, 더 자유로워졌다고 할 수 있다. 이 분청자들은 조선의 이름 없는 사기장들에 의해 주변 마을 사람들의 재활용 그릇으로 만들어졌다. 이 그릇들에는 자유로운 세계가 마치 자연의 일부처럼 드러나 있다.

이 분청자덤벙문완은 손에 들면 가볍고 차분한 느낌을 주며, 연둣빛 말차를 담았을 경우 따뜻하고 포근한 분위기를 자아낸다. 차의 연두색과 완의 백색 대비 또한 조화롭고 차분한 모습을 지녀, 차인들의 차를 담는 찻사발로 제격인 작품이다. 찻사발의 가벼운 듯하면서도 따뜻하고 평온한 느낌이 이러한 완을 더욱 애호하게 만든 듯하다. 그래서 16세기 일본으로 전해져서 현재까지 사랑받는 조선 덤벙분청자 완이 많다.

우리 찻그릇 톺아보기

담백하고 수더분한
백자다완

• 조선 16세기 후반 • 높이 8.2cm • 입지름 16.6cm • 밑지름 6cm • 국립진주박물관 소장

백자다완은 구부가 약간 벌어지고, 동체가 S자 곡선을 이룬 풍만한 완이다. 몸체에는 굵은 선의 물레 자국이 나 있고, 저부는 굽칼로 깎여 있으며, 굽다리는 두툼하다.

　전면에 담청을 머금은 갈색유가 고르게 시유되었으며, 굽다리와 주변은 거칠게 깎은 태토 위에 유가 엉켜 있어 오래된 매화 등걸 같다. 굽 안 바닥은 시유되었고, 굽다리만 유를 닦아내고 내화토를 다섯 곳에 얇게 받쳐 구운 흔적이 있다. 완의 내저에도 포개어 구운 듯 내화토를 받쳐 구운 흔적이 다섯 곳에 나 있다. 완의 몸체 여러 곳에 금이 가 있고, 구연에는 유가 벗겨져 갈색의 태토가 드문드문 드러나 있다.

　16세기 중반에는 분청자의 백자화가 가속화되어, 백자와 닮은 귀얄분청자와 덤벙분청자가 널리 제작되었다. 아울러 각 지역의 지방 가마에서는 주변의 사토沙土를 이용하여 백자를 만들었다. 이러한 백자 중에는 경질백자도 있었으나 대개 푸석푸석한 느낌의 연질백자가 주로 제작되었다. 이들 연질백자 중에는, 두툼한 기벽 외면에 굵은 물레 자국이 빠른 운동감으로 순식간에 만든 듯 거칠게 나 있으며, 굽 주변과 굽다리를 거칠게 깎은 후에 유를 바른 듯 엉켜 붙어 익은 완편들이 보인다. 완의 내저와 굽다리에는 포개 구운 흔적이 나타나며, 유색은 비파색·갈색·회청색을 띠고 있어, 산화염과 중성염, 환원염으로 자유롭게 구워졌음을 알 수 있다. 연질 백자는 주로 경남 일원의 하동 백련리 요지, 진해 두동리 요지 등에서 출토된다.

　이 연질백자 다완은 경남 일원에서 출토되었다. 이 완은 귀얄분청자, 덤벙분청자 완과 함께 진해, 하동, 진주 등의 일반 서민들을 위해 민요民窯에서 제작된 그릇으로 추정된다. 연한 갈색 또는 미색, 회청색을 띤 이 연질백자의 완들은 연두색, 녹색의 말차가 거품을 일으킬 때 그릇과 조화를 이루어 일체가 되는 느낌을 갖게 한다. 몸체의 강한 물레 자국, 굽 주위의 거친 깎임과 웅어리진 유약들, 죽절형의 굽은 손에 자연스럽게 안기는 느낌을 준다. 보기보다는 가벼운 느낌의 이 다완은 이 지역 특유의 사토로 제작되었다. 현재 이와 같은 연질백자의 다완 가운데, 16세기에 일본에 전해져서 오늘날까지 사용되는 명품의 다완들이 적지 않음을 볼 수 있다.

우리 찻그릇 톺아보기

28

수수하고 박력 있는
이도다완

• 조선 16세기 후반 • 높이 8.9cm • 입지름 15.1cm • 밑지름 4.9cm • 일본 고토미술관 소장

이 이도다완井戶茶盌은 구부가 약간 벌어지고 동체가 S자 곡선을 이룬 풍만한 모습의 다완이다. 몸체에는 굵은 선의 물레 자국이 나 있고, 저부는 굽칼로 듬뿍 깎여 있으며, 굽다리는 대마디형으로 두툼하게 세워졌다.

전면에 담청색을 머금은 갈색유가 고르게 시유되었으며, 굽다리와 주변에는 거칠게 깎은 태토 위로 유약이 엉겨 있어 오래된 매화 등걸 같다. 굽 안 바닥은 시유되었고 굽다리만 유약을 닦아내고 내화토를 네 곳에 얇게 받쳐 구운 흔적이 있다. 완의 구연부 여러 곳에 금이 가 있고, 오랜 사용으로 유약이 벗겨져 구연 일부에는 갈색의 태토가 드문드문 드러나 있다.

경상남도 진해 두동리, 하동 백련리 요지에서는 그 지역의 흙을 이용하여 두툼한 듯한 갈색의 다완들을 특색 있게 제작했다. 이 연질백자의 완들은 기벽이 두툼하고, 그 외면에 빠른 운동감으로 순식간에 만든 듯 굵은 물레 자국이 거칠게 나 있으며, 굽 주변과 굽다리를 거칠게 깎은 후에 유약을 바른 듯 엉겨 붙은 모습이다. 완의 내저와 굽다리에는 포개 구운 흔적이 나타나고, 유색은 비파색·갈색·회청색을 띠며, 산화염과 중성염으로 자유롭게 구워진 모습이다.

이 연질백자의 조선다완은 도쿄에 있는 고토五島미술관 소장품으로, 일본에 있는 조선다완 중에서도 널리 알려진 뛰어난 작품이다. 장군의 모습을 보여주는 듯 웅혼한 멋을 지닌 명품의 예로 일본에서는 오오이도다완大井戶茶盌으로 불린다. 1989년 교토의 다도자료관에서 개관 10주년 기념 특별전으로 〈고려다완〉전이 열렸을 때 출품되었다.

현재 일본에 전해지는 약 100여 점의 작품 중 하나로, 450년 이상의 세월을 차인과 함께해 온 살아 있는 고목과도 같은 다완이다. 보기보다도 가벼운 느낌의 이 다완은 창원, 하동 등의 지방민을 위해 제작된 민요산 다완으로, 일본에 전해진 조선다완을 대표하는 수수하고 박력 있는 작품이다.

소박하고 조촐한
아오이도다완

• 조선 16세기 후반 • 높이 6.8cm • 입지름 14.7cm • 밑지름 5.1cm • 일본 개인 소장

이 아오이도다완靑井戶茶盌은 구부가 약간 벌어지고 동체가 사선을 이룬 조촐한 완이다. 몸체에는 굵은 선의 물레 자국이 힘 있게 나 있고 저부는 굽칼로 깎여 있으며 굽다리는 대마디형으로 도톰하게 나 있다.

청색을 머금은 녹갈색의 유가 전면에 고르게 시유되었으며, 굽다리와 주변은 거칠게 깎은 태토 위에 유약이 엉켜 있어 마치 오래된 나무 등걸 같다. 굽 안 바닥은 시유되었고, 굽다리만 유약을 닦아내고 회백색의 내화토를 네 곳에 얇게 받쳐 구운 흔적이 나 있다. 완의 구연부 여러 곳과 내면 일부에는 오랜 사용으로 유약이 벗겨져 있거나 찻물이 스며들어 갈색을 띤다.

16세기 후반이 되자 분청자는 사라지고, 각 지역의 지방 민요에서는 주변의 사토沙土를 이용해 백자를 만들었다. 이러한 백자 중에는 경질백자도 있었으나 대개 푸석푸석한 느낌의 연질백자를 많이 만들었다.

진해 두동리, 하동 백련리 요지에서는 그 지역 주변의 흙을 이용하여, 이처럼 녹갈색을 띤 다완들을 특색 있게 제작했다. 대부분 기벽 외면에 굵은 물레 자국이 거칠게 나 있으며 굽 주변과 안 바닥 역시 거칠게 깎은 후 유약을 바른 듯 유약이 엉겨 붙어 있는 모습이다. 완의 내저와 굽다리에는 포개 구운 흔적이 나타나 있다. 유색은 녹갈색과 회청색을 띠고 있으며 중성염으로 구워진 모습이다.

이 완은 조선다완을 대표하는 작품으로 1989년 교토 다도자료관에서 열린 〈고려다완〉전에 출품되어 많은 이들의 사랑을 받았다.

일본에서 400년 이상 전세되어 내려온 명완名盌의 하나로, 상자에 '호쥬차완寶樹茶碗'이라는 문자가 기록되어 일명 '호쥬안寶樹庵'이라 불리기도 한다.

우리 찻그릇 톺아보기

30

마음에 평안을 주는 따뜻함
고키다완

• 조선 17세기 전반 • 높이 8.8cm • 입지름 13.9cm • 밑지름 6.5cm • 일본 개인 소장

이 고키다완吳器茶盌은 밖으로 벌어져 세워진 높은 굽다리에 둥근 동체를 이루어 우뚝 선 듯한 모습의 작품이다. 몸체에 물레 자국의 선이 희미하게 나 있고, 청색을 머금은 황갈색의 유가 전면에 고르게 시유되어 있다. 구연부와 동체 일부에 유가 모여 흘러내리고 있고, 굽 안에 시유하여 굽바닥만 유약을 닦아내고 회백색의 모래를 받쳐 구운 흔적이 남아 있다. 완의 외면 곳곳에 유가 시유되지 않아 철정색으로 노태된 곳이 있으며 내면은 유면이 고르지 않아 얼룩얼룩하다.

17세기 전반, 임진왜란 직후 조선 왕실은 새로 등장한 도쿠가와 막부와 외교관계 정상화를 위해 조선통신사를 일본에 파견했다. 통신사 일행이 부산에서 대마도를 거쳐, 세토瀨戶 내해와 오사카, 교토를 거쳐 도쿠가와 막부를 대하고 돌아오기까지 6개월이 소요되었다. 약 500여 명에 이르는 수행원들이 일본 곳곳을 지나게 되었다. 조선통신사 일행은 지참하고 있던 경남 양산 일대 제작의 백자완 수백 점을, 일행이 머문 교토 다이토쿠지와 혼간지本願寺 등에 감사의 뜻으로 선물했다.

그 당시 일본 도쿠가와 막부는 조선과 그 문화에 대하여 매우 호의적이어서, 최근의 한류 열풍처럼 조선 문화를 기쁘게 받아들이려는 경향이 강했다. 16세기 후반 일본 모모야마시대에 일었던 다도 열풍은 조선다완에 대한 열망으로 이어졌고, 17세기 전반에도 여전히 매우 강했다. 조선통신사 역시 이러한 요구에 응하기 위해 일본을 찾을 때마다 다완을 수백 점씩 가져갔다.

양산 법기리 요지에서는 주변의 흙을 이용하여 이처럼 굽이 높고 붉은색 유색이 감도는 백자완들을 제작했다. 원래 오기吳器와 닮았다는 견해가 유력하며, 조선통신사 일행이 조선의 어기御器를 선물로 준 데서 비롯된 이름으로 보인다.

이 완 또한 조선다완을 대표하는 작품으로, 1989년 교토 다도자료관에서 열린 〈고려다완〉전에 출품되어 많은 이들의 사랑을 받았다.

우리 찻그릇 톺아보기

③31

주문다완
백자철채다완

• 조선 17세기 • 높이 8.8cm • 입지름 13.9cm • 밑지름 6.5cm • 미츠이문고 소장

이 통형의 백자철채다완은 자유분방한 필치로 철채鐵彩한 추상 문양과 매화의 가지 문양이 어울린 독특한 다완이다. 내면은 둥글고 외면은 다각형으로 만든 통형으로, 동체 전면에 물레 흔적이 나 있다. 구연은 도톰하며 굽다리는 넓고 낮아 안정감이 있다.

이와 같은 백자철채다완을 일본에서는 고쇼마루다완御所丸茶盌이라고 부르는데, 남아있는 예가 드물며 미츠이三井본가의 오랜 소장품이 유명하다.

임진왜란 이후 1609년 국교가 재개되어, 조선과 일본의 무역이 처음 시작된 것은 광해군 3년1611 왜관의 동관과 서관을 신축했을 때였다. 이때 왜인들이 요청한 것이 '다기보아茶器甫兒', 즉 다완이었다. 이에 동래부사는 김해의 장인들로 하여금 만들어주도록 계를 올렸는데, 현재 일본에서 '킨카이金海'로 불리는 백자다완들은 이때 제작되었다.

인조 17년1639, 일본이 사기를 구하고자 청하는 기록이 등장한다. 일본이 조선에 요청한 것은 또 다완이었다. 일본 측에서 두왜頭倭 등이 각종 다완의 견본을 가지고 와서 장인과 백토, 번목 등을 왜관 안으로 들여와 제작해 줄 것을 요청했지만 조선 측은 진주와 하동의 장인들을 불러 왜관 밖 가마에서 제작하도록 했다.

인조 18년1640에도 일본은 다완 번조를 요청했는데, 조선다완은 당시로서는 꽤 인기를 끌었던 것으로 보인다. 인조 22년1644 기록에는 다완 번조에 사용되는 약토藥土가 등장했고, 장인의 수는 대여섯 명으로 증가했다. 이에 작업장과 장인들의 숙소도 필요해졌고, 원료가 하동에서 나오므로 물자 운반 등을 고려해 농한기를 피해서 작업할 것을 기술했다. 이처럼 17세기 전반경 원료, 산지 등의 구체적인 상황은 알 수 없으나 일본 측의 요청에 조선 측이 왜관 밖에서 다완을 번조해 준 기록을 통해 상당히 시혜적으로 대처했음을 알 수 있다.

이 백자철채다완은 일본의 요청에 따라 일본 도쿠카와 막부의 고쇼마루선御所丸船으로 운반된 보기 드문 주문다완이다. 철채의 자유분방한 맛이 백색의 바탕색과 잘 어울린다.

우리 찻그릇 톺아보기

부드러움과 원숙함
백자철화'진상다병'명병

• 조선 18세기 전반 • 높이 39.5cm • 입지름 8.5cm • 밑지름 9.5cm • 해강도자미술관 소장

다병茶瓶은 뜨거운 다탕을 담아 잔에 따르는 기명이다. 주로 자기로 만들었으며 은이나 동으로 만든 것도 있다.

이 백자철화'진상다병進上茶瓶'명병은 길게 쭉 뻗어 올라가 벌어져 가늘고 긴 모습이다. 어깨에서 벌어져 둥글고 풍만한 몸체를 이루었다 좁아진 형태로 세워졌다. 순백의 태토 위에 담청색이 감도는 백자유가 전면에 시유되었으며, 유에는 미세한 균열이 많이 나 있다. 어깨 부분에 산화철로 '進上茶瓶진상다병'이라고 종서로 썼으며, 굽다리에는 모래를 받쳐 구운 흔적이 나 있다.

『승정원일기』 영조 3년1724 10월 21일 기록에 의하면 분원다병分院茶瓶에 붉은 석간주石間硃, 철사로 '진상다병'이라 써서 어기御器임을 표시했다. 이는 일 년에 궁중으로 올리는 600~700개의 다병을 사용원의 관리들이나 종들이 중간에 훔쳐가서 매매되는 폐단을 없애기 위해서였다고 한다.

후기에는 다병이 쓰이지 않고 오늘날의 주전자 모양과 같은 다관이 널리 쓰였다. 조선시대 초기부터 왕실의 제사나 상례 때 차를 사용한 경우가 가끔 있다. 성종 5년1474에는 "왕이 예조禮曹에 권하기를 봉선전奉先殿의 대소大小 제사에 술 대신 차를 쓰라"고 했으며 왕과 왕후의 기제사 때나 묘제사 또는 주다례晝茶禮 때에 주로 다탕을 올렸다는 기록이 있다.

왕과 왕비의 장례 후 3년 동안 혼전과 능소에서 낮에 드리는 제사인 주다례는 아침 저녁에 밥을 올리는 것과 달리 정오에 차와 간단한 음식으로 지내기도 했다. '정오가 되면 능을 맡은 관리가 향로와 향합과 촛불을 영좌 앞에 설치하고, 다병과 다종을 받들어 존소의 지게문 밖에 두고 서향하여 부복하고 꿇어앉는다'는 주다의에서 다병을 사용한 것이다. 국가의 제사와 시초의 가무를 보던 봉상시奉常寺에는 차모茶母가 있어 다례를 도왔으며, 후기에는 궁중에 잔치 등이 있을 때 작설차를 달여 올리기도 했다. 이 '진상다병'명의 백자병이 영조 연간 다례에 사용된 매우 귀중한 작품이다. 18세기 전반 1724년경 광주 금사리 가마에서 제작된 아름다운 찻그릇이다.

우리 찻그릇 톺아보기

33

기품 있고 단아한
백자잔과 능화잔대

• 조선 18세기 후반 • 총 높이 6.2cm • 잔대 길이 15.4cm • 개인 소장

조선 후기에 이르러 찻주전자와 받침을 지닌 찻잔이 널리 제작되었다. 제비 날개 모양의 아름다운 능화형棱花形 찻잔 받침대 위에 작고 단아한 찻잔이 잘 어울리는 이 작품은 순백의 태토 위에 청백색이 감도는 백자유가 전면에 곱게 시유되어 맑은 유색을 띤다. 굽다리에는 내화토로 받쳐 구운 흔적이 있다.

18세기 후반에는 광주 금사리 가마에 뒤이어 광주 분원리로 관영 사기 공장인 분원을 옮기고 백자 제작 활동에 들어간다. 땔나무를 실어 오기에 교통이 편리할 뿐만 아니라 백토를 옮기기에도 알맞아 가마를 고정적으로 설치함으로써 10년마다 분원을 옮기는 낭비와 어려움을 극복하고자 한 것이다.

처음에는 금사리 가마에서 만들어진 것과 같은 유백색의 백자와, 간결한 청화백자의 병·호·제기·문방구·주전자 등이 활발하게 제작되었다. 그러다가 1780~90년대에 이르러서 변화가 나타난다. 분원리 가마 특유의 청백색 백자가 등장한 것이다. 특히 정조 연간인 1780~90년대 양각백자의 유색을 보면 그 변화를 짐작할 수 있다.

초의는 『다신전茶神傳』에서 다탕을 담아 마시는 작은 그릇을 '잔盞'이라 불렀다. 『가례증해家禮增解』에는 찻잔에 받침을 하여 '찻잔탁茶盞托'이라 하고 제사용으로 썼다는 기록이 나온다. 조선 중기까지는 찻잔이 일체 쓰이지 않고 술잔만 쓰였으나, 18세기경부터는 찻그릇도 잔이라고 부르게 되었다. 뚜껑이 없는 작은 찻잔으로 다탕을 마시고 궁중에서 사신을 접대할 때도 사용했다.

이 시기를 살았던 다산 정약용은 청년기부터 차를 마셨고 관직에 있으면서도 음다 생활을 즐겼다. 그 후 유배되어 차나무가 자라는 강진에 살면서 그는 차 생활의 중요성을 인식하고 쇠퇴한 차 문화를 일으키고자 노력하면서 차에 관한 많은 시문詩文을 남겼다. 한강변 고향집에 돌아온 후에도 초의 선사 등 지우들과 차와 시로써 교우했고 "항상 찻잔을 곁에 두고 지낸다"고 말하기도 했다.

맑은 청백색의 이 백자잔白瓷盞과 능화잔대는 이 시기를 살았던 다산 정약용 등의 차인들이 애용했을 기품 있고 단아한 찻그릇으로 추정된다.

우리 찻그릇 톺아보기

③④

다채롭고 우아한
백자철채청화화초문찻주전자

• 조선 19세기 전반 • 높이 12.7cm 입지름 22.4cm • 일본 오사카시립동양도자미술관 소장

청화와 철채 수법으로 다채롭고 우아한 아름다움을 자아낸 찻주전자 작품이다.

19세기 전반의 백자는 18세기의 뒤를 이어 분원리 가마에서 더욱 활발하게 제작되었으며 청화백자를 중심으로 철채, 동채 기법을 사용한 다채로운 백자와 함께 음각·양각·투각·상형의 순백자가 다양하게 만들어졌다. 특히 18세기 말경에 제작되기 시작한 청백색 백자가 분원리 가마 특유의 맑고 청초한 유색을 띠게 되었다.

문양에 있어서는 십장생의 사슴과 불로초, 운학과 거북, 소나무와 바위, 멋들어진 해와 달, 힘찬 필치로 그린 운룡雲龍, 활달한 운봉雲鳳과 분원 앞 한강, 그 앞의 삼산三山을 보여주는 산수문, 파초문, 초화문, 연화, 모란, 잉어, 매죽순 등 간결하고 청초한 모습을 사용했다. 기형에 있어서도 수많은 상형의 연적과 필통, 제기, 사발, 접시, 주전자, 유병, 합, 필세, 필가, 항아리, 찻잔, 술잔 등의 생활 용기들이 다양한 형태로 제작·사용되었다. 그야말로 한국적인 세계를 보여준 백자의 전성기였다.

이 찻주전자는 호박과 같이 둥글고 풍만한 몸체에 주구와 손잡이, 꼭지가 있는 뚜껑을 갖추었다. 동체 양면에 원문圓紋을 큼직하게 그린 다음 그 속에 청화 안료로 문양을 시문했다. 한 면에는 파초엽문芭蕉葉紋을, 다른 면에는 괴석과 초화 및 벌을 그렸고, 뚜껑에는 잎사귀가 달린 나뭇가지를 그렸다. 원문 안을 제외한 다른 부분에는 붓으로 철사 안료를 거칠게 칠한 자국이 나타나 있어, 전면이 고르지 않다. 굽바닥을 안으로 얇게 깎아내고 시유했으며, 굽다리에는 모래를 받쳐 구운 흔적이 남아 있다.

이처럼 여러 장식 기법을 조합해서 화려한 백자를 제작하던 19세기 전반은 순조·헌종 연간으로 안동 김씨, 풍양 조씨의 세도정치가 시작된 때다. 왕권 약화와 양반 정치의 혼란, 삼정三政의 문란이 조선 후기 사회의 피폐를 가져온 시기였다. 이 시기를 살았던 추사 김정희, 초의 의순 선사 등이 조선 후기의 차 문화를 중흥시켰다.

이 작품은 "참선과 차 끓이는 일로 또 한 해를 보냈다"는 추사의 글에 보이는 당시의 찻주전자가 아니었을까. 맑은 청백색을 띤 이 찻주전자에는 당시를 살았던 추사, 초의선사 등의 차인들이 선호했을 다채롭고 우아한 아름다움이 스미어 있다.

우리 찻그릇 톺아보기

35

단아하고 깔끔한
찻주전자

• 조선 19세기 후반 • 총 높이 13cm • 폭 12cm • 개인 소장

청채 수법을 사용한 19세기 후반경의 찻주전자로 금속기 손잡이와 뚜껑을 갖추었으며 간결하고 깔끔한 근대의 특징을 잘 보여준다.

19세기 후반은 근대사회로 접어드는 격동기였다. 정치·경제의 문란은 수많은 민란으로 이어졌으며 대원군의 쇄국정치와 그 이후 일본과 서구 열강의 침투로 인한 조선 사회의 극심한 변화는 급기야 식민지 국가로 전락하는 결과를 가져왔다.

이 시기의 백자는 그 전 시기의 전통을 답습했으나 차츰 격심한 변화를 겪었다.

1884년 광주 분원이 관영 사기 공장에서 민영화되어 여섯 명의 물주가 운영하는 체제로 바뀐 것이 큰 영향을 미쳤다. 누구든지 갖고 싶은 것을 구할 수 있게 되면서 전국의 부호로부터 화려하고 사치스러운 각종 백자와 청화백자 주문이 쇄도했고, 분원은 문전성시를 이루었다. 1880년대 이후, 일본 큐슈 지방에서 서구의 영향을 받아 산업화가 일어나 공장에서 왜사기를 대량 생산하기 시작했다. 이것이 조선사회에 들어오면서 조선백자는 값싼 왜사기와의 경쟁에서 점차 밀려나게 되었다.

이 찻주전자는 통형의 풍만한 몸체에 쭉 뻗은 날렵한 주구, 쇠로 대마디를 나타낸 둥근 손잡이, 그리고 뚜껑을 갖춘 깔끔한 형태를 지녔다. 손잡이를 달기 위한 꼭지 두 곳에 청화 안료를 칠했고, 주구의 가장자리에도 청채를 나타냈다. 청색을 머금은 맑은 백자유가 전면에 곱게 시유되어 은은한 광택이 난다. 굽다리에는 내화토를 받쳐 구운 흔적이 남아 있다.

이와 같은 찻주전자의 형태는 근대 일본과 서구의 영향을 새롭게 받아들인 것으로 근대적인 조형의 특징을 잘 보여준다. 민영화된 광주 분원에서 주문에 따라 새로운 형태로 제작하여 깔끔하면서도 우아한 이 찻주전자는 차를 넣고 뜨거운 물을 부어서 우려 마시는 데 사용한 것으로 보인다.

19세기 후반은 전통사회에서 근대사회로 바뀌는 격동의 시기였다. 찻주전자만 보더라도, 분원 특유의 전통적인 청백색 백자 바탕 위에 서구적인 형태를 받아들여 새로우면서도 단아하고 깔끔한 작품을 만들어냈으니 말이다.

● 참고문헌

강경숙, 『한국도자기 가마터 연구』, 시공사, 2005
강경숙, 『한국도자사』, 일지사, 1989
강경숙, 『한국도자사의 연구』, 시공사, 2000
고유섭, 『고려청자』, 진홍섭 옮김, 삼성미술문화재단, 1977
고유섭, 『우리의 미술과 공예』, 열화당, 1977
국립중앙박물관, 『고려청자 명품 특별전』, 통천문화사, 1989
국사편찬위원회, 『한반도의 흙, 도자기로 태어나다』 한국문화사32, 경인문화사, 2010
김영원, 『조선시대 도자기』, 서울대학교출판부, 2003
김원룡·안휘준, 『신판 한국미술사』, 서울대학교출판부, 1993
방병선, 『조선 후기 백자 연구』, 일지사, 2006
윤용이, 『아름다운 우리 도자기』, 학고재, 1996
윤용이, 『우리 옛 도자기의 아름다움』, 돌베개, 2007
윤용이, 『한국도자사연구』, 문예출판사, 1993
이병창, 『한국미술수선』, 도쿄대학출판부, 1978
장남원, 『고려 중기 청자 연구』, 혜안, 2006,
정양모, 『한국의 도자기』, 문예출판사, 1991
정영선, 『한국 차 문화』, 너럭바위, 1990
진홍섭, 『청자와 백자』, 세종대왕기념사업회, 1978
최순우, 『혜곡 최순우 전집 1~5권』, 통문관, 1992
호암미술관, 『대고려국보전』, 삼성미술문화재단, 1995
호암미술관, 『조선전기국보전』, 삼성미술문화재단, 1996
호암미술관, 『조선후기국보전』, 삼성미술문화재단, 1998
『세계도자전집18』「고려」 도쿄, 쇼가쿠칸小學館, 1978
『세계도자전집19』「이조」 도쿄, 쇼가쿠칸, 1978

● 찾아보기

ㄱ

가는 모래 받침	81, 130, 135
	175, 256, 258, 260, 263
가키노헤타	146
간지명상감청자	75, 80~81
갑발	17, 20~21, 34, 36, 188
강진 사당리	24~25, 38, 49~50
	82, 88, 225, 229, 231, 241
『경국대전』	125~126, 261
경덕진요	18, 74
〈고려다완〉	257, 269, 271, 273
『고려도자의 편년』	12
『고려사』	25, 37~39, 59, 65, 67~68, 87, 237
고쇼마루	172, 174, 275
고유섭	60, 88, 91~92, 284
고키	147, 272~273
『고향을 잊을리야』	166, 170
공민왕	82~84, 235, 237
공예미술학교	208
공음전시과	23, 27
관요	25, 94, 122, 168, 178, 190
광주 금사리	183, 188, 277, 279
광주 도마리	130~133, 135
교쿠잔구	161, 166, 169~170
굵은 모래 받침	88, 173~176, 178, 194
권문세족	65, 72, 77, 235, 237
귀얄분청자	95~96, 101, 115~117, 134
	136~137, 151, 261, 263, 265, 267
규석 받침	32, 55, 71, 75, 81, 217, 219
	223, 225, 231, 233, 241, 245
금구자발	18
금화오잔	29~31
길주요	74
김시습	112~113, 257
김정희	195, 281
김종직	105
김해	98, 150, 160, 168, 171~172, 275

ㄴ

나에시로가와	159~163, 167, 169~170
난백유백자	74
내저곡면식대접	79~80
내저원각식대접	79, 80, 82
내화토 받침	66, 97, 118, 243, 265
녹청자	12, 26, 33~36, 229
뇌원차	215

ㄷ

다도자료관	257, 271, 273
『다부』	135
다이토쿠지	147, 273
다치바나 난케이	160, 167, 169
다탕	26~27, 103, 106~107
	111~113, 187, 196, 217, 239, 277, 279
『다회기』	140, 142
단차	215, 231
덤벙분청자	95, 101, 116~118,
	134, 142, 265~267
도자소	85, 88, 96, 123, 125, 127, 239
도쿠가와 막부	154, 273
도쿠가와미술관	96, 238~239
『동국여지승람』	126~127
『동서유기』	160
등요	134, 163~164, 176, 180, 193, 210

ㄹ

라쿠	151, 259

ㅁ

모란절지문	233
무안 도리포	78, 83
무지하케메	144
문종	12, 22~24, 26~27, 215
물레성형법	44, 227
미시마	91~92, 143
민요	160, 168, 176, 204, 267, 269, 271

ㅂ

박지분청자	97~99, 109
박평의	160~163, 168~169
백자참외형주자	67, 252~253
백자철채다완	274~275
백자철화'진상다병'명병	276~277
벽돌 가마	20~22, 193
병자호란	171, 177
보상당초문	50, 68, 71, 74, 107, 130, 233
부안 유천리	21, 50, 52~56, 58, 223, 227
분원	94, 96, 103, 123, 125~132, 171, 185, 188, 190, 193, 198, 200~207, 279, 281, 283
분원리	185, 190~191, 198, 200, 204, 211, 279, 281
분장분청자	136~137
분청자귀얄문유개완	262
분청자덤벙문완	117~118, 264~265
분청자인화'내섬'명완	98, 254~255
분청자인화'밀양장흥고'명완	256~257
분청자인화귀얄문완	260~261
분청자인화문통형완	258~259
비색소구	29~32

ㅅ

사군자	61, 122, 200, 249
사옹방	125~126
사옹원	96, 123, 126, 131, 184, 186, 190, 192, 202, 277
사천	152, 168
사천택	65~66
사츠마	159~161, 163, 165~166, 168~169
사츠마야키	148
산예출향	29, 241
산화염	145, 229, 231, 267, 269
삼별초	65~66, 71
상감분청자	95~97, 99, 102~103, 106, 122, 261
상사기	173, 204
서긍	28, 30, 217, 219, 241, 243, 251
서원	115, 134, 136, 154, 263
선각분청자	99, 109, 111, 113
『선화봉사고려도경』(『고려도경』)	12, 25~26, 28, 30, 32, 121, 217, 219, 241, 243, 251
성종	14, 108, 111, 125~127, 261, 277
성현	122, 129, 131
세조	67, 72~73, 108, 123~126, 259, 261
『세종실록지리지』	85, 88, 102, 127, 239
소바	141, 145
순청자	53, 92~93
『승정원일기』	180, 185, 277
시마즈 요시히로	159, 162~163, 168
시바 료타로	166~167, 170
『신증동국여지승람』	126, 131
신흥사대부	84~85, 88, 237, 239

ㅇ

아가노	148, 151~152, 164~165
아가노야키	148, 152

아리타야키	148	이도와키	145
아마모리	144	이라보	172
아마모리 카타테	144	이마리	150, 153~156
아오이도	144~145, 270~271	이목	135
야츠시로야키	148	이삼평	153~155
양이정	38	이색	75
여요	25, 30, 219	이숭인	88
연등회	26, 40~41	이제현	69, 84
연질백자	136~138, 151, 265, 267, 269, 271	이치죠다니 아사쿠라시	140~141
예조	104, 111, 277	이하곤	183, 185
예종	24~28	인종	28, 31~32, 37 39, 122, 216, 259
오사카시립동양도자미술관	49, 62, 67, 71 81, 92, 110, 120, 138, 187, 218, 220, 252, 280	인종시책	31~32, 217
오오이도	144~145, 269	인화분청자	95~98, 102~103, 111 115~117, 122, 150, 255, 257, 259, 261
오월국	14, 18~21	임진왜란	136, 148, 150~151, 153~154 159, 165~168, 171, 173, 177, 273, 275
『오주연문장전산고』	120, 191		
와리코다이	147		
완도 어두리	34	ㅈ	
왜관	171~172, 182, 275	자기소	24~25, 55~56, 87, 102~103, 239
요주요	18	자주요	99, 110
용장성	65~66, 71	장릉	28, 31~32, 216~217, 259
『용재총화』	122, 129	장혼	189
용천요	18, 74	정약용	195, 197, 279
우점문	75, 77, 97~98, 235, 255	정요	31
운가쿠	143	『조선왕조실록』	91, 112, 121
운학문	44, 47, 49~51, 55, 75, 82, 221, 235	존해	152
원종	65	주다례	111, 277
월주요	13~15, 18~19, 21, 25, 30, 219	주문다완	172, 274~275
유빙렬	32, 34, 50, 145, 253	『중종실록』	94
음서제	24, 27	지석	127~128, 132~133, 175
의종	37~39, 41, 46, 49, 59~60, 241, 245	진상다병	185~186, 276~277
이규경	120, 191	진해 두동리	137, 145, 158, 267, 269, 270
이규보	62~63	진흙 가마	22
이도다완	137, 145, 268~269		

ㅊ

차모	112, 277
철화분청자	100, 110~111, 116
청자동채탁잔	230~231
청자동화보상당초문완	232~233
청자상감국화문다완	224~225
청자상감연화국화문'정릉'명통형잔	85, 234~235
청자상감연화문주자	246~247
청자상감운학문완	50, 56, 77, 220~221
청자상감운학포류수금문찻잔	236~237
청자상감포류수금문완	222~223
청자유개다완	216~217
청자음각연화당초문표형주자	244
청자철화국화당초문주전자	248
청자철화연화절지문주자	250~251
청자투각연당초동자문주자	56, 240~241
청자햇무리굽완	16, 214~215
초의	195~198, 279, 281
최순우	12, 33, 38, 215
최우	53~54, 253
최의	53, 253
최충헌	53, 253
최항	53, 65, 253
충렬왕	65, 68, 72~73
충선왕	72~74, 84

ㅋ

카라츠야키	148, 151
카타테	141, 144
코모가이	147
코이도	144~145
코칸뉴	144
코히키	144

쿄우겐바카마	143
큐슈	17, 148, 153, 159, 166, 170, 283
킨카이	172, 275

ㅌ

타마고데	146
타카토리	152, 159, 163~165
태토 빚음 받침	81~82, 134, 138, 173~174
토청	126, 128~129
토토야	141, 145~146

ㅍ

팔관회	26, 40~41
포류수금문	44, 55, 59~61, 64, 75, 86~87, 222~223, 235~237

ㅎ

하기야키	148
하동 백련리	269, 271
하케메	144
향약	115, 134, 136, 263
환원염	179, 229, 231, 233, 267
황인춘	211
히바카리	161, 163